한국형 모델

다이나믹 코리아와 "냄비근성"

이 책은 2010년도 정부재원(교육과학기술부 인문사회연구역량강화사업비)으로 한국연구재단의 지원을 받아 연구되었음.(NRF-2010-330-B00065)

한국형 모델

다이나믹 코리아와 "냄비근성"

유정식 · 홍훈 · 장종익 · 박종현 지음

연세대학교 출판문화원

한국형 모델
다이나믹 코리아와 "냄비근성"

지 은 이 SSK 한국형 모델 연구팀(유정식 · 홍훈 · 장종익 · 박종현)
펴 낸 곳 연세대학교 출판문화원
주 소 서울특별시 서대문구 연세로 50
전 화 (02) 2123−3380~2
팩 스 (02) 2123−8673
E−mail ysup@yonsei.ac.kr
홈페이지 http://www.yonsei.ac.kr/press
인 쇄 네오프린텍(주)

2012년 8월 31일 1판 1쇄
ISBN 978-89-97578-49-8 (93300)

정가 20,000원

책머리에

이 책은 2010년 한국연구재단의 SSK 사업 중 하나인 "한국형 모델(Korean Model) : 현실진단, 이론의 정립, 새로운 대안의 모색" 사업팀의 연구작업 중 총론에 해당하는 부분을 정리하여 발행한 것이다. 저자들은 한국형 모델의 특징을 다이나믹 코리아와 냄비근성이라는 시사적인 용어로 압축하고 이러한 한국형의 특징을 보다 분석적이고 면밀하게 이해해야 현실을 개선하기 위한 모든 정책적 노력이 성공할 수 있다는 점을 강조한다. 총론적 성격을 강조하기 위해 이 책의 구성은 문제제기–기존 문헌에 대한 비판적 검토 (해외, 국외)–기존 이론의 적용가능성 검토–맺는말 순으로 이루어져 있다. 이 책의 저자들은 모두 경제학 전공자들이므로 한국형 모델보다 사실 한국형 발전모델이 더 적절한 용어일 수 있다는 점에서 연구제목 선정과정에서부터 고심을 거듭하였으나 한국형 발전모델이 주로 경제적인 문제를 다룬다는 점에서 우리의 문제의식을 충분히 소화하기 어렵다는 판단 하에 한국형 모델이라는 보다 포괄적인 용어를 사용하기로 하였다는 점을 밝힌다. 그러한 문제의식이 우리 연구의 특징과 한계를 고스란히 드러내고 있다. 한국사회의 전반적인 문제를 총체적으로 접근할 수 있다는 장점을 취하는 대신 기존 문헌의 정형화된 논의의 틀을 충분히 활용할 수 없다는 한계를 갖게 되었다는 것이다. 우리 팀이 기존 연구에서 충분히 포착하지 못한 한국사회의 특징으로 '교육의 전쟁화'라는 문제를 제기하고 있다는 점을 특별히 강조하고 싶다. 한국사회에서 교육이 문제라는 것은 많은 사람들이 지적하고 있지만 이러한 한국 교육의 문제를 총체적인 한국사회의 특징과 관련시켜 제시한 것은 나름 이 연구의 공헌일 수 있다고 우리는 판단한다. 그렇기 때문에 이러한 접근방법의 성패는 결국 우리가 한국사회에 대한 가장 중요한 현실진단으로 제기한 '교육의 전쟁화' 현상에 대해 독자들이 얼마나 수긍할 수 있느냐의 여부에 달려 있다.

이 책의 문제제기 부분과 맺는 말인 1장과 5장은 연구팀의 책임을 맡고 있는 연세대 유정식 교수가 집필을 맡았고, 2장 한국형 발전모델에 관한 해외 연구는 경남과학대의 박종현 교수가, 3장 한국형 발전모델에 관한 국내 연구는 한신대의 장종익 교수가, 그리고 한국형 모델의 이론적인 구성요소들은 연세대 홍훈 교수가 각각 맡아 집필하였다는 점을 밝혀 둔다. 또한 본 연구팀은 장기간에 걸쳐 많은 토론을 진행하였는데 그러한 토론들이 보다 우리의 문제의식을 생생하게 보여줄 수 있다는 점에 착안하여 토론내용을 녹취하여 정리한 내용을 대담록으로 첨부하였다. 이러한 과정에서 많은 도움을 준 연구보조원들의 노력에 감사의 마음을 전한다. 그리고 이 책을 효과적으로 편집하여 원문을 빛나게 노력해 준 연세대학교 출판문화원의 김성수 팀장님과 유수연 씨에게 특별한 감사의 말을 전하고 싶다.

2012. 7

SSK "한국형 모델" 연구팀 연구책임자 유정식

차례

01 발전모델으로서의 한국형 모델(Korean Model): 문제의 제기

1. 왜 한국형 모델인가? 13
2. 관찰된 사실들 30
3. 어떻게 설명할 것인가? 39
4. 어떻게 대안을 모색할 것인가 52
5. 이 책의 주요 내용 56

02 한국형 발전모델에 관한 해외 연구: 경제발전의 빛과 그림자

1. 머리말 61
2. 경제성장의 성격 64
   1. 생산성 상승의 기적인가 요소투입의 증대에 의한 성장인가? 64
   2. 성장회계방정식의 한계 68
3. 경제성장의 동인 71
   1. 자원의 동원인가 선진기술의 수용인가? 71
   2. 수출은 선진기술 수용에 있어 결정적이었는가? 78
   3. 교육은 생산성 상승에 얼마나 기여했는가? 82
   4. 선진기술 수용과정을 주도한 것은 기업가였나? 86
   5. 수확체감의 문제를 어떻게 해결했나? 89
4. 정부의 정책과 재벌체제 95
   1. 거시안정화 정책인가 산업정책인가? 95
   2. 산업정책에 관한「기적」의 입장 102
   3. 정부는 무엇을 잘했나? 105
   4. 정부가 규율을 잘 할 수 있었던 이유는? 111

5. 대표선수의 선발, 하청제도, 노사관계 118
6. 비관련다각화와 대표선수의 교체 123
5. 경제발전의 그림자 128
1. 독재와 가부장주의 128
2. 연고주의와 불공정경쟁 131
3. 경제력 집중과 사회적 차별 134
6. 해외 연구의 기여와 한계 138

03 한국형 발전모델에 관한 국내연구: 평가와 발전방향

1. 머리말 143
2. 한국형 발전모델 분석의 접근방법 145
3. 한국의 고도성장 성공요인 152
1. 기존 연구의 흐름과 특징 152
2. 고도성장 달성의 전략적 요인 156
3. 고도성장 달성의 제도 환경적 요인 158
(1) 소유권의 확립과 소유권의 균등 배분 159
(2) 경쟁시스템 162
(3) 조정기제 167
(4) 제도환경의 변화가 어떻게 가능하였는가? 171
4. 한국형 사회경제구조의 특징 174
1. 기존 연구의 검토 범위 174
2. 일과 거래의 조직화 방식 174
(1) 양극화의 양상과 원인 176
(2) 재벌문제의 제 측면 181
5. 제도환경과 조직의 조응성과 적응 191
1. 제도적 상보성과 경로의존성 191
2. 기술 및 시장 환경의 변화에 대한 기존 제도 환경 및 조직들의 적응문제 194
6. 종합평가와 향후 연구방향 198

04 **한국경제사회, 한국인, 한국교육: 한국형 모델의 이론적인 구성요소들**

1. 지대추구 207
2. 신분증명서 210
3. 점수와 수량적 지표 213
4. 서열과 순위경쟁 216
5. 사회적 비교와 지위재 219
6. 관계의존적인 지배구조와 사회자본 222
7. 집단과 공동체 227
8. 엘리트주의 234
9. 공식부문과 비공식부문 238
10. 외적/내적인 유인과 과정상의 효용 241

05 **맺는 말 247**

대담록: 한국형 모델, 무엇을 어떻게 설명할 것인가 ?

1. 문제의 제기 : 다이나믹 코리아와 냄비근성 263
2. 한국형 모델으로서의 박정희 모형 : 빛과 그림자 281
3. 왜 한국에서의 교육은 전쟁인가 289
4. 한국형 자본주의 299
5. 한국에서의 정치와 엘리티즘 328
6. 낙인찍는 사회 : 명품열풍과 중독 333
7. 앞으로의 연구방향 340

참고문헌 355

1

발전모형으로서의 한국형 모델(Korean Model)

문제의 제기

1

왜 한국형 모델인가?

2002년 한일 월드컵 때 붉은 악마와 같이 빨간색 옷을 입고 전국에서 수백만 명이 일사불란하게 응원전을 펼친 것은 다른 나라 사람들에게 한국에 대한 깊은 인상을 남겼다. 열정적이면서도 질서를 지키고, 애국심에 호소하는 경향을 보이면서도 그러한 행동이 자발적인 즐거움과 연결되어 거대한 용광로처럼 사람들의 에너지가 국민 전체에 융해되어 활활 타오르는 광경은 보기 드문 장관이었다. 한국 사람들이 갖는 이러한 신명에 기초한 대동단결의 모습은 IMF 위기시 금모으기 운동으로 나타난 바 있고, 이 역시 외국 언론들의 비상한 관심을 끈 바 있다. 이러한 역동적인 모습은 흔히 "Dynamic Korea" 로 묘사되고 있다. 그러나 이러한 경향은 반드시 긍정적인 모습으로만 발현되는 것이 아니다. 된장녀 사건, 연예인의 병역문제 등에서 보여지는 것처럼 일방적인 진실만을 가지고 여론이 쏠리는 인터넷을 통한 무자비한 인신공격, 초중등학교에서 흔히 볼 수 있는 왕따 문제, 외모에 대한 지나친 관심과 성형, 다이어트 광풍, 학교 성적과 시험에 대한 광적인 집착, 사람이 다를 수 있다는 점을 전혀 인정하지 않는 무자비한 낙인찍기 (TV 에서 한 대학생이 언급하여 사회적 파문을 일으킨 'loser' 논란, "수구꼴통"과 "좌빨" 논란, "전라도"와 "경상도" 등), 출세 및 성공에 대한 천편일률적인 잣대 등 중심 없이 여론이 휩쓸리는 현상도 우리는 흔히 관찰한다. 이러한 부정적이고 시류에 따라 흔들리면서 강력한 에너지가 발현되는 현상은 흔히 "냄비 근성"으로 설명되어 왔다. 한국 사람만이 가지고 있는 타고난 신명과 때로 나타나는 극단적으로 배타적인 속성은 한국사회가 가지고 있는 긍정적이고 역동적인 모습과 부정적이고 전근대적인 모습을 극명하게 보여준다고 할 것이다.[1] 본 연구는 이러한 "동전의 양 측면"을 한국사회를 분석하는 키워드로 설정하고 한국사회의 고유한 속성에 따라 나타나는 한국적 상황을 통칭하여 한국형 모델(Korean Model)로 칭한다. 이러한 한국형 모델이 한국사회와 경제에, 어떤 메커니즘을 통해, 어떻게 나타나고 있는가를 진단하고 분석함으로써 모델의 정형성을 탐구하는 것이 본 연구의 출발점이다.

이러한 상호 모순되는 에너지가 어떤 시기에는 극대화되어 분출하지만 다른 시기에는 상대적으로 안정화되는 경향성을 보이는 것은 이러한 에너지가 사회적으로 관리되는 어떤 내부의 메커니즘이 존재한

1 경제학적으로 묘사하면, 한국사회에는 역동적이면서 신명이 넘치는 사회로서의 균형과 무자비한 익명의 대중이 일군의 사람들을 배타적으로 차별하는 갈등상황이 극대화된 사회로서의 균형 두 가지가 공존하는데 주어진 조건에 따라 특정한 균형이 선택된다고 설명할 수 있다. 역동적인 에너지가 극대화되는 상황은 외부적으로 주어진 사안을 계기로 애국심과 같은 집단적 에너지가 분출하는 과정에서 상호 긍정적인 피드백을 통해 드러난다. 반면에 내부의 집단적 갈등을 촉발하는 사안에 대해서는 상대편에 대한 극단적인 배타성을 가진 갈등의 에너지가 극대화되기도 한다. 본 연구는 이러한 두 가지의 균형으로 이끄는 내적 메커니즘에 주목하여 어떠한 조건이 다이나믹한 한국인의 동태적 반응과정을 이끄는지에 대해 분석하고 이를 통해 이러한 다이나믹한 과정이 순기능을 가질 수 있도록 소위 방아쇠 당기기(triggering)전략을 어떻게 디자인할 수 있는지에 대해 논의하는 것을 궁극적인 목표로 하고 있다.

다는 것으로 해석할 수 있다. 우리의 연구는 조악하게 말한다면 이러한 내부 메커니즘을 보다 체계적으로 이해하여 새로운 정책적 시사점을 얻는 것에 있다고 할 것이다. 직관적으로 생각할 때 이러한 에너지들을 매개하고 완충하여 에너지 분출양상을 적절하게 제어하는 기제는 각종 이해관계 집난 및 사회집단 사이에서의 상호작용을 통해 발현되는 것으로 이해할 수 있다. 이 경우 그러한 상호작용은 외부에서 주어지는 사회적 충격의 양상에 따라 다르게 전개되는 것이 일반적이다.

외부에서의 충격은 역사적으로 우연히 주어지기도 하지만 때로는 필요에 의해 견인되기도 한다. 주어진 외부적 충격의 의미를 해석하고 전파하는 권한과 새로운 충격을 견인하는 권한을 가진 사회집단을 사회엘리트라고 할 때 한국사회의 사회엘리트들은 이 점에서 특별한 역사성을 갖는다. 한국사회에 강력한 영향을 미치는 외부세력 (예컨대 일제시대의 일본, 현대의 미국)에 대한 지나친 의존이다. 이러한 의존의 형태는 일방적이고 무비판적인 수용과 극단적이고 극렬한 반대의 양극단으로 나타나는 특징을 갖는다.[2]

이러한 외세에 대한 강한 의존성은 한반도의 지정학적 특성에서 기인한 것으로도 볼 수 있다. 대륙세력과 해양세력의 접점에 있는 반도의 특성상 외부세력의 강력한 압력과 간섭은 역사적으로 피할 수 없는 숙명이었다고 볼 수 있다. 한국의 사회엘리트들은 이러한 역사적 현실 속에서 강력한 힘을 가진 외국의 문물을 먼저 흡수하는 것이 출세의 중요한 전략이 될 수 밖에 없었다. 이들은 남들보다 먼저 선진외국의 지식이나 제도들을 경험하여 받아들이고 나름대로 해석하

2 이러한 양태는 앞에서 서술한 한국형 에너지의 모습과 놀랍도록 일치한다.

고 수정해서 한국사회의 여러 집단들과의 상호작용을 통해 전파하였다. 이러한 각종 사회집단들은 새로운 지식이나 제도들이 주는 외부적인 충격을 적절히 조절하고 완화하는 역할을 수행하면서 다른 한편으로 이러한 새로운 문화를 실제적인 문제들을 다룰 때 접목시키는 역할도 동시에 수행하였다. 이들은 한국적 현실의 토양 속에서 형성되었으나 새롭고 근대적인 지식이나 제도를 수용하는 매개역할을 하였기 때문에 전근대적 유산과 근대적 모습이 공존하는 모습을 보이게 되었다. 개항 이래 일제 식민지시대와 좌우대립의 시기를 거쳐 현재까지, 정치적 민주주의와 경제적 자본주의의 토대를 포함하여 대부분의 서양 문물들이 이런 방식으로 수입되고 정착되었다고 볼 수 있다. 외부로부터의 강한 압력을 일상적으로 겪는 상황 하에서 외국인과 외국문물에 대한 심리적 의존상태는 외국문물 수입의 첨단에 있는 사회엘리트들에 대한 맹목적 지지 및 극단적 반감을 동시에 수반할 수밖에 없었다. 이 점이 한국형 에너지의 양태를 결정하는 중요한 요인으로 작용하였을 것이라는 것은 충분히 미루어 짐작할 수 있다.

이러한 발전과정으로 인해 한국인들이 공유할 수 있는 자아는 견고하게 성장하지 못했으며, 한국사회의 내적인 구심점도 확고하게 정립될 수 없었다. 이는 앞으로 설명하게 될 여러 측면에서의 이중성으로 나타나고 있다. 내면적이고 일상적인 도덕규범과 겉으로 드러나는 공공적 도덕규범의 괴리가 대표적인 것이다. 또한 사회경제적 현실과 유리되는 위로부터의 선도(top down) 방식의 계획이 일상적으로 수립되고 집행되는 경우가 많고, 결과를 중시하고 과정과 절차를 상대적으로 등한시하는 경향을 보이고 있다.

기관장을 정점으로 삼는 권위적인 위계와 서열은 이러한 경향성을 압축적으로 담고 있다. 권위적인 위계와 서열은 전통적인 한국의 가정뿐만 아니라 기업, 관공서, 학교 등 공식적인 기관들과 협회, 동창회 등 비공식적인 기관들에 고루 잔존하는 문화적 속성이다. 사실 이러한 문화적 속성은 전통적인 가부장적 가족질서에서 그 뿌리를 찾아볼 수 있다. 물론 경제성상이 빠르게 진행되고 사회가 다원화하면서 위계적이고 가부장적인 가족 공동체는 급격하게 붕괴되었고 이에 따라 위계적이고 서열중심적인 문화도 흔들리는 조짐을 곳곳에서 발견할 수 있다. 이러한 변화는 민주주의가 공고해지고 자본주의적 시장경제가 전방위적으로 확대되면서 전통적인 공동체적 질서가 해체의 과정을 밟고 있기 때문이다.

문제는 이러한 변화가 세대에 걸쳐 서로 다른 속도와 충격으로 나타나고 있다는 것이다. 경험적 기반으로 볼 때 사회의 여론을 주도하는 장노년층은 전통적인 위계적 문화에 익숙해 있는 반면 청년층은 공동체적 질서의 해체과정과 함께 성장하였으므로 위계에 따른 강압을 받아들이기 어렵다. 이러한 상호 모순되는 문화는 때로 평화롭게 공존하기도 하지만 곳곳에서 파열음을 내면서 충돌한다. 한국 사회의 상당히 다양한 집단과 조직에서 이러한 모순은 잠재적인 갈등의 원천이다. 따라서 이들에서 때로는 경쟁적 양태가 나타나기도 하고 때로는 권위에 의존하는 위계적 독점이 두드러지는 것은 어쩌면 자연스러운 귀결이다. 문제는 이러한 서로 다른 문화의 어색한 동거의 양태가 각 사회집단이나 조직의 역사나 특성에 따라 제각각이라는 것이다. 수평적이고 개방적인 문화에 자연스럽게 노출되어 있는 조직이나 집단도 있지만 전통적인 위계질서의 틀에 보다 익숙해 있는 조직이나 집단도 흔하게 발견된다. 사회전체적인 문제가 공통된 화두로 떠오르는 경우 이러한 문화적 차이에 따른 대응의 양태는 매우 다양할 수밖에 없다. 이러한 대응은 때로는 각종 사회집단 사이의 격렬한 대립으로 나타나기도 하고 어느 특정한 대응이 주도적인 모습으로 나타나기도 한다. IMF 위기 이후 금모으기 운동이나 2002년 월드컵 축구를 통해 나타난 사람들의 반응은 이러한 차이나 대립이 한국이라는 국가공동체(또는 민족공동체)의 이익(또는 이익이라고 보여지는 것)이라는 가치에 따라 융해되고 화합하여 공동선을 이룰 수 있다는 믿음을 심어주기에 충분한 사건이라는 점에서 주목할 만하다.

한국에서 수평적이고 개방적인 문화와 위계와 강압에 의한 전통적인 공동체 질서가 혼재하지만 시장경제가 광범위하게 확산되고 민주적인 절차가 사회 구석구석에 전파되면서 자연스럽게 궁극적으로는 개방적이고 합리적인 문화로 정착될 것이라는 낙관론을 가질 수도 있다. 하지만 이러한 단순한 낙관론만으로는 한국사회에서 많은 사람들이 고통받는 구조를 확산시키는 한국의 교육제도를 충분히 이해할 수 없다. 단적으로 거칠게 말하자면 한국의 교육제도는 가장 선명한 위계와 강압의 질서를 어린 학생들에게 강요하는 구체제의 핵심제도이다. 한국의 교육은 어린 학생들에게 초기부터 서열과 위계를 끊임없이 주입하면서 그 위계에서 승자가 될 것을 요구한다. 한국의 학교는 인간적인 삶이나 진정한 배움의 터전이 아닐 뿐 아니라 산업사회에서 요구되는 기술을 배우고 익히는 장소로 보기도 어렵다. 학생들은 학교에서 끊임없이 자신의 사회적 서열을 확인당하고 더 높은 위계로 건너가는 기술과 정보를 전수받는다. 극단적으로 말한다면 한국의 학교는 보다 높은 서열의 대학이나 학과에 입학할 수 있는 능력만을 배양하여 사회에서의 높은 서열과 지위를 획득할 수 있도록 지원하는 것을 지상과제로 하고 있는 조직이다. 평범한 한국사람들이 태어나서 처음으로 경험하게 되는 사회조직이 학교라는 점을 감안한다면 학교제도가 사회적으로 얼마나 중요한 역할을 수행하고 있는지 파악할 수 있다. 이러한 학교제도가 유지되는 한 한국사회에서 위계와 서열에 기초한 전근대적 모습의 자연스런 해체라는 낙관론이 얼마나 단순한 것인가를 절감할 수 있다.

여기서 한국 사회경제의 발전모델에 대한 재검토라는 과제가 떠오른다. 한국형 발전모델의 재검토라는 명제를 제기할 때 가장 처음 떠오르는 의문은 왜 한국에서는 교육이 전쟁처럼 다루어지는가 하는 점이다. 이런 문제를 심층적으로 보기 위해서는 먼저 교육이 이뤄지는 기초조건으로서의 한국의 가족제도에 대한 이해가 선행될 필요가 있다. 우리사회의 공동체적 모델은 대부분 가족에 그 뿌리를 두고 있다. 가족관계는 혈연에 기초한 사적 공동체의 성격이 강하기 때문에 이에 대한 집착은 공적인 시민사회관계에 대해 소극적이고 방어적인 모습을 낳는다. 가족이라는 공동체는 이타심과 상호희생을 도덕적 가치로 삼고 있기 때문에 자신을 위한 개인적인 자아실현보다는 가족공동체의 생존과 번영을 중시하는 집단주의적 이해관계의 뿌리를 이룬다. 가족공동체의 구심력은 혈연관계를 확대한 친인척 뿐 아니라 지연이나 학연을 기반으로 하는 다른 공동체집단에서의 집단주의적 속성을 만들어가는 핵심동력으로 작용한다. 가족관계에 대한 집착은 자식에 대한 집착으로 구체화되며 자식의 성공과 실패를 자신의 성공과 실패로 동일시하는 대리만족을 낳는다. 이는 가문을 중요시하는 동양적 가족관계에서 흔히 나타나는 현상이지만 한국의 경우 이러한 동일시 현상은 특히 '치맛바람'으로 구체화된다는 특성이 있다. 한국의 가족관계에서 교육과 관련하여 왜 여성이 주도권을 행사하게 되는가를 충분히 이해하기 위해서는 현대의 한국사회에 대한 많은 고찰을 필요로 하지만 이것이 여성의 사회적 진출과 관련하여 강력한 제약요인으로 작용한다는 것은 분명하다. 자식의 성공이 우리 가족의 성공이므로 자식을 성공시키기 위해서는 훌륭한 교육을 받도록 충분히 뒷받침하는 것이 자연스런 사회적 규범으로 작동한다. 훌륭한 교육이라는 것은 한국적 상황에서 매우 특수한 의미를 갖는다. 한국에서 훌륭한 교육이란 단지 좋은 교육내용만을 의미하는 것이 아니다. 직설적으로 표현한다면 남들이 보기에 좋은 교육을 받는다는 인정을 받는 것이 중요하다.[3] 이러한 인정을 받는 가장 빠른 길은 남들이 인정하는 좋은 교육기관에서 자신의 자녀들이 공부하도록 하는 것이다. 문제는 이러한 좋은 교육기관의 공급은 제약되어 있고 입학생의 수도 이미 법적으로 강력하게 제약되어 있다는 것이다. 공급이 제약되어 있기 때문에 이러한 교육기관에 입학하기 위해서는 단순히 공부를 잘하는 것으로는 부족하다. 특정 순위(ranking) 안에 들어야 하는 것이다.[4]

평가와 순위가 핵심이 된다는 것은 교육과정이나 배움의 내용 등은 순위를 높게 받기 위한 경쟁의 도구에 불과하게 된다는 뜻이다. 문

---

3 물론 남으로부터의 인정이 왜 한국사회에서 특별히 더 필요한가라는 질문에 대해서도 충분한 설명이 필요할 것이다.

4 왜 좋은 교육기관의 공급이 제약되는가도 충분한 설명이 필요하다. 여기서 좋은 교육기관이라는 것은 이미 언급한 대로 좋은 교육내용과 훌륭한 교수나 시설을 의미하는 것이 아니다. 수요자들이 보기에 남들이 인정할 수 있는 것이어야 하는 것이다. 수요자들이 소위 브랜드(brand)를 인정할 수 있는 교육기관은 장기간에 걸친 상호학습을 통해 정착되기 때문에 이를 단기간에 바꾸기는 쉽지 않다.

제는 이러한 경쟁의 양상이 해가 갈수록 격화되고 있다는 점이다. 순위를 높게 받기 위한 경쟁은 남을 이겨야 하는 경쟁이므로 남보다 앞서기 위한 노력을 수반할 수밖에 없다. 여기에서 심각한 낭비적 요인이 존재한다.[5] 예를 들어 초등학교 4학년 학생이 남을 이기기 위해 6개월을 미리 공부하는 소위 신행학습을 시작했다고 하자. 이 학생과 경쟁하는 다른 학생들의 경우 이는 실질적인 자신의 순위에 대한 위협이 되므로 선행학습량을 늘릴 수밖에 없는 유인을 갖는다. 이러한 경쟁의 결과는 모든 학생이 선행학습을 하는 것으로 나타난다. 모든 학생이 선행학습을 한다는 것은 정규 교과과정에서 학습과정에 맞는 수업이 더 이상 효과가 없다는 뜻이다. 모든 학생들은 이미 그 수업내용을 선행학습을 통해 알고 있고 이 사실을 학교에서의 교사도 알기 때문에 학교수업은 파행이 될 수밖에 없다. 실제로 지금 학교현장에서의 선행학습의 정도는 상상을 초월할 정도로 심각하다. 이는 이러한 형태의 경쟁에서는 당연하게 나타날 수밖에 없는 것이다. 6개월 선행이 1년이 되고, 그 1년은 또 2년이 되므로 이를 주어진 시간 내에 소화해야 하는 학생들은 잠을 아낄 수밖에 없다. 학교수업은 황폐화되고 학원수업은 나날이 새로운 모습의 경쟁으로 학생들과 학부모들을

---

5 이와 관련한 대표적인 연구자는 프랭크(R. Frank)이다. 프랭크는 개인의 효용함수에 지위재를 독립변수로 포함시킨다. 지위재를 가진 사람의 만족은 다른 사람들의 효용함수에서 그 재화가 차지하는 순위가 높을수록 크다. 문제는 이러한 지위재에 대한 경쟁이 부정적 외부효과를 발생시킨다는 것이다. 내가 다른 사람보다 높은 지위에 올라간다는 것은 나 때문에 지위가 떨어지는 사람이 존재한다는 뜻이다. 즉 지위재에 대한 경쟁에서 사회전체가 얻는 총 효용은 일정하지만 지위재를 획득하기 위한 경쟁이 비용을 수반하기 때문에 전체적으로 보면 사회적 낭비의 속성을 갖게 된다. 이러한 분석에서는 사람들의 감정(emotion)이 일정한 역할을 하게 된다. 공정성이나 도덕관념 등은 이러한 감정의 한 표현인데 이를 통해 사람들은 합리성 혹은 이성만으로는 설명할 수 없는 행동을 하게 된다는 것이다.

내몬다.

이러한 상황이라면 각자의 능력이나 개성, 적성이나 기호 등에 맞는 교육을 한다는 것은 불가능하다. 남을 이기기 위한 경쟁이 교육과정의 핵심이 되므로 각자가 할 수 있는 것과 하고 싶은 것 즉, 능력과 적성이나 기호를 발견하고 개발하는 기회를 오랜 기간의 교육에도 불구하고 평균적인 한국인이라면 누리기 어렵다. 물론 이러한 형태의 입시경쟁이 갖고 있는 장점도 논리적으로 설명할 수 있다. 원칙적으로 누구나에게 기회가 주어지는, 그리고 객관적인 평가를 핵심으로 하는 입시경쟁을 통해 봉건적인 신분사회에서의 신분을 통한 제한된 경쟁이나 세습을 탈피할 수 있다.[6] 그러나 좋은 의미에서든 나쁜 의미에서든 가장 경쟁적이고 시장지향적인 사교육이 공교육을 보완하고 있는 것이 아니라 거의 대체하고 있는 이러한 상황은 기회균등의 의미에 충실하기 어렵다.[7] 경쟁에 들어가는 자원조달은 대부분 각 가정이 담당해야 하는 몫이기 때문이다.[8]

각 가정이 한국사회의 가장 격렬한 경쟁의 장에서 필요한 자원을 대부분 조달해야 하는 현실은 한국 가족공동체의 강고한 결속요인이면서 아이러니칼하게도 동시에 가족해체의 원심력으로 작용한다. 기러기 아빠로 대변되는 자식교육을 위한 부모의 희생과 교육비의 부담

---

6 물론 과외나 학원을 통해 입시경쟁에서 유리한 위치를 차지할 수 있으므로 봉건적인 신분을 자본이 대신하는 형태일 뿐이라는 반비판도 가능하다.

7 공교육시설이 매우 훌륭하고 공교육을 담당하고 있는 교사의 수준도 전세계적으로 볼 때 탁월하다고 할 수 있음에도 이러한 현실이 발생하는 것은 제도적인 결함 때문이라고 볼 수밖에 없다.

8 사교육비의 존재가 대부분의 한국 가정에서 무거운 짐이 되고 있다는 것은 여러 서베이 결과를 통해 분명하게 밝혀지고 있다.

때문에 아이를 낳지 않으려 하는 젊은 세대의 현실은 이를 웅변적으로 보여주고 있다. 흔히 한국사회의 가장 큰 병폐로 지목되는 연고주의 즉, 지연, 혈연, 학연의 고리는 이러한 가족 공동체에 기반을 두고 있다. 즉 교육을 위한 부모의 희생을 당연시하는 문화야말로 한국적 연고주의의 원형이라는 것이나. 가족 공동체에 기반한 연고주의, 그리고 이에 따라 형성되는 패거리문화는 이 점에서 전근대적이다. 연고를 통해 사람들의 지대추구(rent seeking)행동을 낳는다든지, 비공식 그룹이 공식적인 절차를 우선해 수시로 구성원들의 의지나 이익을 수용하고 대표한다든지, 낮에 열리는 공식적인 회의석상이 아니라 밤에 벌어지는 비공식적인 술자리에서 문제가 해결되는 경우가 많은 현상은 이러한 전근대성을 잘 보여주는 것이다. 이는 공식적인 정치활동에 대한 냉소, 그리고 낮은 정당가입률에서도 확인된다.

학연이나 학벌은 이러한 연고주의의 틀 속에서 다소 독특한 위치를 차지한다. 가장 강력하게 작동하는 경쟁을 통한다는 점에서 기회균등과 능력주의(meritocracy)를 포용할 수 있으며 이에 따라 근대적인 모습을 갖는다. 물론 학연과 학벌에 기초한 패거리 문화는 전근대적인 속성을 가지고 있기 때문에 학연과 학벌은 모순적인 근대와 전근대의 결합이다. 출신지역에 기초한 연고주의나 혈연에 기초한 연고주의와 다르게 학교를 매개로 한 친분관계, 특히 그 중에서도 소위 명문학교를 중심으로 하는 동창관계는 능력을 기반으로 한다는 점에서 한편에서는 부러움의 대상이 되지만 다른 측면에서는 이들이 특정한 이익집단을 형성한다는 점에서 '학벌'이라는 부정적인 이미지를 갖는다. 이렇게 본다면 한국사회에서 지연이나 혈연보다 학연이나 학벌이 왜 더 큰 논란의 중심에 있는가를 이해할 수 있다. 한국사회에서 학연에 기초한 지대추구가 자신이 어쩔 수 없이 태생적으로 결정되는 지연이나 혈연에 의한 지대추구보다 진입을 위한 치열한 경쟁에 의존하고 있다는 점을 주의해서 보아야 한다는 것이다.

한국사회가 보다 시장중심적으로 변하고 경쟁이 확대되면서 지연이나 혈연 같은 원초적 연고주의의 폐해는 상당부분 완화되고 있으나 학연이나 학벌같이 노력의 과정을 통해서 얻어지는 연고주의는 앞으로도 상당기간 지속될 것이라고 예측할 수 있다.[9] 이러한 사실은 매우 중요한 시사점을 제공한다. 교육을 통한 능력사회의 구축이라는 근대적인 가치 아래 전통적인 의미에서의 집단주의적 연고주의라는 전근대적인 실질이 감추어져 있기 때문에 사회적 관계에서의 이중성은 선진국의 경우에서보다 더욱 두드러지게 나타나게 된다. 예컨대 한국사회에서는 시장에서의 더 많은 임금이나 수입보다 조직 내의 더 높은 직위나 지위재(positional good)를 확보하는 것이 자신의 사회적 지위를 드러내는 출세의 지표이다. 이는 사회적 지위나 서열이 시장의 평가와 다르게 작동할 수 있다는 뜻이다. 내면적으로는 이러한 지위 및 서열이 중요한 평가의 잣대가 되지만 사회적 의제를 다루는 경우 강력한 평등의식이 지배적인 흐름이 되는 경우가 많다. 직설적으로 표현한다면 사회적인 공론의 마당에서는 모두 민주주의자로 행세하지만 내면적으로는 사회적 지위나 서열에 대단히 민감하여 자신보다 서열이 낮은 사람들의 발언권을 인정하지 않으려 한다는 것이다.[10]

---

9 물론 정치적인 측면에서는 아직도 지역주의가 중요한 역할을 하고 있으나 여기에는 한국정치의 매우 미묘한 역사와 전통이 숨어 있기 때문에 또 다른 분석이 필요할 것이다. 여기서 이야기하는 것은 개인적인 성취에 미치는 연고주의에 국한하도록 한다.

10 이는 우리의 언어습관에서도 두드러지게 나타나고 있다. 한국사회에서의 존비어의 존재야

이러한 문화는 권위주의적 질서로 내면화되므로 조직의 수장(首長)이 막강한 권력을 지니는 것이 관공서와 대기업을 포함하여 한국의 거의 모든 조직이 보여주는 지배구조(governance structure)의 특징이다. 이러한 수직적 위계화는 형식과 의전을 중시하는 관행을 낳고 높은 서열이나 직위를 획득하기 위한 경쟁을 극단적으로 만든다. 이러한 경쟁은 교육과정에서부터 체화되기 시작한다. 높은 지위와 사회적 서열이 그러한 지위를 얻기에 매우 유리한 교육기관의 경험을 통해 나타나기 때문에 이러한 소위 명문학교에 대한 경쟁은 극단적으로 나타날 수밖에 없다. 높은 사회적 지위–명문대학의 졸업–그 자격을 얻기 위한 좋은 중고등학교 교육–이를 준비하기 위한 유치원 및 초등학교에서의 경쟁이라는 수순에 따라 한국의 아이들은 아주 어렸을 때부터 혹독한 경쟁의 시련을 겪게 되는 것이다.

경쟁의 양상이 혹독하기 때문에 나타나는 사회적 부작용에도 주목할 필요가 있다. 남을 이겨야 내가 성공할 수 있다는 구조적 제약을 모든 학생과 가정이 체감하고 있기 때문에 학생들은 끊임없이 자신의 승리에 도움이 될 친구(소위 내부자 insiders)와 도움이 되지 않는 친구(소위 외부자 outsiders)를 어린 시절부터 구분해야 하는 압박에 시달리게 된다. 학교에서의 교우관계가 어린 시절부터 정치적인 성격을 갖게 되는 것이다. 이러한 구분의 결과는 가혹하게 나타난다. 내부자끼리의 관계는 공고화되는 반면 외부자에게는 가차 없이 적의를 드러낸다. 외부자에 대한 공격성은 소위 '왕따'라는 현상으로 나타나고 있다. 문제는 이러한 구분에 따라 실제 의미와 상관없이 피해자들을 '패

말로 한국적 지위나 서열관계를 가장 잘 표현하는 것이다.

배자'(loser)로 낙인찍는 구조로 나타난다는 것이다. 이때의 '패배'는 상당히 다양한 측면에서 설명된다. 학습능력의 차이에서 나타나는 실패를 표현하는 것일 수도 있고, 살벌한 교우관계 시장, 즉 친구들의 관심 획득을 위한 치열한 경쟁에서 실패한 것일 수도 있다. 어린 학생들의 관심이나 관계가 매우 자의적이고 시류에 따라 변하므로 누구나 이러한 경쟁에서 피해자, 또는 실패자가 될 수 있다는 점이 중요하다. 원하는 대학에 들어가기까지 이러한 경쟁은 피할 수 없기 때문에 대부분의 학생들은 수시로 시류에 따라 변하는 비정한 인간관계를 뼛속 깊이 체화하게 된다. 어린 시절의 인간관계에서 나타나는 차별과 편견의 경험은 한국사회의 모든 인간관계에서 내면화되어 지속되기 때문에 확실한 자기편을 확보하여 불확실성을 제거하고 경쟁에서 유리한 위치를 차지하려는 노력은 불가피한 선택이 되는 것이다. 이 때 가장 생산성 있는 대안은 남들이 인정하는 연고주의의 사회적 연결망에 편입되는 것이다. 따라서 명문학교를 향한 경쟁은 더욱 치열해질 수밖에 없다. 다시 말해 서열과 사회적 지위의 추구가 지배적인 경쟁의 대상이 된 상황에서 남을 이겨야 내가 올라갈 수 있다는 경험칙이 발생하고, 이러한 경험칙에 따라 서열경쟁에서 자신에게 유리한 사람과 그렇지 않은 사람을 차별하며, 이러한 차별과 편견의 경험 때문에 더욱 서열과 사회적 지위에 집착하는 악순환이 발생하고 있다는 것이다. 이러한 악순환의 핵심고리에 한국의 교육문제가 자리하고 있다. 서열이나 사회적 지위는 남들과의 비교를 위한 공통 척도를 필요로 한다. 한국사회에서는 학벌이 이러한 비교 척도의 핵심이기 때문에 이를 위한 경쟁은 전쟁상황으로 나타난다는 것이다.

학벌이 사회적 지위나 서열을 결정하는 핵심잣대가 되었다는 사실은 한국사회의 현실을 진단하는 데 가장 중요한 관찰점이다. 첫째, 이러한 비교의 잣대는 상대적으로 객관적이고 관찰 가능하다. 그리고 무엇보다 능력이나 노력의 요소를 상당히 포함하고 있다. 둘째, 이 잣대는 비가역적이다. "국적은 바꿀 수 있으나 학적은 바꿀 수 없다"는 것이다. 이는 한국사회가 패자부활전이 없는 경쟁사회라는 혹평의 근거가 된다. 셋째, 이 잣대에 따르면 대부분의 한국 사람은 '패배자'이다(혹은 패배자라는 사회적 낙인을 피할 수 없다). 학벌의 이득은 극소수의 사람이 전유할 뿐이라는 것이다. 넷째, 이 잣대에는 상당한 거품이 끼어 있다. 학벌의 이득이 실질적인 사회적 지위의 획득에 얼마나 기여하는가는 논란의 소지가 있으나 그 실제 기여도에 비해 특히 초중고 과정에서 지나치게 그 중요성이 부풀려져 있다는 것도 분명한 사실이다. 물론 여기에는 학벌이 과시적 소비의 성격이 강하다는 사실이 한 몫을 하고 있다. 즉 내가 실질적으로 높은 사회적 지위를 얻는 데 필요한 부분도 있지만 다른 사람들에게 그럴 확률이 높다고 신호를 발생하는 효과가 크기 때문에 이를 추구하는 경향이 있다는 것이다. 다섯째, 이 잣대가 관찰 가능하고 객관적이라는 사실 때문에 학벌의 중요성이 강조될수록 사람들이 내실보다 외형을 추구하는 경향을 심화시키게 된다.[11]

---

11 한국 사람들이 소유한 자동차, 옷이나 장신구 등에 신경 쓰는 이유가 여기에 있다. 이러한 현상은 성형수술과 다이어트가 만연하는 이유, 상품의 품질보다 외국 상표 등 상표나 포장에 주목하는 이유, 유명인이나 명품에 대해 열광하는 이유 등을 설명할 수 있다. 또한 대학에서도 교수 개개인의 학문적인 능력보다 그 교수가 졸업한 학교의 간판이나 이름에 더 관심을 갖는 이유, 논문의 학술적 가치보다 SSCI 등에 발표된 논문 수에 더 민감한 이유 등도 그 사례로 볼 수 있다. 이와 같이 한국사회는 종전의 봉건적인 신분관계가 사람들의 외형적인 속성을 통해 발현된다는 특징을 갖는다. 비교나 평가의 기준이 외형적인 특성에 있기 때문에 남에게 보일 수 있는 측면에만 투자하려는 유인을 발생시킨다.

위계와 서열이 강조되는 사회일수록 지위가 높은 사람에게 권력이 집중되는 경향을 낳는다. 이들을 사회엘리트라고 칭한다면 이런 사회일수록 엘리트 중심의 사고와 관행, 그리고 정책이 지배적이 될 수밖에 없다. 한국사회의 압축 성장도 사회엘리트들의 강력한 선도와 정책적 집중, 즉 위로부터의 선도(top down) 방식에서 시작되었고 이는 관치경제의 특성을 낳았다. 관치경제의 속성에 적응하기 위해서는 이들과 이너서클을 형성할 수 있는 기업가들이 필요했으며 이들은 기업 내에서 다시 권위주의적인 지배구조를 형성하게 되었다. 이러한 과정을 통해 사회 각 기관이나 조직에서 기관장에게 막강한 권력이 주어지게 되었고 지위추구 경쟁에 유리한 교육시스템이 고착되었다는 것이다. 결국 위계 중심의 문화가 사회적 지위추구 경쟁을 부추기고 이로부터 엘리트주의와 관치경제의 특성이 배양되었으며 이는 다시 지위추구 경쟁을 강화하는 순환고리를 발생시켰다.

각급 조직에서 최고 의사결정자가 되기 위한 경쟁이 심각해지는 이유는 이러한 조직이 구조적으로 근대성과 전근대성을 함께 지니고 있기 때문이다. 원칙상 누구나 경쟁을 통해서 해당 조직의 수장이 될 수 있다는 점에서는 근대적이지만 일단 누군가 수장이 되고 나면 견제나 감시장치가 사회적으로 부재하기 때문에 이들이 막강한 권력을 행사한다는 점에서 전근대적이다. 이때 만약 최고 의사결정자의 직이 일부 제한된 계층에게만 열려 있었다면 이를 위한 경쟁도 상대적으로 억제되었을 것이다. 그리고 이들에 대한 사회적 견제와 감시의 장치가 원활하게 작동하고 있다면 제한된 권력을 향한 경쟁 또한 상대적으로 완화되었을 것이다. 기관장이라는 직위를 통해 제어되지 않는 권력을 사용할 수 있는 여지가 확보된다는 것은 자신과 경쟁하는 그룹을 쉽게 의사결정 과정에서 배제할 수 있다는 것이므로 이런 상태에서의 기관장이라는 자리에 대한 경쟁은 죽고 죽이는 전쟁상황처럼 격렬하게 전개될 수밖에 없다.[12] 이는 조직 내에서 사람들이 일보다 직위에, 금전적 보상보다는 승진에 목을 매는 이유가 된다. 수출을 위해 생산하고 실적을 올리지만 삶의 가치를 느끼지 못하는 노동자, 입시를 위해 공부하고 성적을 올리지만 삶의 가치를 느끼지 못하는 학생, 올림픽경기에서 메달을 따지만 운동 자체를 즐기지 못하는 선수는 모두 같은 문제를 안고 있다. 우리 사회에서 노동자나 회사 직원, 학생, 그리고 운동선수는 모두 전사에 가까우며 전쟁에 가까운 경쟁을 벌이고 있다.

이 연구의 문제의식은 여기에서 출발한다. 이러한 문제의식을 충분히 다루기 위해 먼저 이런 전반적인 진단과 문제의식을 뒷받침하는 한국 경제와 사회의 정형화된 사실들(stylized facts)을 보다 구체적으로 논의해 보자.

12 예컨대 검찰이나 경찰, 군대 등의 조직에서 자신과 동기거나 아래 기수의 사람이 조직의 장이 되는 경우 옷을 벗는 관행이 대표적인 것이다.

2

관찰된 사실들

한국형 모델의 핵심을 파악하기 위한 중점 탐색과제를 모색하는 것은 간단한 문제가 아니지만 한국사회와 경제의 핵심과제를 추출하는 것은 그리 어렵지 않기 때문에 이를 통해 문제에 접근하기로 한다. 이러한 과제들은 21세기를 살고 있는 평범한 한국인들이 일상 생활에서 느끼는 행복과 불행에 영향을 주는 핵심적인 문제들을 추출하면 얻어질 수 있다. 우리는 다음과 같은 관찰들을 한국사회의 특징을 이해하고 핵심과제를 추출하기 위한 기초자료로 설정하였다.

관찰 1 전제

한국사회는 경제발전과 민주화 양 측면에서 세계사적으로 유례없는 성과를 올린 사례이다.

불과 60여년 전 한국사회는 식민지와 분단, 전쟁을 겪은 전 세계적으로 가장 빈곤한 국가 중의 하나였다. 6.25 전쟁 이후의 각종 사회통계를 보면 후진국이라는 말이 실감이 난다. 60여년만에 한국사회는 전 세계 하이테크 첨단산업, 특히 IT 분야에서 최첨단 제품을 만들고 시장을 선도하고 있으며 자동차, 철강, 조선 등 핵심산업에서 산업을 리드하는 주도자 역할을 수행하고 있다. 또한 선거를 통해 평화적인 정권 교체를 이룩하였고 각종 사회단체와 NGO 들이 활발하게 국정을 감시하며 독립적으로 활동할 수 있는 토대를 구축하는 등 민주화가 급격하게 진척되었다. 2차 대전 후 식민지 경험을 가진 후진국 경제가 경제발전과 민주화를 동시에, 획기적인 수준까지 달성할 수 있었던 사례는 거의 전무후무하다고 해도 과언이 아니다. 한국형 모델의 이러한 '밝은 면(bright side)'을 어떻게 설명할 것인가는 전 세계 발전경제학계의 주요 주제 중 하나일 정도이다.

관찰 2 사회

한국의 평범한 시민들에게 가장 큰 현실적인 고민은 교육이다.

한국 사람들의 교육에 대한 유별난 관심은 이미 정평이 나 있다. 기러기 아빠, 초등학교부터 시작되는 과외 열풍과 과대한 사교육비, 학교성적 특히 석차에 대한 지나친 관심과 이에 따라 발생하는 청소년들의 정서적 불안(청소년 자살, 왕따), 대학 서열화와 출신대학에 따른 신분화 및 평생 낙인 등 교육에 대해 광적으로 집착하는 현상은 한국사회를 논의할 때 가장 먼저 떠오르는 문제이다. 교육에 대한 광적인 집착이 자식의 미래를 위한 걱정과 자신의 경험을 통한 불안감 때문이라고 일반적으로 생각할 수 있지만 왜 경제발전 과정에서의 커다란 성과와 민주화의 큰 진전을 누렸으면서도 자신에 대한 관심과 배려보다 자식에 대한 관심과 배려를 더 우선시하는 문화가 지배적인가에 대해서는 보다 심층적인 분석과 진단이 필요하다.

관찰 3 경제

자본주의에 대한 관점이 일관성이 없다

한국 사람들은 자본주의가 체질화되어 있지 못하며 공동체적 제약을 당연하게 생각하는 경향이 있다. 반면에 내면적으로는 자본주의적 성공 여부에 따라 다른 사람을 평가한다. 정확히는 일률적으로 생각하는 "좋은 이웃, 사귀고 싶은 대상"의 서열이 존재한다. 문제는 이것이 매우 천편일률적이라는 것이다. 즉 다양성이 없으며 설령 개방적인 사고를 가지고 있더라도 현실에서 적응하기 힘들다. 예컨대 자식이 친구를 데려오는 경우 어떤 친구가 좋은 친구인가에 대한 대답이 거의 유사하다는 것을 발견할 수 있다. 이는 삼성, '박정희 모델' 등에 대한 상반된 평가에서도 두드러지게 나타나고 있다.

관찰 4 정치

정치적 참여가 기형적인 모습을 가지며 정치에 대한 태도가 이중적이다.

한국 사람들은 자기 이해관계에는 (비공식적 voice mechanism을 통해) 매우 적극적인 형태로 관여하지만 공식적인 정치적 기구(정당 참여, 투표)를 통한 참여의 기반이 미약하다. 평소의 대화 주제로 정치와 정치인에 대한 비판은 빠지지 않으나 이러한 비판을 토대로 표를 통한 공식적인 정치행위를 하는 것에 대해서는 별로 내켜하지 않는다는 것이다. 즉 정치적 관심은 매우 뜨겁지만 정당활동을 통한 공식적인 정치 행위나 표를 통한 영향력 행사에는 비판적이다. 문제에 대해 발언하기를 좋아하는 사람들이 공식적인 루트를 통한 정치적 참여에는 왜 소극적인가 하는 것은 이미 많은 정치학 연구의 대상이 되어 왔으며 다른 나라에서도 유사한 사례가 지적되고 있지만 한국의 상황에서는 정치에 대한 태도가 지극히 이중적이라는 점에 그 특징이 있다.

관찰 5 전반

실패에 대한 사회적 낙인(social stigma)이 강하게 작동한다

초중등교육에서 우열반을 통한 학습 성과를 향상시키는 방안이 어려운 이유, 현실적인 필요성에서 제기된 고교등급제의 문제, 대학입시를 집안의 사활문제로 인식하는 이유 등을 생각해 보면 배경에 실패자에 대한 낙인의 문제가 있다는 것을 알 수 있다. 한국사회를 사는 사람들에게 가장 두려운 것은 실패의 경험이 아니라 실패에 따라 나타나는 사회적 낙인이다. 교육이 마치 전쟁처럼 다뤄지는 상황으로 나타나는 것은 이러한 이유 때문인 것으로 보인다.

학벌문제도 결국 "사회적 낙인"의 문제이며 부모의 교육에 대한 광적인 집착은 "사회적 낙인"을 피하려는 필사적 노력으로 볼 수 있다. 이러한 단순한 성장과정에서 나타나는 일과성 현상으로 볼 수 있는 것들이 왜 "사회적 낙인"이 되었을까? 그 배후에 존재하는 것은 결국 패배자(Loser)는 인격적으로 존중받고 살기 어렵다는 보이지 않는 사회적 합의이다. 즉 한국사회는 자본주의의 냉혹성이 그대로 발현되고 있는 사회, 경쟁을 보완하는 사회적 관심과 배려가 부족한 사회이며 본능적으로 이러한 위험을 부모는 감지(역사적 존재로서의 한국인)하고 있기 때문에 교육에 집착한다는 것이다. 그렇다면 자본주의를 부정하려는 의식은 이러한 사회현상에 대한 일종의 반작용으로 볼 수도 있다.

위에서의 관찰을 배경으로 우리의 핵심 연구과제를 다음과 같은 핵심 의문들(Key Questions)을 통해 추출한다.

? 질문 1

한국형 모델의 '빛', 즉 '밝은 면(bright side)'을 어떻게 설명할 것인가? 이러한 설명에서 국내와 해외 시각의 차이는 어떠한가?

한국형 모델에서 가장 두드러진 특징은 한국사회의 독특한 다이나미즘(dynamism)과 무서운 속도의 사회적 변화이다. 이러한 한국형 에너지의 발현은 세계사적으로 유례없는 성과를 낳았으며 그러한 에너지가 집중되고 발현되는 메커니즘에 대한 의문은 소위 '한국형 수수께끼(Korean Puzzle)'로 명명되고 있다. 우리 연구의 첫째 질문은 이 점에 모아진다. 우리의 독특한 시각은 이러한 에너지의 발현이 뚜렷한 성과 ('빛')도 낳았지만 각종 사회적 부작용 ('그림자')도 낳은 원천이라는 점을 논의의 출발점으로 삼는다는 데 있다. 앞으로 설명할 한국형 모델에 대한 해외 문헌은 대부분 '빛'에 대한 설명을 어떻게 하는가에 집중하고 있다는 한계를 갖는다. 반면에 상당히 많은 국내 문헌은 주로 사회적 부작용 ('그림자')을 논하는 데 할애되고 있다. 이 두 가지 측면을 동전의 양쪽으로 놓고 문제를 보는 경우 성과에 대한 평가와 정책 대안에 대한 시사점이 매우 달라질 수 있다.

질문 2

학벌/학연은 한국형 모델의 성공과 좌절에 어떤 영향을 미쳤는가?

학연이나 학벌은 기회의 균등과 능력주의를 표방한다는 점에서 가상 근대적이다. 그러나 다른 한편으로 집단공동체를 통해 집단주의적 이해관계를 드러내는 가장 원초적인 모델이기도 하다. 이런 이유로 학연과 학벌은 가장 모순적인 근대와 전근대의 결합이다. 학연에 기초한 지대추구가 치열한 경쟁에 의존하고 있다는 점에서 단순한 독점이나 전통적인 의미의 기득권이 아니라 경쟁과 독점의 결합으로 간주해야 한다. 그렇다면 학벌/학연이 한국의 근대화/산업화 및 경제성장에 어떠한 영향을 미쳤는가에 대해 총체적으로 평가해 볼 필요가 있다. 이것이 우리가 던지는 두 번째 질문이다.

질문 3

한국사회 엘리트는 한국형 모델의 성과에 얼마나 기여했는가?

한국사회에서는 시장에서의 더 많은 임금보다 조직 내의 더 높은 직위나 지위재(positional goods)가 보다 확실한 출세의 지표이다. 이는 절대적인 수준의 소득이 상승하더라도 상대적인 위치가 낮아지거나 변동이 없으면 행복을 느끼지 못한다는 것을 의미한다. 학교에서의 석차, 대학의 서열, 그리고 조직 내의 견고한 위계 등이 이에 부합된다. 이런 권위적인 위계로 인해 조직의 수장(首長)이 막강한 권력을 지니는 것이 기업을 위시한 한국의 거의 모든 조직이 보여주는 지배구조(governance structure)의 특징이다. 이는 기업의 회장(會長)이나 사장

(社長), 학교의 교장(校長)이나 총장(總長), 가정에서 가장(家長)으로 표현되며 장남(長男)이나 좌장(座長)과 통한다. 이에 따라 한국사회의 각종 조직의 수장, 또는 보다 일반화하여 사회 엘리트 계층은 어떤 속성을 가지고 있고 어떤 방식으로 수급되고 있는가를 이해할 필요가 있다. 또한 이를 통해 성공적인 에너지가 발현되었던 과거 사례, 예컨대 새마을운동의 경로창출(path creation) 메커니즘을 이해할 수 있을 것이다. 직설적으로 표현한다면 삼성의 이건희 회장과 고 박정희 대통령이 삼성의 성과와 한국의 경제발전에 어떠한 영향을, 얼마나 끼쳤는가에 대한 논의가 필요하다는 것이다. 이것이 우리가 던지는 세 번째 질문이다.

? 질문 4

한국사회에서는 누가 패자(loser) 인가? 왜 패자(loser)에 대한 낙인(stigma)찍기가 일상적으로 발생하는가? 이는 한국형 모델의 성과와 어떤 관련이 있는가?

높은 서열이나 직위에 대한 추구는 한국사회 경쟁의 양상을 극명하게 드러내고 있다. 서열이나 직위는 어느 조직, 집단을 배경으로 한다는 점에서 집단주의적 속성을 갖는다. 집단이 중요하다는 것은 허쉬만(Hirschman)의 표현을 빌면 이탈(exit)보다 발언(voice)이 더 중요한 의미를 갖는다는 것이다. 한국에서 경쟁은 집단주의적 속성 때문에 경쟁의 목표가 삶이나 앎과 같은 내적인 충일과 무관하게 타인과의 비교나 서열에 주어지는 경향이 있다. 같은 이유로 한국인은 자신과 비교되는 타인, 보다 정확하게, 타인이 가진 것이나 타인의 외모에 대해 과도한 관심을 갖고 있다. 서열이나 비교가 중요하다면 성공과 실패는 서열에 의해 좌우될 것이다. 우리는 흔히 서열의 낮은 상태에 있는 사람들을 패자(loser)라고 한다. 그렇다면 한국사회에서 패자는 어떤 사람들인가? 다양한 형태로 서열이 존재하는데 어떤 서열이 낮은 사람을 패자로 부르게 되는가? 그러한 서열이 왜 다른 서열보다 더 중요할까? 그러한 서열에 의한 차별이 왜 그토록 오래 지속되는가? 이러한 패자에 대한 낙인은 한국사회의 성장과정과 어떤 관련이 있는가? 우리의 네 번째 질문들은 이 점에 모아진다.

질문 5

괄목할 만한 경제성장에도 불구하고 한국인들은 왜 불행한가?

최근 발표된 한 연구에 따르면, 한국의 전체적인 행복 수준은 OECD 30개국 회원국 중 25위에 불과한 것으로 나타났다. 이때 행복 수준은 경제적 요인·자립·형평성·건강·사회적 연대·환경·주관적 생활 만족도 등 7개 분야 총 26개 지표를 활용해 측정되었는데, 한국의 경우 서구 선진국에 비해 특히 형평성과 사회연대성 등 사회통합적 측면에서 취약한 모습을 보였다(윤강재·김계연 2010).

경제성장의 궁극적 목적이 삶의 질을 제고하고 구성원들의 행복감을 높이는 데 있음에도 불구하고 그동안 전 세계가 주목할 만한 경제성장을 이룬 한국사회의 구성원들은 왜 행복하지 않을까? 보다 일반화하여 경제성장과 행복과는 어떠한 관계가 있는가? 한국인들은 실제로 어떨 때 행복하다고 느끼는가? 연고주의나 서열, 학벌 등 우리 사회의 자원 배분 및 경제활동에 결정적인 영향력을 발휘하면서 효과적으로 작동하고 있는 규칙이나 제도들은 한국인들의 행복관에 어떻게 영향을 미치고 있는가? 행복한 관계를 매개해 줄 규칙이나 제도의 구성요소들은 무엇인가? 이들 규칙이나 제도가 어떠한 경로를 통해 경제주체들의 공유신념 속에 뿌리내릴 수 있는가? 등이 우리의 다섯 번째 질문이다.

3

어떻게 설명할 것인가?

사실 한국형 모델의 중요성에 대해서는 오랫동안 학계에서 논의되어 왔다. 전후 개발도상국 중에서 한국만큼 경제성장과 민주제도의 정착이라는 양대 과제를 성공적으로 이룩한 사례는 찾아보기 어렵다. 세계에서 가장 가난했던 나라가 첨단기술을 가지고 세계적인 기술전쟁에서 선두의 자리를 확고하게 차지하고 있을 뿐 아니라 수평적인 정권교체를 평화적으로 이룩하였고 민주적인 절차나 전통을 나름대로 효율적으로 구축할 수 있었다는 것은 인류역사에서 굉장히 의미 있는 사건이며 이러한 모형의 일반화 가능성을 연구하는 것의 중요성은 아무리 강조해도 지나치지 않을 것이다.

그런데 이렇게 외형적으로 보면 가장 성공적인 국가에 사는 보통 사람들에게 주어진 삶이 매우 어렵고 힘들다는 점, 그리고 행복감보다는 불행과 아픔이 많다 (예: 자살률 1위)는 점이 본 연구진이 이 주제에 뛰어들게 한 동인이었다. 우리가 만들어 온 소위 한국형 모델은 과연 성공적인가? 성공적이라면 어떠한 면이 그러했는가? 그렇다면 많은 사람들이 불안과 좌절을 느끼고 비정상적인 과열경쟁이나 배타성 때문에 고통을 받는 이유는 무엇인가? 이러한 현상들은 상호 어떻게 유기적으로 연결되고 있는가? 한국형 모델의 특징에 대한 연구가 어느 정도 진척이 된다면 한국형 모델에 대한 이론 모형의 정립이 필요할 것이다. 이러한 구체적이고 생생한 한국형 모델의 특징을 어떤 방식으로 이론화할 것인가? 기존에 나와 있는 한국형 모델과 관련한 논의들의 문제점은 무엇이며 이를 해결하기 위해 필요한 이론적 해명과제는 무엇인가? 이론 모형을 나름대로 정립할 수 있다면 한국사회의 핵심과제를 해결하기 위한 새로운 대안의 모색이 가능해질 것이다. 한국사회의 핵심과제에서 나타나는 병리적 현상을 제어하기 위해 어떤 과제에 먼저 관심을 두어야 하는가 (소위 triggering mechanism)? 기존에 나온 각종 대안, 예컨대 사회적 기업, 미소금융, 각종 사회안전망 구축 등의 문제를 다룰 때 어떤 점에 보다 관심을 두고 문제를 풀어가야 하는가? 이는 한국사회의 고유한 특징들과 어떻게 연결되고 있는가? 등의 문제를 다룰 필요가 있다.

한국형 모델이라는 주제는 경제발전과 관련하여 동아시아 모델(East Asian Model)의 일부분으로서 일부 학자들에 의해 논의되어 온 것은 사실이지만(예컨대 Amsden, 1989) 일반적인 경제발전모델에서는 다루기 힘든 한국사회의 저변에 깔린 구조적이고 전통적인 문제들과 연계하여 총체적인 모습으로 접근하여 다룬 연구는 없다고 해도 과언이 아닐 것이다.

물론 한국의 사회학계나 정치학계에서 이러한 문제들에 대해 관심을 가지고 있고 일정한 연구성과도 존재한다는 것은 알려져 있지만 경제학도들만의 고유한 시각을 가지고 경제발전모델에 초점을 맞추고 이를 외연으로 확대하여 사회적인 문제들까지 다루려 하는 노력은 한국사회에서 매우 보기 드문 현상이다. 왜냐하면 한국의 주류 경제학계는 이러한 구조적인 문제에 대해 체계적으로 접근하려는 노력을 별로 해 본 경험이 없기 때문이다.

본 연구에서는 이러한 질문들에 대한 가능한 답변들을 아래와 같이 정리해 보았다.

설명 1

한국형 모델은 유례가 드문 성공사례라는 견해

한국형 모델이 가진 빛과 성과를 강조하는 이와 같은 견해는 주로 서구의 발전경제학이나 발전사회학 쪽에서 많이 논의되는 것이다. 이 견해는 한국이 어떻게 성공했는가에 대해 주로 설명의 초점을 맞추고 있다. 좀 더 일반화하여 서구 경제학계에서 '동아시아 모형'으로 통칭하여 그 성공요인을 논의하는 것을 문헌에서 흔하게 관찰할 수 있다. 이 책에서는 2 장이 이를 보다 상세하게 설명하고 있다. 물론 서구 문헌에서 동아시아 모형의 특수성에 대해 주목하고 이것이 어떻게 서구의 일반적 유형과 다르고 어떻게 보다 성공적일 수 있었는가를 논의하는 것만이 아니라 관치경제의 특성에 주목하여 과거 사회주의적 경제개발 전략과 비교하고 동아시아 모형을 일종의 그 아류로 폄하하는 관점들도 존재한다. 이러한 관점들은 아시아 금융위기 이후 특히 많은 논쟁을 낳았다. 위기와 관련하여 미래 전망을 어떻게 볼 것인가에 대해 서로 다른 시각을 가지고 있으나 서구 문헌에서 여전히 공통적으로 발견할 수 있는 것은 한국형 모델이 상당히 성공적이었다는 관찰이다.

설명 2

의식이나 제도의 후진성이라는 견해

한국형 모델의 주로 어두운 부분에 대해 논할 때 우리는 흔히 한국인의 의식문제나 후진적인 제도가 그 원인이라는 견해들을 만날 수 있다. 이규태(2000)의 「한국인의 의식구조」는 좋은 의미에서든 나쁜 의미에서든 이러한 흐름의 기폭제 역할을 하였다. 이 책은 다양한 사례들을 통해 한국인들의 '민족성'을 일반화하여 논하고 있다. "강력한 NO는 YES", "타인을 따라야 일단 안심", "줄을 잘 서야 성공한다", "능력보다는 끈끈한 인간관계가 우선", "모로가도 서울만 가면 된다", "뭐든지 빨리빨리해야 안심", "한국인은 잔치체질", "여성의 목소리가 높은 나라", "위로만 오르려는 한국인의 출세주의" 등의 내용들은 한국인의 의식을 날카롭게 분석한다는 장점을 가지고 있지만 그러한 의식들이 문제라는 식의 결론을 피해가기 어렵도록 만들고 있다.

유사한 논리를 전개하는 두 가지 다른 견해에 대해서도 살펴 보자. 첫 번째 견해는 불확실성과 불안심리를 설명의 핵심요인으로 한다. 자살률, 출산률, 부도율, 실업률 등 각종 사회지표를 보면 한국사회는 불확실성이 매우 높은 사회라는 것을 알 수 있다. 불확실성이 높은 사회에 살게 되면 불안심리가 판을 치게 되어 있다. 김태형(2010)은 이 때문에 한국사회는 다음과 같은 특성을 지닌다고 설명한다. 첫째, 사회적 비교가 심하고 이에 따른 고통이 일상화되어 있다는 것이다. 국토 규모가 작고 사람들이 몰려 살기 때문에 경쟁이 심하고 극심한 경쟁 하에서 사람들은 다른 사람의 가치를 끊임없이 저울질하게 된다. 이를 통해 사회적 가치가 상품가치로 바뀌기 때문에 상품가치가 낮게 평가될수록 열등감과 모멸감을 느끼게 된다는 것이다. 이때 남에게 인정받고 싶다는 욕구가 간절해지므로 자신의 상품가치를 광고하기 위한 자기과시가 일상화된다. 자기과시병이 집단화되면 이러한 경쟁에서 실패한 사람들에 대한 낙인찍기를 통해 자신의 우월감을 확인하려는 습성이 나타난다. 낙인찍기는 '좌빨', '수구꼴통' 등의 이념적 낙인으로부터 '고졸', '지잡대' 등의 학벌낙인, '전라도', '새터민', '조선족' 등과 같은 출신지역에 따른 낙인, '왕따'와 같은 학교에서의 낙인, "타블로', '유승준', '된장녀' 등과 같은 인터넷을 통한 마녀사냥적인 낙인, 병역 논란, 친일파 논란, 투기 논란 등을 통한 사회지도층에 대한 신상털기식 낙인 등 다양한 형태로 나타난다. 이러한 낙인찍기의 부작용은 매우 심각하다. 우선 한 번의 실패나 실수가 결정적인 피해를 입힐 수 있기 때문에 패자부활전이 없는 경쟁으로 사람들을 몰아간다. 또한 어린 시절부터 '모난 돌이 정 맞는다'는 가르침에 익숙하게 되는 젊은이들이 위험을 기피하는 행동을 하도록 만든다.[13] 경쟁에서 패배한 사람처럼 보이지 않기 위해 경쟁에서 승리한 사람들을 극단적으로 모방하도록 하기 때문에 소위 신호발생비용이 증가하게 될 것이다. 이러한 예로 명품 열풍, 성형 및 다이어트 열풍, 학벌 세탁 및 학력 인플레 등을 들 수 있다. 물론 경쟁에서 패배자가 될 위험을 줄이기 위해 교육에 대한 사적 투자를 극대화한다는 긍정적 효과도 존재하지만 그것이 많은 사람들에게는 족쇄가 되어 삶을 어렵게 만드는 가장 큰 요인이 되기도 한다. 모든 사람들이 경쟁에서 이길 확률을 높이기 위해 힘 있는 사람들과의 관계를 좋게 만들려

---

13 공부를 가장 잘하는 학생들이 모두 의대나 치대에 가는 선택을 하는 이유도 여기에 있다.

고 할 것이므로 이러한 관계 형성에 드는 사회적 비용이 커지게 되고 패자부활전이 없기 때문에 건설적인 토론이 어려워 사회적 합의 비용이 매우 크다. 또한 사회적 연줄을 통해 패배의 위험을 완화할 수 있기 때문에 내부적으로 이러한 연줄의 응집력을 강화할 유인을 갖게 된다. 다른 한편으로 낙인찍기는 평범한 사람들이 집단적으로 사회적 발언권을 행사하는 통로로 작용할 수도 있다. 초중등학교에서의 왕따현상을 보면 평범한 학생들이 피해자이면서 동시에 가해자로 기능하게 되는데 가해자로서의 행위는 기실 사회적 불만을 표출시키는 하나의 통로 역할로 볼 수도 있다. 이와 유사한 메커니즘은 최근 극우적 이데올로기와 강한 행동력으로 주목받고 있는 '어버이연합'의 사례, 그리고 조금 다른 형태지만 '촛불시위'에서도 발견할 수 있다. 긍정적이든, 부정적이든, 타인에 대한 낙인찍기가 평범한 사람들이 사회적 발언권을 행사하는 통로로 사용될 수 있다는 것은 한국형 에너지의 발현 및 확산 과정과 관련하여 흥미로운 시사점을 제공할 수 있다.

둘째, 비교에 따른 고통을 회피하거나 완화하기 위해 과시적 형태의 명품소비 열풍이 나타난다는 것이다. 초기에는 성공한 사람을 중심으로 성공을 표시하고 신호 발송하기 위한 수단으로 사용되지만 곧 지기 싫어하는 사람들의 동조적 소비, 더 나아가 소비의 트렌드를 따라가지 못해 왕따가 되는 것을 두려워 하는 차별 회피를 위한 소비로까지 광범위하게 확산된다. 명품 열풍의 또 다른 모습으로 성형 열풍과 다이어트 열풍도 유사한 형태의 사회적 확산 과정을 밟는다. 이러한 명품 열풍이 사회적 불안심리, 그리고 낙인찍기와 구체적으로 어떤 미시적 과정을 통해 연결되는가를 해명하는 것은 매우 중요한 연구과제로 보인다. 셋째, 고통을 회피하는 수단으로서의 명품 열풍은 보다 일반화시켜 어떤 특정한 것에 대한 중독현상으로 파악할 수 있다. 인터넷, 도박, 마약, 일, 사이비 종교 등과 같은 것들에 대한 중독현상을 그 예로 들 수 있을 것이다. 사전적으로 볼 때 비합리적으로 판단되는 소비에 대해 탐닉하는 현상을 중독이라고 할 때 이러한 중독문제가 나타나는 양태가 한국형 모델에서 다른 사회와 어떻게 같고 다른가를 규명하는 것은 또 다른 중요한 연구주제가 될 수 있다.

한국인의 언어제도가 문제라는 견해도 이와 비슷한 문제의식에서 출발하고 있다. 최봉영(2005)는 한국사회 문제의 핵심은 한국에 특유한 존비어체계에 있다고 설명한다. 한국사회에서 존비어체계가 지속적으로 유지된다는 것은 한국사회가 유사 신분사회라는 의미이며 이에 따라 수직적 인지구조를 갖게 된다는 것이다. 즉 언어구조적으로 "존대받지 않으면 하대받는다"는 것이다. 존비어체계는 호칭체계와 결합하여 형식적 권위주의를 낳고[14] 각자의 주어진 사회적 신분에 따라 서로 다른 소통체계로서의 언어구조를 갖게 된다.[15] 이러한 신분적 갈등을 완화하기 위해 지배층은 공동체로서의 '우리'의식을 강조하고 겸손법[16]을 예의로 규범화하였으며 절약과 청빈을 강조하였다. 근대화 이후에도 존비어는 계속 유지되었으나 기존 지배층 몰락 후 갈등 완화를 위한 방법들이 더 이상 사용되지 않았다. 기존 신분질서의 붕괴에 따라 교육과 출세에 대한 뜨거운 욕망이 분출되었고 그 과정

---

14 예컨대 직원은 '밥'을 '먹고' 사장은 '진지'를 '드시며', 직원은 '말'하고, 사장은 '말씀'한다.

15 예컨대 조선시대의 한문은 양반의 배타적 소통체계이며 근대 법률용어나 의학용어는 지배층의 배타적 소통체계라는 것이다. 물론 이러한 현상은 한국사회에서만 나타난 것은 아니다. 중세시대에 성경을 라틴어로만 사용하여 신부들 사이에서만 소통하게 한 것이 대표적이다.

16 왕이 스스로 부족한 사람이라는 뜻인 '과인'이라고 칭한 것이 그 한 예이다.

에서 기존 지위의 역전현상이 빈번하게 나타나게 되었다. 기존의 언어 습관이 변하지 않은 상태에서 이는 심각한 경쟁을 유발할 수밖에 없었다.

최봉영(2005)에 의하면 신분관계에 기초한 기존의 언어습관이 변하지 않았다는 것은 몇 가지 점에서 매우 중요한 함의를 갖는다. 첫째, 공과 사의 구분을 불명확하게 만들었다는 것이다. 사적인 관계에서도 예의가 중요한 고려사항이 되었고 사적인 일에도 공적인 관계를 동원하는 것이 자연스런 일상이 되었다. 둘째, "찬물에도 순서가 있다"는 일상적 격언이 말하듯 공적인 관계에서의 서열에 대해 매우 민감하게 되었다는 것이다. 일단 서열이 정해지면 그에 따라 언어적 습관이 바뀌어야 하므로 공적인 서열관계는 자연스럽게 사적인 유사 신분관계로 전이되었다. 셋째, 안과 밖을 차별하게 되었다는 것이다. 낯선 사람은 높낮이를 확인하기 어렵기 때문에 불안하게 느껴지며 이에 따라 사회적 연결망 안에 있는 사람들과만 거래를 하게 된다는 것이다.[17] 넷째, 억압과 차별이 일상화됨에 따라 이에 대한 저항으로 불평불만, 뒷담화 등이 만연하게 되었다는 것이다. 즉 겉에서 나오는 존대어는 속에서 끓는 불만을 담을 수 없기 때문에 속말과 겉말의 차이가 두드러지면서 생각과 소통이 이중적인 성격을 갖게 되었다.[18] 결국 존

17 이에 따른 당연한 귀결로 사람들은 '안', 특히 힘 있는 사람들과의 관계에 들어가기 위한 경쟁적 투자에 몰입하게 되었다.

18 한중일의 차이도 주목할 만하다. 중국은 한국, 일본과 달리 수평적 언어체계를 가지고 있으나 일본은 한국과 같이 겉말과 속말의 차이가 심하며 존비어가 체계화되어 있다. 다른 점은 일반적으로 일본인들은 이러한 이중성을 당연하게 받아들여 순종적이며 참지 못할 단계에 이르면 스스로 외톨이가 되어 자신을 보호하려는 경향이 있는 반면, 한국인들은 내면갈등이 매우 심하고 이러한 갈등을 폭발시켜 심각한 양상으로 전개되는 경우가 많다

비어체계가 수직적 서열구조를 나타내며 이러한 유사 신분제도에 따라 생각과 소통이 이중적인 구조를 갖게 되어 토론문화가 부재하고 형식을 중시하는 경향이 나타나며 사회적 불만도 높아지게 된다는 것이다.[19]

이러한 설명들은 우리 사회의 문세를 분석하는 데 매우 날카로운 시각을 제공하고 있으며 유의미한 통찰을 보여주고 있으나 현재 젊은 이들을 중심으로 특히 인터넷 상에서 나타나는 언어파괴, 그리고 수평적 언어구조의 광범위한 확산현상을 어떻게 설명해야 할 것인지를 고민하게 한다. 존비어체계가 문제의 핵심이라면 연령층이 낮아질수록 존비어체계가 파괴되고 있으므로 한국사회의 문제는 자연적으로 사라진다는 결론이 되는데 이는 논리적으로나 현실적으로 무리할 수밖에 없는 주장이 될 것이다.

설명 3

사회적 조정메커니즘의 문제라는 견해

사람들의 인식이나 제도의 낙후성이 문제라는 견해를 따르면 닭이 먼저냐, 달걀이 먼저냐의 순환논리에 빠지기 쉽다. 즉 문제를 지적하는 것으로 한정한다면 나름 설득력 있는 논거를 가진 일리 있는 주장으로 간주할 수 있을 것이나 문제해결의 단초를 찾거나 방향성을 제시하는 데 있어서는 한계를 가질 수밖에 없다. 또 다른 설명방법으

는 점이다.

19 한국학생들이 전반적으로 우수한 반면 수업시간에 발표에 약한 것도 이렇게 해석할 수 있다. 한국에서는 전통적으로 학교는 글을 읽고 쓰는 곳이지 말하는 곳이 아니라는 것이다.

로 우리는 사람들의 인식이나 제도가 왜 낙후되었는가를 이론적 틀에 의해 설명하고 이를 활용하여 나름대로의 시사점을 제공하려 하는 것들에 대해 생각해 볼 필요가 있다. 이러한 방법들을 통칭하여 사회적 조정 메커니즘이라고 표현해 보자. 사회적 조정 메커니즘에 의한 설명은 인식의 낙후성과 낙후된 제도라는 결과론적 설명에 대신하여 둘 사이의 논리적 간극을 채우는 데 유용한 견해들을 말한다. 즉 개인의 인식과 제도 사이의 상호작용을 이해하고 이를 통해 변화를 낳을 수 있는 힘의 원천을 발견할 수 있다는 것이다.

기존의 인간의 합리성을 바탕으로 한 효율성 중심의 설명방식은 인간의 일상생활을 충분히 설명하지 못한다는 점에서 다양한 새로운 접근방법들을 낳았다. 기존의 경제학이 충분히 논의하지 못한 것 중 핵심적인 것은 사람들이 자신의 이익에 반해 왜 공정성에 대해 민감하게 반응하느냐 하는 것이다. 먼저 진화적 게임이론의 견해에 대해 생각해 보자. 공정성 규범은 행동경제학자들이 주장하듯 자신만을 고려하는 선호 이외에 타인을 고려하는 선호를 내생적으로 갖고 있기 때문이 아니라 진화과정의 결과로 나타난다는 것이 진화적 게임이론을 강조하는 견해의 핵심주장이다. 즉 공정성 규범은 사회적 의미로나 생물학적 의미로나 모두 진화를 통해 발생하며 균형선별의 도구로 사용된다는 것이다. 이는 롤즈의 칸트(Kant)적인 접근방법과 달리 흄(Hume)적이다.[20] 이와 관련하여 가장 많이 인용되는 철학자가 아리스

20 효용함수의 사용과 관련하여 칸트를 추종하는 사람이라면 합리성은 단순한 일관성 이상의 그 무엇을 의미하므로 일관성을 지닌 어떤 효용함수가 다른 것들보다 덜 합리적이라면 사용되지 않는 것이 바람직하다고 생각할 것이다. 반면에 흄을 추종하는 사람이라면 이성은 "열정의 노예"이므로 어떤 목적이든 일관성 있게 추구하기만 하면 모두 합리적이라고 해석할 수 있다. 즉 합리성은 수단에 관련된 것이지 목적에 관련된 것이 아니라는 것이다.

토텔레스이다. 아리스토텔레스는 "공정하다는 것은 비례적이라는 것(what is fair is what is proportional)" 이라고 주장하면서 어떤 결과상태가 공정하다고 간주되려면 각 개인이 자신이 현재상태보다 더 얻는 이익이 그 개인의 "사회적 지수(social index)"에 비례적이어야 한다고 강조하였다. 여기서 사회적 지수는 사람들의 필요, 능력, 사회적 지위와 연관되는 어떤 값이지만 이들 각각의 비중은 사회적 맥락마다 다를 수 밖에 없다. 예컨대 건강관리와 관련하여 모든 이들을 만족시킬 수 있는 제도를 구축하기가 불가능하므로 공적 건강관리시스템은 일정한 수요를 충족시키지 못하는 것이 불가피하다. 이러한 서비스 회피를 정당화하기 위해서는 사람들의 공정성 개념에서 어긋나면 안되므로 사회적으로 일정한 합의가 필요하다는 것이다(Binmore 2007). 이는 결국 누가 어떤 사회적 위험을 부담하느냐(who should bear what risk?)"의 문제와 관련되어 있다. 진화적 게임이론은 사회적 위험 부담의 문제는 모두 진화를 통해 발생한다는 점을 강조한다.

임금에 실제로 영향을 주는 것은 부드럽고 말을 잘 듣는 태도(attitudes)와 시간엄수라는 미국 신좌파 경제학의 핵심논자들인 보울즈(S. Bowles)와 긴티스(H. Gintis)의 견해도 주목할 만하다(Bowles & Gintis 1976). 이들은 자본주의적 교육은 이러한 태도를 기르는 (소위 "선호를 고양하는(preference enhancing)") 제도라는 점을 강조한다. 이러한 제도의 이익은 결국 소수의 자본가들에게 돌아가므로 이들이 주장하는 바는 궁극적으로 자본가들의 사회적 권력이 자본주의의 독특한 교육제도를 낳았다는 것이다.

다른 사람과의 상대적 관계에 주목하여 사람들의 행동을 설명하는 견해들도 존재한다. 대표적인 학자가 프랭크(R. Frank) 이다. 프랭크는 개인의 효용함수에 지위재를 독립변수로 포함시킨다. 지위재를 가진 사람의 만족은 다른 사람들의 효용함수에서 그 재화가 차지하는 순위가 높을수록 크다. 문제는 이러한 지위재에 대한 경쟁이 부정적 외부효과를 발생시킨다는 것이다. 내가 다른 사람보다 높은 지위에 올라간다는 것은 나 때문에 지위가 떨어지는 사람이 존재한다는 뜻이다. 즉 지위재에 대한 경쟁에서 사회 전체가 얻는 총 효용은 일정하지만 지위재를 획득하기 위한 경쟁이 비용을 수반하기 때문에 전체적으로 보면 사회적 낭비의 속성을 갖게 된다.[21] 이러한 분석에서는 사람들의 감정(emotion)이 일정한 역할을 하게 된다. 공정성이나 도덕관념 등은 이러한 감정의 한 표현인데 이를 통해 사람들은 합리성 혹은 이성만으로는 설명할 수 없는 행동을 하게 된다는 것이다. 각종 공공사업의 경우 의사결정기준으로 제시되는 비용편익분석은 돈많은 사람들의 선호에 편향되는 경향이 존재하고 민주주의 하에서는 효율성 있는 대안이 기각되는 경우가 많은데 이를 해결하기 위해 프랭크는 세금체계를 누진적으로 만들어 부자한테 더 많이 거두어 가난한 사람들에게 분배하고 부자들이 원하는 효율적인 대안을 선택하는 것이 바람직하다고 주장한다(Frank 2011).[22]

IT와 통신기술의 발달을 통해 원하는 정보는 매우 값싸게 얻을 수

---

21 즉 맥락(context)에 민감한 재화에는 너무 많은 지출이 발생하지만 맥락에 좌우되지 않는 재화에는 너무 적은 양의 자원이 사용된다는 것이다. 이때 어떤 재화가 맥락에 좌우되는가의 문제가 중요한데 이는 경험적으로 결정되며 각 사회마다 독특한 특성을 가질 수 있다.

22 예컨대 LA의 자동차 매연을 규제하는 법안은 가난한 사람들이 피해를 입으므로 오래된 차들을 유예시키고 있는데 이를 만회하기 위해 부자들의 차량에 더 높은 규제를 부과하는 비효율적인 상태이다. 이를 해결하는 방법은 가난한 사람들에게 소득재분배를 하여 오래되지 않은 차를 사도록 하여 전체적인 매연 배출량을 효율적으로 감소하도록 한다는 것이다.

있는 현실 하에서 사람들의 인식이나 정보가 역기능적으로 그대로 유지되는 이유는 무엇일까? 정보는 무한하게 흘러 다니지만 정보를 선택적으로 수용하기 때문이고 사실을 수집할 인센티브가 약하다는 점 때문일 것이다. 이러한 소위 인지적 부조화(cognitive dissonance)가 발생하는 상황이라면 최근 유행하는 행동경제학을 통한 설명방법이 유용해진다.

4

어떻게 대안을 모색할 것인가

한국형 모델의 빛과 그림자를 보면 그 근저의 핵심이 무엇이든 현상적으로 짧은 시간대의 변화에 따른 불확실성과 위험이 표면적으로 두드러진 문제이다. 결국 대안은 불안감, 위험을 완화할 수 있도록 '보험'의 역할을 하는 사회적 신뢰, 또는 자본을 효과적으로 구축하고 이를 제도화하는 것에 모아진다. 한국형 모델의 빛이 빠른 성장과 민주화라면 그림자는 낙오자에 대한 사회적 낙인과 이에 대한 두려움이다. 이러한 두려움이 교육에 대한 광적인 집착과 전쟁을 낳았으며 동시에 다른 한편으로 시스템 전체에 대한 체념 ("누가 되어도 변하지 않는다") 즉, 정치에 대한 냉소를 낳았다. 내가 낙오자가 될 수도 있고 그에 따라 사회적 낙인이 찍혀 차별을 받을 수도 있다는 두려움으로 사람들은 끊임없이 '내편'과 '적'을 구분하고 힘 있는 사람들을 '내편'으로 하는 것이 불확실성을 줄일 수 있고 안전하다고 생각한다. 그렇다면 누가 힘 있는 사람인가? 자리가 힘을 만들어 주기도 하지만 똑 같은 대통령도 취임 초기와 말기에 힘의 크기가 현저히 달라지듯이 결국 사람들이 힘이 있을 것이라고 믿는 사람들이 권력을 향유하게 된다. 이 점에서 권력이라는 것, 사회적 힘이라고 하는 것도 사실은 사람들의 기대수준에 달려 있고 그렇게 때문에 조정메커니즘에 의존하게 되어 있는 것이다.

한국형 모델에서 세월에 변함없이 사람들이 힘이 있다고 믿은 그룹은 어떤 것들일까? 사실 이 점을 규명하는 것이 한국형 모델의 변화를 논의하는 데 매우 중요한 관건이다. 한 가지 분명한 것은 장기적인 관점에서 정권이나 권력관계에서 상대적으로 독립적인 존재 (즉 누구에게나 '내편'이 될 가능성을 가진 존재)가 사회적 신뢰를 통해 사회적 발언권을 행사할 수 있도록 하는 것이 바람직할 것이라는 점이다. 구성원의 자율성과 독립성, 그리고 영속성을 바탕으로 이해관계를 벗어나 공익적인 정체성을 잃지 않는 사회적 장치야말로 새로운 변화의 주체가 될 수 있기 때문이다. 이러한 자율적이고 공익성을 가진 사회적 장치의 대안들을 정치, 경제, 사회, 문화, 교육 등 각 방면에서 찾아 검토해 보는 것이 앞으로 주요과제가 되어야 할 것이다.

두 번째로 염두에 두어야 할 것은 사회적 신뢰의 대상이 되는 존재의 성공사례를 확보하여 그 구조와 메커니즘을 정확히 이해함으로써 가능성을 타진하는 것이다. 이 점에서 '새마을 운동'은 매우 중요한 사례가 될 수 있다. 모두가 "가난은 숙명이다"라고 생각이 "조정"되어 있던 시기에 "우리도 할 수 있다"로 재조정하는 것이 어떤 동적 과정을 통해 가능했는가 하는 점이 충분히 해명된다면 아주 중요한 시사점들을 얻을 수 있기 때문이다. 직설적으로 표현하자면

(1) "우리 민족은 엽전이라 어쩔 수 없어. 강한 놈에게 빌붙고 약한 놈은 짓밟아. 내가 짓밟히지 않으려면 강한 쪽에 붙어야 돼. 저 친구는 약자군. 옳

은 소리를 하지만 저 쪽으로 가면 내가 사는 게 많이 불편하고 힘들거야"

에서

(2) "승리자(winner)가 아니어서 아쉽지만 낙오자(loser)라도 큰 불만 없이 살 수 있다. 내가, 내 자식이 낙오자(loser)가 되어도 그리 위험하지 않다. 사회에서 배려를 받을 수 있으니까"

로 보통 사람들이 인식이 바뀔 수 있도록 조정하는 것이 우리의 과제가 될 것이다.

셋째, 특정한 사실로부터 사회적 낙인을 제거하는 방법을 모색해야 합리적 의사결정이 가능해질 것이다. 즉 사회적 낙오자(loser)라는 낙인이 갖는 사회적 함의를 축소 내지 제거하는 것이 필요하다는 것이다. 이를 위해서는 무엇보다 지도자(leader)의 책임의식과 소명의식을 강조하는 진정한 의미에서의 엘리트 교육이 필요하다. 그러한 지도자들이 육성되는 것 자체가 약자가 안심할 수 있는 사회적 보험의 기능을 하게 될 것이기 때문이다. 직설적으로 표현한다면 "리더가 될 만한 사람이다. 저 사람이 나보다 능력이 있고 상대적으로 균형이 잡혀 있는 사람이므로 믿어도 좋다. 내가 능력이 떨어져 리더가 되지 못해 아쉽지만 큰 불만은 없다. 능력이 뒤지는 것은 죄가 아니므로 부끄럽거나 감출 필요가 없다"는 사회적 합의가 필요하다는 것이다.

정리하자면 대안의 모색을 위해서는 1) 누구에게나 '내편'이 될 수 있다고 믿을 수 있는 자율적이고 영속적인 그리고 독립적인 사회적 장치를 사회 전체적으로 발굴, 육성할 수 있는 기제가 필요하고 2) 기존의 성공사례에 대한 면밀한 분석을 통해 좀 더 바람직한 새로운 균형으로의 변화를 어떤 방식으로, 그리고 어떤 순서로 '방아쇠당기기(triggering)' 할 것인지 시사점을 얻어야 하며 3) 낙오자라는 사회적 낙인이 그 힘을 발휘할 수 없도록 하는 여건, 예컨대 지도층의 문화와 교육이 바뀔 수 있도록 조성하는 사회적 장치가 필요하다는 것에서 출발할 필요가 있다.

5

이 책의 주요 내용

마지막으로 이 책의 내용을 간단하게 소개해 보자. 2장에서는「관찰 1」과「질문1」에 대한 대답을 해외 문헌을 중심으로 정리한다. 이 장에서는 폴 크루그만의 동아시아 기적과 관련한 유명한 논쟁을 정리하고 이러한 논쟁의 의의와 한계에 대해 논한 후 일정한 정도의 생산성 향상이 있었다는 것을 전제로 이를 설명하기 위한 대안을 자본 축적에서 찾는 이론과 선진기술 습득의 측면에서 설명하는 이론을 대비하고 수출, 교육, 기업가의 역할 등을 이러한 체계 하에서 구체적으로 서술한다. 다음으로 동아시아 경제체제를 논의할 때 가장 큰 쟁점의 하나인 산업정책의 문제를 발전국가의 틀에서 설명한다. 산업정책이 시장친화성을 가지고 있었는지, 정부가 산업정책을 잘 이끌었다면 어떠한 측면 때문인지, 그리고 이러한 산업정책의 사회적 비용은 어떻게 나타났는지에 대해 구체적으로 논의한다. 다음으로는 한국경제의 핵심이라고 할 수 있는 재벌체제의 문제를 비관련다각화, 하청제도, 노사관계, 그리고 한국적 연고주의와 연관하여 서술하고 이러한 재벌체제가 한국경제에 미친 성과와 문제를 재조명한다. 마지막으로 분단과 냉전, 그리고 국제정치질서가 한국경제의 성과와 문제에 미친 영향을 설명한 후 앞에서 언급한 각종 주제들에 대한 해외 문헌의 한계와 설명하지 못하는 부분들을 간략하게 정리한다. 3장에서는 한국형모형과 관련한 국내 문헌을 서베이하고 있다. 먼저 주로 한국의 주류경제학계를 중심으로 한국형 고도성장 달성요인을 전략적 요인과 제도적 요인으로 나누어 설명한 후 비판적인 경제학자, 사회학자, 정치학자들의 논의를 한국형 사회경제구조의 특징을 중심으로 재정리하고 있다. 이 때 문제의 초점을 일과 거래의 조직화 방식에 두어 한국형 모델의 특징을 정리함으로써 제도경제학의 일반적 논의와 상응할 수 있도록 체계를 구성하였다. 다음으로는 한국형 제도환경과 조직의 상호작용을 상응성(alignment)과 적응(adaptation)이라는 개념을 통해 분석하고 있다. 이를 보다 체계적으로 접근하기 위해 제도경제학의 기본틀을 차용하여 다음과 같은 세 가지 큰 질문을 중심으로 서술하고 있다. 첫 번째 질문은 주로 경제성장과 관련된 정책, 제도 및 문화에 관한 것이다. 두 번째 연구 질문은 제도환경의 변화에 관한 것이다. 한 사회가 고도성장을 하게 된다는 것은 사회구성원의 행위를 제약하는 요인과 행동의 유인방향을 변화시킴으로서 가능하게 되는데 어떻게 이러한 제도가 변화하는가의 문제이다. 제도와 관련된 마지막 질문은 앞에서 설명한 두 가지 요소 제도환경과 조직 사이의 상보성(complementarity)과 두 요소의 시장 및 기술 환경의 변화에 관한 적응(adaptation)에 관한 것이다. 4장은 한국형 모델을 설명하는 데 유용하다고 판단되는 이론들을 몇 가지 핵심적인 질문을 통해 재구성하고 있다. 5장은 맺는 말로 앞으로의 연구과제에 대해 논의하고 있다.

2

Dynamic Korea

한국형 발전모델에 관한 해외 연구

경제발전의 빛과 그림자

1

머리말

한국은 1950년대까지만 해도 세계에서 가장 가난했던 나라 중 하나였다. 하지만 눈부신 경제발전을 거듭한 끝에 이제는 세계 10위권에 육박하는 경제대국으로 성장하게 되었다. 1960년 600달러 초반에 불과했던 1인당 국민소득도 2만 달러를 훌쩍 뛰어넘었고, 자동차·조선·철강·반도체 등에서는 세계 최고의 경쟁력을 자랑하는 나라로 발전했다. 절대 빈곤의 문제는 사실상 해결되었고 물질적으로 한층 풍요로워졌으며 세계 최강대국인 미국의 대통령이 신년연설에서 배워야 할 곳으로 가장 많이 거론되는 나라가 되었다.

한국이 눈부신 발전을 이루었다는 점에 대해서는 많은 사람들이 동의를 하지만, 이러한 고도성장이 어떻게 이루어졌는지에 대해 우리가 정말로 정확하게 알고 있는 것은 많지 않다. 물론 높은 저축률과 투자율, 양질의 인적자본, 높은 대외개방도 등 성공요인으로 거론되는 것은 많지만, 다른 나라에 비해 더 많은 저축과 투자가 어떻게 가능했는지, 이들 이외에 더 중요한 다른 요인들은 없는 것인지, 여러 정책들 중 어느 것이 결정적이었는지, 특정한 정책이 의도하는 효과를 거두기 위한 제도적 조건들은 무엇인지, 역사나 문화와 같은 한국 고유의 요인들이 경제발전에 미친 영향은 무엇인지, 한국의 경제발전은 선진국의 발전과 어떠한 핵심적 차이를 지니고 있는지 등의 질문에 대답하기란 쉽지 않다.

이 장의 목적은 이러한 문제들을 깊이 있게 고민하기 위해 한국의 경제발전을 다루었던 해외의 연구성과들을 비판적으로 검토해 보는 것이다. 그런데 한국만을 단독으로 다룬 작업은 많지 않으며, 일본이나 대만 등과의 비교연구나 동아시아 전체로 포함시켜 다룬 연구들이 대부분이다. 이러한 상황적 제약으로 인해 이 글은 동아시아의 경제발전을 다룬 연구들도 함께 포함해 검토하기로 한다. 이와 관련해 이 글이 가장 크게 의지한 텍스트들로는 1993년 세계은행에 의해 출간된 「동아시아의 기적」, 2001년 후속편으로 출간된 「동아시아의 기적 다시보기」, 보기 드물게 한국의 경제발전에 초점을 맞추어 미시적 연구를 진행했던 앨리스 암스덴(A. Amsden)의 「아시아의 다음 거인: 후발산업화와 한국」, 기술수용이론의 관점에서 동아시아의 경제발전 문제를 해명한 리차드 넬슨(R. Nelson)과 하워드 팩(H. Pack)의 「아시아의 기적과 근대 성장이론」 등이 있으며, 그밖에 로버트 루카스(R. Lucas), 조지프 스티글리츠(J. Stiglitz), 폴 크루그먼(P. Krugman), 마이클 스펜스(M. Spence), 폴 로머(P. Romer), 대런 아세모글루(D. Acemoglu), 우 커밍스(W. Cummings) 등의 작업도 주된 검토 대상이 되었다.

2절에서는 한국의 경제발전이 생산성과 요소투입 중 어느 쪽에 의해 더 잘 설명될 수 있는가를 둘러싼 문제를 총요소생산성 논쟁을 중심으로 검토한다. 3절에서는 경제발전의 핵심 동인이 자원의 동원과 선진기술의 수용 중 어느 쪽인지를 둘러싼 논쟁을 검토하고 선진기술, 수출, 교육이 경제발전에 미친 영향을 살펴본다. 그리고 선진 기술의 수용이 누구에 의해 어떻게 이루어졌는지를 살펴보고, 한국의 경제발전과 관련해 수확체증 및 지식의 스필오버 효과가 갖는 의미를 검토한다. 4절에서는 경제성장 과정에서 정부 정책의 역할과 재벌체제의 성격에 대한 연구성과들을 검토한다. 정부 정책을 둘러싼 신고전학파와 수정주의 사이의 논쟁을 살펴보고 산업정책에 관한 각종 쟁점들을 상세히 검토하며, 재벌체제의 성격에 관한 논의도 검토한다. 그리고 5절에서는 독재와 가부장주의, 연고주의와 불공정경쟁, 경제력 집중과 경제적 차별 등 한국의 경제발전 과정에서 노정되었던 부정적인 측면들에 대한 논의들을 살펴본다.

2

경제성장의 성격

1. 생산성 상승의 기적인가 요소투입의 증대에 의한 성장인가?

「동아시아의 기적」(이하 「기적」)은 동아시아 국가들이 노동자 1인당 산출량으로 측정되는 노동생산성이 빠르게 성장했다고 주장한다. 일반적으로 노동생산성은 노동자 1인당 자본장비율과 인적자본에 좌우된다. 노동자들이 보다 많은 기계로 생산을 하게 되면 같은 노동시간을 투입해서도 생산량이 늘어날 것이며, 보다 양질의 교육을 받은 노동자일수록 같은 노동시간을 통해서도 더 많은 산출이 가능할 것이기 때문이다. 그러나 노동생산성 상승분 중에는 물적자본이나 인적자본의 투입 증가와는 별개로 이루어진 부분도 포함된다. 생산관행이 변화하거나 선진기술을 활용할 경우 동일한 투입물로도 보다 효율적인 생산이 가능해져 산출량이 늘어날 수 있기 때문이다. 신고전파 경제학에서는 '성장회계방정식'을 이용해 각 생산요소들이 경제성장에 미친 영향을 요인별로 분해하고, 전체 경제성장률에서 각 생산요소의 투입 증가에 따른 기여분을 빼준 나머지 잔차항을 '총요소생산성'(Total Factor Productivity)이라고 지칭한다. 이 총요소생산성은 노동생산성 상승분 중 자본 등 투입물의 증가로 측정되지 않는 부분을 의미하는 것으로, 그 원천은 더 나은 기술, 특화의 이익, 작업장에서의 혁신 등 다양한 요인들에서 비롯되는 것으로 해석된다.

「기석」은 이러한 이론적 개념에 근거해 여러 요인들이 경제성장에 미친 영향을 분석한 결과 전체 경제성장 중 60% 가량은 생산요소의 투입 증가를 통해 설명이 가능한 반면 나머지 1/3은 총요소생산성의 증가로 설명될 수 있다는 결론을 내렸다. 이 책은 이러한 실증연구를 바탕으로, 동아시아의 이례적인 경제성장은 물적자본 및 인적자본의 압도적 축적에 따른 것임과 동시에 자원의 효율적 배분과 생산성 향상의 결과이기도 하다는 주장을 펼쳤다. 또한 이 실증연구는 생산성 상승이 경제성장의 주요한 원인 중 하나였으며, 홍콩, 대만, 태국, 한국 등의 경우 선진국의 기술을 따라잡을 충분한 능력을 입증했다고 해석하였다. 로버트 루카스(1993)도 한국의 노동자들이 지난 30년 사이에 1960년대에 비해 재화와 서비스를 무려 6배 이상 생산할 수 있게 되었다며, 한국의 경제성장은 '생산성의 기적'으로 이론화될 수 있다는 주장을 펼쳤다.

그러나 「기적」의 출간 직후, 동아시아 국가들의 경우 총요소생산성의 기여도는 「기적」의 결과보다 훨씬 작았다는 새로운 연구결과가 앨루윈 영(A. Young 1994), 김종일과 라우(Kim and Lau 1994) 등에 의해 제시되었다. 동아시아 신흥공업국들의 경험적 자료를 가지고 솔로 모형에 기반한 성장회계방정식에 근거해 실증분석을 해보면, 성장의 동력은 물적자본이었고 그 뒤를 따른 것이 인적자본의 투입이었으며, 기술진보가 없었다는 가설을 기각시킬 수 없다는 결론이 도출되었다는 것이다. 이들의 새로운 연구결과가 발표된 이후, 동아시아의 총요소생산성을 측정하려는 여러 연구들이 제출되었는데, 경제성장에 대한 기여도는 물적자본이 첫 번째, 노동과 인적자본이 그 다음, 총요소생산성이 마지막이라는 데 대부분의 의견이 일치되었다. 이때 동아시아 국가들의 총요소생산성은 선진국들과 비교해서는 다소 뒤졌으며, 다른 개발도상국들과 비교해서는 크게 앞서는 것으로 나타났다.

그런데 총요소생산성의 이론적 근거를 신뢰하고 여러 연구자들의 총요소생산성 측정 결과를 받아들인다면, 이제 동아시아의 성공 요인은 '생산성의 기적' 대신 높은 투자율, 높은 노동참여율, 농업인력의 제조업 분야로의 꾸준한 투입, 교육수준 향상 등 생산요소 투입의 일관되고 지속적인 증대로 재평가되어야 하며, 새롭게 제기되어야 할 핵심 질문도 동아시아에서 요소투입이 그토록 오랜 기간 동안 어떻게 지속적으로 늘어날 수 있었는가로 바뀌어야 한다.

이때 물적자본 증대를 가져온 핵심요인이 높은 저축률과 높은 투자율이라는 점에 주목할 필요가 있다. 이와 관련해 「기적」은 동아시아에서 저축률이 높았던 이유를 통화당국의 물가관리를 통한 (+)의 실질금리 보장과 실질금리의 낮은 변동성, 건전성 감독을 통한 은행의 안전성 제고 등에서 찾는다. 그리고 투자율이 높았던 이유로는 민간투자를 보완해 줄 사회간접자본의 확충 정책, 투자활동에 대한 세제 혜택이나 자본재 수입에 대한 관세 유예 등을 통한 자본재 가격 인하 정책, 대출금리의 시장금리 수준 이하로의 유지를 통한 투자비용 절감 정책 등을 제시한다. 로드릭(D. Rodrik 1995)도 유사한 맥락에서, 경제성장을 향한 한국의 도약은 1960년대 초반의 급격한 투자 수요 증가에서 비롯되었다며, 정부가 투자를 가로막은 장애물들을 제거하는 한편 의식적으로 자본의 사적 수익률을 높이는 등 우호적인 투자 환경을 조성했던 것이 중요했다고 주장한다.

영 그리고 김종일과 라우의 경우에는 총요소생산성을 새롭게 계산해「기적」의 컨센서스에 균열을 일으키기는 했지만, 동아시아의 경제성장 자체에 대해서는 긍정적인 기조를 유지했던 것으로 보인다. 반면, 크루그먼(1994)은 이들의 실증 연구에 기대어 훨씬 더 비판적 입장을 개진한다. 그에 의하면, 동아시아의 경제성장은 기본적으로 '영감'(inspiration)이 아니라 '땀'(perspiration)의 결과이며, 동아시아의 사람들은 남들보다 더 영리해서가 아니라 더 부지런해서 성공했다는 것이다. 나아가 그는 동아시아의 성장을 소련의 경제성장에 비유하기도 한다. 크루그먼에 따르면, 과거 소련은 시장에 대한 믿음이나 시민의 자유에 대한 신념을 공유하지 않은 채 국가가 시민이나 소비자의 단기적 이익을 희생시켜가며 장기적 경제성장을 추구했던 곳이다. 소련과 유사한 방식으로 성장을 거둔 동아시아의 사례를 과대평가할 경우, 공공선의 이익을 위해서는 정부가 개인의 자유를 제한할 수 있다거나, 권위주의적인 정부가 경제를 돌보는 게 더 나은 결과를 낳는다는 믿음으로 연결될 수 있기 때문에 다른 나라들에게 권장할 만한 모델은 되기 어렵다는 것이 크루그먼의 우려였다.

크루그먼이 동아시아 모형에 대해 비판적이었던 또 다른 이유로는 수확체감의 법칙의 문제도 있다. 요소투입을 늘리는 성장 모델은, "생산요소의 투입량을 늘리면 산출량이 늘어나지만 어느 시점을 지나고 나면 투입된 자본과 노동의 단위당 산출량이 점점 줄게 마련"이라는 '수확체감의 법칙'상, 자본의 한계생산성 하락으로 연결될 수밖에 없고, 동아시아의 성장 역시 조만간 정체될 것이라고 보았기 때문이다. 크루그먼의 논문은 이후 "피와 땀과 눈물에 의한 경제성장 전략"의 한계를 드러내는 대표적인 발언으로 부각되었다. 동아시아, 특히 싱가폴의 경제성장에 대한 그의 비판은 자유로운 개인들의 창의와 영감에 기초한 지속가능한 경제성장 전략의 필요성을 제기했던 셈이다.

2. 성장회계방정식의 한계

총요소생산성의 크기를 측정하는 새로운 실증연구들이 제출된 것을 계기로 "총요소생산성이 기대보다 낮았다"는 연구결과와 "경제성장률은 이례적으로 높았다"는 경험적 사실을 어떻게 조화시킬 것인지를 둘러싸고 많은 논의들이 전개되었다. 대체적인 흐름은 총요소생산성이 「기적」의 계산보다 낮았다고 해서 이것이 생산성의 상승에 의한 성장이라는 「기적」의 기본 입장을 근저에서 허물 정도의 발견은 아니라는 것이었다. 무엇보다도 동아시아 국가들과 선진국들 사이의 기술격차가 크게 좁혀지고 있다는 점은 총요소생산성이 낮았다고 주장하는 사람들도 인정을 한 대목이었는데, 이러한 기술격차의 축소는 동아시아의 생산성이 꾸준하게 상승하고 있다는 중요한 방증이었기 때문이다.

스티글리츠(2001)가 총요소생산성 논쟁을 '공연한 요란법석' 또는 '헛소동'이었다고 술회한 것도 바로 이러한 인식을 반영하는 것이다. 이후 성장회계방정식의 실증적·이론적 문제점을 놓고 많은 논의들이 개진되기도 했는데, 이들은 크게 세 가지로 요약될 수 있다. 첫째, 모델을 설정하고 각 요인들의 기여도를 측정하는 과정에서의 기술적 문제가 있다. 자본의 집계화 작업 자체가 대단히 어렵고 자의성이 개입되는 일로서, 인적자본의 측정 방법을 약간만 바꾸더라도 크게 다른 결과가 나올 수밖에 없기 때문이다. 그리고 물적자본이나 인적자본의 측정에 사용된 통계자료들의 품질에 대한 회의론도 있다.

둘째, 총요소생산성에 대한 해석이 자의적이라는 점도 문제로 지적되었다.[23] 총요소생산성은 정의상 성장회계방정식의 잔차항인데, 이 잔차항은 생산요소의 투입으로는 설명이 되지 않는 부분이 있다는 것을 보여줄 뿐 이 자체가 경제성장의 성격에 대해 분명한 무엇인가를 알려주는 것은 아니기 때문이다. 여러 연구자들이 이 잔차항에 다양한 경제적 의미를 부여하지만, 그 중 어떤 해석이 타당한지를 성장회계방정식 자체가 보증하는 것은 아니라는 점에 주의를 기울일 필요가 있다.[24]

셋째, 수량적 접근방식의 한계도 지적될 수 있다. 경제성장을 실제로 가져오는 주요한 원동력은 자본의 단순한 투입 증대보다는 선진기술의 수용이나 산업구조 조정 등으로 보아야 하지만 성장회계방정식으로는 이러한 부분을 포착하는 것이 근본적으로 불가능하다거

23 스티글리츠는 대표적인 사례로 총요소생산성의 차이에 대한 영의 해석을 문제 삼는다. 영은 홍콩의 총요소생산성 증가율이 싱가폴보다 높았다는 실증분석을 근거로 이들 차이는 홍콩이 상대적으로 높은 경제적 자유를 누리고 있다는 것에 의해 설명될 수 있다고 주장하는데, 이는 투입물을 측정한 후 남는 잔여항의 해석 또한 대단히 자의적임을 보여준다는 것이다. 홍콩의 경제적 성과가 우수했다면, 그것은 홍콩의 경제정책이 더 우월해서가 아니라 본토 중국의 급속한 성장의 영향이라고 보아야 한다는 것이다(Stiglitz 2001).

24 총요소생산성은 잔차항으로 정의가 되는 것이므로, 경제성장에 영향을 미칠 수 있다는 스토리텔링만 가능하다면, 원칙적으로 보자면 어떠한 요인들도 총요소생산성 범주에 포함될 수 있을 것이다. 가령, 학벌이나 서열, 집단주의 등 한국인들의 고유한 특성이나 잘 발달된 제도나 높은 사회적 신뢰와 같은 요인들도 총요소생산성의 요인으로 포함될 수도 있을 것이다.

나, 자본의 투입 증가 자체가 기술의 체화를 수반하는 것이므로 요소 투입과 생산성 상승을 기계적으로 분리하는 발상 자체가 잘못되었다는 주장 등이 여기에 속한다. 성장회계방정식의 수량적 한계는 이 모형이 수확불변이나 완전경쟁이라는 비현실적 가정에 근거하고 있다는 점을 고려하면 더욱 분명해진다(Yusuf 2001; Stiglitz 2001). 이러한 문제의식 위에서 하워드 팩(2001)은 양적 분석과 집계 분석의 한계를 지적하고 질적 분석과 미시적 분석의 중요성을 강조하며 선진기술이 동아시아에 전파되고 수용되는 구체적 과정을 검토할 것을 제안한다.

3

경제성장의 동인

1. 자원의 동원인가 선진기술의 수용인가?

총요소생산성을 둘러싼 논쟁이 제시하는 교훈 중 하나는 수량적 도구의 힘을 빌어 경제성장 중 요소투입에 의한 부분과 생산성 상승에 의한 부분이 각각 얼마만큼인지를 밝히는 것은 사실상 불가능하다는 점이다. 이는 한국의 경제성장이 '영감'에 의한 성장과 '땀'에 의한 성장 중 어느 쪽에 속하는가라는 질문 자체가 잘못 설정된 물음일 수 있다는 점을 강력히 시사한다. 모든 사람이 동의할 수 있는 분명한 사실은 한 나라의 경제발전은 생산요소를 더 많이 투입하고 동시에 이를 더 효율적으로 사용함으로써 달성할 수 있는 과정이라는 점이다. 이때 중요한 것은 어떻게 하면 생산요소를 더 많이 투입할 수 있고, 무엇을 통해 생산요소를 더 효율적으로 사용할 수 있는지에 대한 보다 구체적인 방법론을 알아내는 것이며, 생산요소의 투입과 생산요소의 사용 사이에 어떠한 관계가 존재하는지를 파악하는 일이다. 그런데 동아시아의 경제발전에 관한 문헌들을 보면, '요소투입의 증대에 의한 성장'과 '생산성의 상승에 의한 성장' 사이의 대립과 유사한 또 다른 논쟁을 발견할 수 있다. 경제발전을 이끈 핵심 동인이 무엇인지를 놓고 벌어졌던 '자원의 동원을 통한 자본축적'과 '학습을 통한 선진기술의 수용' 사이의 대립이 그것이다. 이러한 대립은 리차드 넬슨과 하워드 팩(1999)에 의해 본격적으로 지적되었는데, 이들은 각각의 입장을 '축적이론'과 '기술수용이론'으로 명명한다.

넬슨과 팩에 따르면, 축적이론(accumulation theories)이란 알루윈 영, 김종일과 로렌스 라우, 폴 크루그먼 등에 의해 제시된 것으로 물적자본과 인적자본의 축적을 경제성장의 핵심 동인으로 이해하는 이론이다. 이 이론에서는 자원의 동원을 통해 물적자본과 인적자본에 대한 투자를 늘리면 이들 투입물을 상대적으로 많이 고용하는 부문으로 비교우위가 옮겨가고 이러한 부문의 수출이 자연스럽게 늘어나면서 고도성장이 가능해진다. 반면 기술수용이론(assimilation theories)이란 하워드 팩과 래리 웨스트팔(Pack & Westphal 1986) 그리고 앨리스 암스덴(1989)에 의해 제시된 것으로, 선진기술의 적극적인 수용과 흡수를 경제성장의 핵심 동인으로 이해하는 이론이다. 이 이론에서는 기업이 새로운 기량과 기술을 익히고 경제활동을 새로운 방식으로 조직했으며 이를 통해 새로운 세계시장에 진입하는 데 성공함으로써 동아시아의 성장이 가능했다고 믿는다. 이때 이들이 축적의 중요성 자체를 부정하는 것은 아니다. 선진기술을 배우고 익히기 위해서는 물적자본 및 인적자본에 대한 높은 투자율을 필요로 한다는 점을 인정하기 때문이다. 그러나 이 입장에서 보자면, 투자는 성장의 필요조건일 뿐 충분조건이 되지 못한다.

넬슨과 팩에 의하면, 축적이론에서는 자원을 결집시키고 투자를 늘리기만 하면 성장은 자연스럽게 따라온다고 보는 반면, 수용이론에서는 새로운 선진기술과 관행에 대해 기꺼이 배우고 위험을 무릅쓰고 이를 실행에 옮기며 마침내 숙달이 되는 일련의 과정을 강조한다. 자원의 결집 및 동원도 중요한 부분이기는 하지만, 자원 동원에 성공하더라도 학습과 혁신이 수반되지 않는 한 경제발전은 없다는 점에서, 수용이론의 강조점은 동원이 아닌 학습과 혁신에 있는 것이다.[25]

넬슨과 팩에 따르면, 축적이론과 수용이론의 차이는, 기업가의 의사결정에 영향을 미치는 것이 무엇인가, 기술의 성격이 무엇인가, 교육이 제공하는 경제적 역량이 무엇인가, 경제발전 과정에서 수출이 담당하는 역할이 무엇인가 등 크게 네 영역에서 드러난다고 주장한다. 먼저, 축적이론은 기업 그 자체에 대해서는 특별한 관심을 기울이지 않는다. 기업의 행동은 유인과 제약 등 그들이 놓여 있는 환경에 좌우될 뿐이라고 생각하기 때문이다. 반면 수용이론에서는 외부적 요인도 중요하지만 그보다는 기업의 주체적인 의사결정과 학습능력이 더 결정적이라고 본다. 기업이 새로운 환경에서 모험을 감수할지

---

25 넬슨과 팩은 동아시아의 경제발전을 둘러싼 두 이론의 차이를 분명하게 드러내기 위해 축적이론과 수용이론 사이의 가상 논쟁을 상정한다. 우선, 학습과 혁신을 강조하는 수용이론에 맞서 축적이론은 "사람들을 교육시키고 근대적인 작업수단을 주면 곧바로 배울 수 있을 것"이라는 반론을 펼칠 수 있을 것이다. 이에 대해 수용이론은 "소련의 경우를 봐라. 투자를 했지만 배우려 들지 않았잖아. 배움이란 자동적인 과정이 아니야"라고 맞설 것이며, 축적이론은 다시 "하지만 소련에서는 사람들에게 학습에 나설 유인을 제공하지 못했던 것이 문제였어"라고 응수하게 된다. 수용이론에서는 "그렇다면 동아시아는 그 유인을 어떻게 제공했던 것이냐"고 다시 질문을 던지며, 축적이론에서는 "가격체계를 왜곡하지 않았으며 공공투자를 제공했잖아"라고 대답할 것이다. 그러면 수용이론은 "스페인은 투자율도 높았고 가격체계도 왜곡하지 않았지. 그런데도 왜 동아시아보다 성장률이 낮을까"라는 대답으로 논쟁을 마무리한다(Nelson & Pack 1999).

를 고민할 경우 이러한 모험의 수익성은 대단히 불확실하며, 기꺼이 모험을 감수하는 경영자와 익숙한 기존 환경에 안주하는 경영자로 나뉘는 등 경영자의 선택도 동일하지 않을 터인데, 이는 기업의 의사결정이 환경은 물론 경영자의 주관적 판단에도 크게 좌우된다는 것을 의미한다. 수용이론에서는 이러한 인식에 근거해, 경영 판단의 성패는 환경적 요인에도 일부 영향을 받겠지만, 그보다는 경영자와 노동자의 열정과 명민함 그리고 학습능력에 더 크게 좌우된다는 점을 강조한다.

둘째, 두 이론은 기술에 대해서도 큰 차이를 드러낸다. 축적이론에서는 기술에 관한 지식이 도면이나 문서에 모두 반영된다고 생각한다. 새로운 선진기술을 채택하려는 기업이라면 이들 도면이나 문서를 획득하면 된다는 것이다. 반면 수용이론에서는 새로운 기술을 익히기 위해 필요한 것들 중 도면에 표시되어 있는 것은 극히 일부에 지나지 않는다고 주장한다. 필요한 지식들 중 보다 많은 부분은 문자화되거나 코드화될 수 없는 '암묵적 지식'으로서 체험을 통해서만 획득될 수 있는 것이라고 보기 때문이다.[26] 더욱이 많은 경제학자들은 기술을 공학이나 물리학의 성격을 띠는 것으로만 이해하지만 기술은 공학적 측면은 물론 조직적 측면도 지니고 있다는 점도 강조한다. 기술을 익히려면 물리학이나 화학과 같은 지식도 필요하지만 복잡한 노동분

26 '체험'의 중요성은 특히 케네스 애로(K. Arrow 1962)에 의해 강조되었다. 기술적 지식을 쌓은 경로로는 일반적으로 실무훈련, 연구, 체험 등이 있는데, 애로는 이중에서도 체험에 주목하였다. 연구는 많은 현금이 필요한 분야이고, 실무훈련은 시간이 많이 소요되는 반면, 생산자가 지속적인 체험을 하고 이 과정에서 기술을 익히는 것은 상대적으로 적은 자원과 시간으로도 지식을 쌓을 수 있다는 것이다. 애로의 이러한 논의는 '체험에 의한 학습'(learning by doing)으로 이론화되었다.

업을 어떻게 관리할 지에 관한 지식도 가지고 있어야 한다는 것이다.

기술에 대한 이러한 입장 차이는 동아시아 국가들의 역사적 경험에 대한 설명의 차이로도 연결된다. 동아시아 국가들은 노동자 1인당 자본장비율이 빠르게 상승했음에도 자본의 수익률이 떨어지지 않았는데, 그 이유를 놓고 두 이론은 상이한 설명을 제공한다. 먼저, 축적이론은, 동아시아의 기업들의 경우 선진국에서 사용 중인 첨단 기술로 빠르게 옮겨감으로써 수확체감 문제를 극복할 수 있었다며, 그 이유를 새로운 기술의 대체에서 찾는다. 그러나 수용이론에서는 의사결정자가 새로운 기술을 탐색하고 찾아내며 이를 익힐 수 있는 능력을 고려하지 않고 선진기술을 자동적으로 도입할 수 있는 것처럼 주장하는 것은 타당하지 않다고 비판한다.

이와 유사한 맥락에서 두 이론은 교육수준의 상승에 대해서도 상이한 시각을 개진한다. 축적이론에서는 이를 노동의 품질이나 효율이 개선되는 것으로 간주하는 반면, 반면 수용이론은 교육수준의 상승을 잘 훈련된 기술자나 과학자의 증가로 이해하면서 새로운 기회를 찾아내고 선진문물을 효과적으로 배울 수 있는 역량의 확대에 주목한다.

두 이론의 차이는 수출에 대한 이해에서도 드러난다. 축적이론에서는 물적·인적자본이 늘어나면 이들 자본이 투입된 분야로 비교우위가 이동하면서 해당 산업의 수출도 자연스럽게 증가할 것이라고 생각하는 반면 수용이론은 기업들에 수출을 독려한 정부의 적극적 노력, 그리고 세계시장에서 살아남기 위해 기업가정신을 발휘해 적극적으로 혁신과 학습에 나선 기업의 노력을 강조한다.

넬슨과 팩은 이러한 문제의식 위에 한국 등 동아시아의 경제발전에서는 수출, 교육, 기업가정신이 결정적으로 중요한 역할을 담당했다고 주장한다. 우선, 경영자와 기술자들은 세계시장을 놓고 외국의 기업들과 벌이는 수출 경쟁 속에서 세계 표준에 대해 적극적인 관심을 기울이게끔 압력을 받았다. 대부분의 수출기업들은 미국이나 일본 기업들과 하청관계를 맺고 있었는데, 이들 상대방 기업들이 높은 수준의 품질을 요구함과 동시에 이에 필요한 기술적 지원을 제공함으로써 국내 기업들로 하여금 선진기술 수용에 적극적으로 나설 수 있도록 했다는 것이다. 이러한 주장은 수출 관련 기업들이 내수 관련 기업들에 비해 선진기술의 수용에 더 적극적이었고 해당 산업은 물론 경제 전반의 생산성 향상에 대한 기여도 또한 높았다는 주장으로도 연결된다.

둘째, 새로운 기술과 숙련은 수없는 반복 작업과 시행착오를 통해 습득되는 것인데, 이와 관련해 교육의 역할이 컸다. 이때 교육이란 잘 훈련된 산업역군들을 만들어내는 행위로서, 교육을 통해 사람들은 새로운 기회를 찾아내고 새로운 사물을 효과적으로 학습하는 데 비교우위를 지닌 경제인이 된다는 것이다. '생산성의 기적'을 주장한 루카스의 경우에도 인적 자본, 곧 지식의 축적을 강조하며, 학교, 연구조직, 생산현장 그리고 교역과정의 중요성에 주목한 바 있다. 한국 등 동아시아에서의 경제성장은 직무수행 과정에서의 학습이 결정적이었는데, 한국의 높은 교육수준이 이를 가능케 했다는 것이다.

셋째, 넬슨과 팩은 투자 자체만으로는 성장을 설명할 수 없듯이 높은 교육수준 또한 그 자체만으로는 성장을 설명할 수 없다며 기업가정신의 중요성을 특별히 강조한다. 한국의 고도성장은 새로운 이윤획득의 기회를 발견해 내고 확신이 서면 엄청난 리스크를 감내하며 과감하게 투자에 나섰던 기업가정신, 그리고 개인과 기업으로 하여금 학습과 혁신에 기꺼이 나서도록 독려할 수 있었던 정책환경에 기반했다는 것이다. 이들의 입장에서 보자면, 새로운 기술을 사용하여 새로운 분야에 효과적으로 적용하려면 새로운 숙련과정이 있어야 하고 경제활동을 새롭게 조직해야 하는것은 물론 더 많은 신규 시장을 확보해야 하는데 「기적」이 가능했던 것은 바로 이러한 과제들이 잘 수행되었기 때문이다.

결국, 넬슨과 팩의 주장은 한국의 경제성장은 자원을 결집시키고 동원하는 데 성공했다는 것만으로는 설명될 수 없으며, 경제주체들로 하여금 혁신과 학습에 나서도록 이끄는 데 성공했다는 점에서 찾아야 한다는 명제로 요약될 수 있다. 이러한 논의는 내생적 성장이론의 대표적인 선구자로, 동아시아의 성장이 선진기술을 성공적으로 따라잡은 결과임을 강조했던 로머(1993)의 논의와도 맥락을 같이 한다. 로머는 동아시아가 보였던 극적인 성장의 동인이란 선진기술을 효과적으로 찾아내고 소화함으로써 선진국과의 기술격차를 크게 줄일 수 있었던 것에서 찾을 수 있다고 주장한다. 후진국의 문제점을 단순한 원료나 공장의 부족(output gaps)이 아니라 생산적 아이디어의 창출이나 흡수를 가로막는 장벽(idea gaps)에서 찾고, 신기술, 지식, 아이디어의 발생, 전파, 소화, 적용이야말로 경제성장의 핵심 동력이라고 믿는 이러한 관점은 대단히 매력적이다. 하지만 넬슨과 팩의 주장에 대한 소개만으로는 수용이론의 주장이 한국의 역사적 현실에 정말로 부합되는지, 한국에서 선진기술의 수용이 실제로 어떻게 이루어졌는지를 구체적으로 확인하는 데 한계가 있다. 따라서 수출과 학습, 그리고 혁신의 담당주체 문제를 수용이론의 또 다른 대표자로 제시되었던 앨리스 암스덴의 논의와「기적」그리고 2001년「기적」의 후속편으로 세계은행에 의해 출간되었던「동아시아의 기적 다시보기」(이하,「다시보기」) 등 여타 연구성과들을 통해 좀 더 검토해 볼 필요가 있다.

2. 수출은 선진기술 수용에 있어 결정적이었는가?

동아시아의 경제발전 과정에서 수출이 결정적 역할을 담당했다는 주장에 대해서는 의견을 같이 했던 경제학자들이 대단히 많다. 학계의 이러한 분위기는 일차적으로 1950년대와 60년대에 각광을 받았던 '구조주의' 이론의 몰락과 관련이 있다. 구조주의 이론에서는 시장의 순조로운 작동을 방해하는 구조적 장애물을 교정하려면 국가의 적극적 개입이 필요하다며, 후발국의 발전전략으로 수입대체 산업화전략을 제안했다. 그러나 수입대체 산업화전략을 채택했던 중남미 국가들은 이들의 기대와 달리 지대추구 행동에 포획된 가운데 기대했던 성과를 거두지 못했다. 반면 수출주도 산업화전략을 채택했던 동아시아 국가들은 상대적으로 큰 성공을 거두었던 것이다. 1990년대 초반 동아시아의 경제발전에 대한 당대 경제학자들의 인식을 종합한 것으로 평가받았던「기적」도 수출부문의 사회적 수익률이 높았다는 점을 지적하면서 이는 정부 차원에서의 수출부문 육성정책이 큰 효과를 발휘한 결과라며 수출의 역할을 높게 평가한다.

그러나 로드릭(1995)은 1960년대 내내 수출부문이 계속 확대되었던 것은 사실이지만 수익성은 높지 않았고, 규모도 크지 않아 경제 전체에 의미 있는 영향을 미치지 못했다는 반론을 제기한다. 암스덴과 싱(Amsden & Singh 1994)도 비슷한 맥락에서 한국은 수출보다는 투자 그리고 부문간 자원재배분을 통해 생산성 상승과 경제성장을 달성했다고 주장한다. 우 커밍스(1991)는 이와는 조금 다른 맥락에서 한국의 경제성장은 수출이 아니라 일본이 주도했다며 일본과의 경제통합이 경제성장에 연료를 제공했다는 주장을 펼친 바 있다. 브루스 커밍스(1987)는 여기에서 한 걸음 더 나아가 한국경제의 경우 선진국으로의 이행이 쉽지 않으며 준주변부를 벗어나지 못하거나 다시 빈곤의 늪으로 추락할 가능성 또한 높다는 우려를 표명하기도 했다.[27]

한편, 수출 주역론에 대한 가장 결정적인 반론은 암스덴(1989)의 「아시아의 다음 거인: 한국과 후발산업화」에서 제기되었다.[28] 그녀에

---

27 1970년대, 일본이 벌였던 해외투자 중 23.7%는 한국을 대상으로 한 것이었다. 경제성장에 따라 임금이 상승하고 노동력이 부족하게 된 상황에서 일본의 기업들은 섬유, 신발, 가전제품 등 노동집약적 산업을 장비와 함께 임금이 저렴한 한국으로 이전시켰는데, 이중 전자부문이 1980년대 들어서 한국의 주력 수출군이 되었다. 그리고 1980년대 중반 이후에는 일본은 다시 한국의 자동차산업에 투자했으며, 이 시기부터 한국의 주력 수출군은 자동차로 옮겨갔다. 이는 제품수명 주기 이론의 전형적인 사례인 셈으로, 한국 기업은 동일한 시장의 전체 가치사슬 중 아래 쪽을, 일본 기업은 위쪽을 점유했다는 것이다. 가령 가전제품의 경우, 한국 기업들은 1970년대 말 이래 일본 기술에 의존하면서 흑백 TV와 같은 저기술 저부가가치 생산에 주력하기 시작했다. 1990년대에도 한국의 VCR 제조업체는 여전히 주요 기술을 일본 기업들에 의존하는 등, 주요 부품은 일본에서의 수입에 의존한 조립수출의 성격을 벗어나지 못했다. 개인용 컴퓨터의 경우에는 상황이 한층 열악해서 핵심 부품과 원천 기술은 모두 수입에 의지했고, 이 과정에서 막대한 로열티를 지급하기도 했다. 자동차산업의 경우에도 상황은 크게 다르지 않았다. 브루스 커밍스(1987)는 이러한 상황 인식을 근거로 당시 한국은 국제분업관계의 수혜자인 동시에 피해자였으며, 사다리의 위쪽으로 올라가기는 대단히 어렵고 그렇다고 해서 다른 대안은 없었다는 점에서, 일종의 "덫"에 갇혀 있다는 평가를 내리기도 했다.

28 넬슨과 팩 그리고 로머가 선진기술 수용의 중요성을 경제이론적 측면에서 제시했다면, 암스덴은 이 문제를 역사적 관점에 입각한 유형론에 근거해 해명한다. 그녀에 따르면, 과거에 산업혁명을 경험했던 선발국들과 20세기 들어 뒤늦게 산업화를 시작한 후발국들의 경제발전 경험에는 두드러진 차이가 있다. 선발국들이 신상품 및 새로운 생산과정의 발명, 곧 '혁신'(innovation)을 통해 경제성장에 성공했다면 후발국들은 선발국들의 선진기

따르면, 1960년대와 70년대의 대표적인 수출부문이었던 섬유공업은 선진기술의 수용에 적극적이지 않았고 생산성 상승 정도도 높지 않았으며 국민경제의 여타 부문에 대한 기여도 또한 높지 않았다. 선진기술의 수용이나 생산성 향상과 관련해 훨씬 더 인상적인 모습을 보였던 것은 오히려 수입대체 산업화 프로젝트로 시작되었던 시멘트공업이었다.[29] 이러한 미시적 발견에 근거할 경우 선진기술의 수용과 관련해 중요한 것은 수출부문에 속하느냐의 여부가 아니라 중공업이냐 아니냐하는 산업적 특성이다. 중공업에는 일반적으로 제당, 건설, 시멘트 제조, 비료, 정유 등이 포함되는데, 이들은 생산구조의 변화가 수반되는 자본심화형(capital deepening) 산업으로, 지속적인 생존과 성공을 위해서는 기술의 수용이나 지식의 학습과정이 필요한 부문이다. 암스덴은 이러한 점에 주목하면서 한국의 경우 수입대체 산업화전략과 수출주도 산업화전략은 양자택일의 대상이 아니라 연속성을

술을 '학습'(learning)함으로써 산업화의 길을 밟을 수 있었으며, 한국의 경제발전은 후발 산업화의 가장 성공적인 사례가 된다.

29 시멘트공업은 규격품을 생산하고, 경쟁이 치열한 여건 속에서 기술을 배웠다는 점에서 섬유공업과 유사했지만, 자본집약도 및 기술집약도 면에서 현격한 차이가 있었고, 이로 인해 기술습득, 경쟁방식, 가치실현방식 등에서도 차이를 보였다. 첫째, 외국기술 지도는 섬유공업보다 시멘트가 훨씬 컸다. 이때 외국기술 지도의 비중은 부가가치 생산액에 대한 로열티 지급액 비중을 통해 확인된다. 둘째, 시멘트회사들은 시멘트생산 공정 전문가들에게 시멘트공장 가동방법을 가르쳐주는 소프트웨어에 많은 비용을 지출했다. 시멘트 제조기술의 경우에는 문서화가 되어 있지 않아 기술습득이 보다 절차에 입각해서 이루어졌고 그로 인해 다른 제조업종으로 이전되기가 한층 용이했다. 셋째, 섬유나 시멘트 모두 가격을 토대로 경쟁이 벌어지지만 경쟁방식은 다르다. 섬유공업에서는 노동비용이, 시멘트공업에서는 자본비용이 더 중요한 가격결정 요인이었는데, 시멘트공업의 자본비용은 기술, 규모, 공정자동화 등 생산공정의 3요소에 좌우되었다(Amsden 1989).

갖는 관계였다는 점을 강조한다.[30]

선진기술의 수용이나 경제발전과 관련해 수출이 결정적인 것은 아니었다는 인식은「기적」의 후속편으로 2001년 출간되었던「다시보기」에서도 확인된다.「다시보기」에 따르면, 수출의 기여도는 학자들이 기존에 믿었던 것에 비해 작았다. 우선, 수출과 성장, 수출과 생산성 상승이 동행을 한 것은 사실이지만, 수출이 생산성의 상승을 가져온 것이 아니라 생산성의 상승이 수출의 증가를 가져왔다는 점에서 인과관계는 반대였다는 것이다. 둘째, 생산성에 더 큰 영향을 미친 것은 수출이 아니라 수입이었다. 수입은 비효율적인 기업들을 경쟁의 장에서 퇴출시키고 살아남는 기업들을 한층 효율적인 기업으로 성장시킴으로써 동아시아의 기업들에 강력한 경쟁의 압력을 행사했다. 한편, 수입에는 자본재 수입도 포함되는데, 이처럼 선진기술이 체화된 기계를 들여오고 사용하는 과정에서 생산성 상승에 크게 기여했다는 점도 지적되었다.「다시보기」는 이러한 연구성과들을 소개하면서 수입이야말로 경제성장의 숨은 동력이었다는 새로운 주장을 펼쳤고, 나아가 동아시아에서 광범위하게 시행되었던 보호무역이야말로 낮은 총요소생산성의 원인일 것이라는 추측을 내놓기도 했다(Yusuf 2001).

---

30 실제로 당시 수입대체는 수출활동을 다변화하는 준비단계의 성격을 지니고 있었다. 철강 및 선박의 경우처럼 때로는 즉각적으로, 화학과 기계부문처럼 때로는 10년의 시차를 두고, 자동차의 경우에서처럼 때로는 20년이 지연된 끝에, 수입대체산업이 수출산업으로 발전해 나갔던 것이다(Amsden 1989).

3. 교육은 생산성 상승에 얼마나 기여했는가?

「기적」에서는 물적자본과 인적자본에 대한 투자가 동아시아 경제발전의 양대 엔진이었다고 이해한다.[31] 이 책은 또한 동아시아의 정부가 가장 잘한 정책으로 거시경제적 안정성을 추구했던 점과 더불어 사람에 대한 투자를 펼쳤다는 점을 강조하고, 동아시아의 성장요인을 수량적으로 평가하는 성장회계방정식을 통해 초등교육과 중등교육 등 인적자본의 기여도가 가장 컸다는 실증분석을 제시함으로써 교육의 중요성을 정당화한다.

실제로 한국이 후발산업국들 중에서도 교육에 대한 투자가 두드러졌던 나라인 것은 부인할 수 없는 사실이다. 한국은 진학 적령기에 달한 인원 대비 중등학생 비율, 인구 중 과학자 및 엔지니어 비중 등 대부분의 교육지수에서 선두의 자리를 차지했으며, 한국의 교사는 다른

---

31 경제성장의 엔진이라는 메타포는 「기적」 이외에도 많은 경제학자들에 의해 구사되었다. 이 메타포에는 국민경제에는 경제적 성과를 높이는 어떤 추진력이 존재한다는 발상을 깔고 있는데, 그 추진력이 바로 자본축적과 인적자본인 셈이다. 이들 두 요인은 그 자체가 경제성장에 직접적으로 기여할 뿐 아니라 기술진보를 가속화시킴으로써 추가적인 경제성장을 견인하는 추동력으로도 상정된다. 일단, 경제성장의 엔진을 상정하게 되면, 이들 엔진을 강화하는 요인들로 관심이 자연스럽게 이동하는데, 자본축적률을 높이고 사람에 대한 투자를 지원함으로써 엔진의 크기를 키우는 것이 정부의 가장 중요한 정책과제가 된다. 그런데 「기적」의 공동 집필진이기도 한 스티글리츠는 엔진 메타포에 부정적이다. 엔진 메타포는 성장에 기여하는 특정 요인들을 찾는 작업으로 연결되기 마련인데, 성장을 가져온 것은 특정 요인이 아니라 시스템 전체라는 점에서 이 메타포에는 문제가 있다는 것이다. 성장을 시스템 전체라는 관점에서 접근할 경우에는 부분들 사이의 상호작용이 더 중요한 문제가 된다. 이러한 인식은, 가령 인적자본의 축적이 부족하다면 물적자본의 축적이 빠르게 이루어지더라도 성장은 부진할 수밖에 없다는 문제의식 위에, 성장에 기여하는 여러 요인들 사이의 연계나 보완성 등에 더 많은 관심을 기울여야 한다는 통찰로 이어진다(Stiglitz 1996).

직종에 비해 상대적으로 높은 사회적 지위를 누렸다.[32] 그러나 인적자본의 증가가 노동의 품질, 곧 노동자가 구사하는 기량과 기술의 개선을 의미하는 것이라면, 이를 단순히 정규교육의 힘만으로 환원하는 접근법에는 문제가 있다. 이와 관련해 로버트 포겔(R. Fogel 2009)은 직장에서의 식무훈련, 경험의 증대, 건강의 개선, 평균수명 증가 등도 노동의 품질을 향상시키는 요인이라고 주장했으며, 암스덴(1989)의 경우에는 한국의 경제발전에 교육이 미친 영향을 분석하려면 공식적인 정규교육 이외에도 기업 차원에 이루어진 외국 전문가들의 기술지도에 주목해야 한다는 주장을 펼쳤다.

암스덴은 작업장 수준에서 한국의 노동자들이 어떻게 기량과 기술을 향상시켰는지에 대한 경험적 연구를 진행했는데, 한국의 고도성장이 교육에 대한 높은 투자를 통해 가능했다는 점에 대해서는 넬슨과 팩, 로머 등의 내생적 성장이론가들이나 「기적」과 의견을 같이 한다. 특히 그녀는 정신노동자와 육체노동자 양쪽 모두 교육수준의 정도가 높다는 점은 선진국의 경제발전과 차별화되는 후발산업화의 일반적인 특징이라는 점을 강조한다. 이러한 평가는 후발산업화란 기본적으로 선진경제의 생산공정 및 생산절차에 대한 학습 속에서만 가능할 수 있다는 암스덴의 기본 인식을 반영하는 것이기도 하다. 그런데 암스덴은 정규교육과 외국기술 중에서는 외국기술의 힘을 더 강조했으며, 특정 기술분야에서 행해졌던 도제교육의 효과는 크지 않았다고 평가한다.

32 1983년 초등학교 교사의 초임은 군대 대위 초임과 유사한 수준이었다. 1984년 교사들의 평균 월급여액은 53만 9천원으로 기업체 관리직사원의 평균 월급여액인 63만 1천7백원에는 미치지 못했으나 전문직이나 기술직 사원에 비해서는 높았다(Amsden 1989).

암스덴에 따르면, 한국의 높은 교육수준이 경제발전을 가져온 주요한 요인이라는 가설은 한국 교육제도가 과밀학급의 문제, 과학과 기술이 아니라 도덕과 규율중심의 교육과정, 민주적·토론식이 아닌 권위주의적·주입식 교육방식 등의 특징을 지녔다는 점을 감안할 때, 동의하기 어려운 주장이다. 그녀는 여기에 한국에서 제공되었던 정규교육의 품질 또한 그리 높지 않았고, 높은 교육열 자체도 산업화를 적극적으로 추동한 능동적 요인이 아니라 높은 경제성장에 따른 결과물일 가능성이 있다는 주장을 추가한다. 하지만 암스덴이 정규교육의 역할을 원천적으로 부정하는 것은 아니다. 후발국의 경우에는 산업화에 필요한 기술을 정규교육과정이나 대학, 연구소 등에 자국 내부의 힘에 의해 확보하는 것 자체가 원천적으로 불가능했으므로 해외의 선진기술에 의존할 수밖에 없는데, 정규교육은 선진기술의 학습에 필요한 기본적인 토양을 제공했고, 이에 기반한 선진기술의 철저한 학습이 경제발전의 진정한 원동력으로 작용했다는 것이다.[33]

한국은 1945년부터 1965년까지는 기술상의 최정상을 차지하고 있던 미국으로부터 조건부원조를 통한 기술이전을 받았으며[34], 1965년

---

33 암스덴은 여기에 더해 일본의 식민교육 제도가 후발산업화의 기초가 된 인적 자원을 비축시켰다는 견해도 과장된 것이라고 평가한다. 일본 현지의 교육목표가 선진기술을 실행하고 발전시킬 과학자와 엔지니어를 창출하는 것이었던 것에 반해, 식민지 한국에 대해서는 일본인으로 구성된 공장책임자의 명령을 수행할 수 있을 만큼의 수동적인 노동력을 공급하는 교육정책이 제공되었다는 것이다(Amsden 1989).

34 주한미군의 민간 하청업체였던 현대건설의 경우 설립 초기에 있었던 미국으로부터의 기술이전을 통해 굴지의 대기업으로 성장할 수 있었다. 미군이 이 회사의 기술발전에 끼쳤던 공헌은 크게 세 부분으로 요약된다. 첫째, 미군 구매요건에 필수적인 국제입찰의 준비요령을 터득할 수 있었다. 둘째, 구미의 시방서(specification) 작성요령을 익힐 수 있었고, 하청업체에 대한 미 연방 규정의 요구에 따라 건설공사 기술의 질을 높일 수 있었다. 셋째, 건

부터는 경제대국으로 성장 중이던 일본으로부터 기술을 이전받았는데, 암스덴에 의하면, 한국의 경제발전에 더 기여했던 것은 일본 기술이었다. 당시 한국에 기술을 전수시켜 준 일본의 기업들은 학습자의 사고방식을 가지고 있었으며 경쟁력이 계속 강화되던 상태였다는 점에서, 한국이 일본의 기업들을 스승, 곧 선진기술 전수의 대상으로 삼은 것이 생산성을 높이는 과정에서 결정적이었다는 것이다. 이때 일본으로부터의 기술지원은 주로 일본기업과 한국기업 사이의 라이센스 형태로 이루어졌다. 라이센스를 수반하는 외국기술 지원은 그 범위가 다양했으며, 내용면에서도 공장운영의 기본절차에 대한 세부적인 청사진으로부터 턴키베이스 방식의 공장 인도에 이르기까지 기술의 모든 부분을 망라했는데, 이들 라이센스 건수는 특히 한국의 중공업이 비약적으로 발전했던 1977-1981년 사이에 눈에 띄게 늘어났다 (Amsden 1989).

암스덴에 따르면, 학습자의 입장에서 가장 이상적인 것은 기계공급회사들로부터의 직접적인 지도인데, 당시 대부분의 선진기술은 자본재 구입의 일부로 제공되었다. 한국의 기업들은 자본재 구입을 통해 선진국의 생산공정 및 절차를 빠르게 학습할 수 있었는데, 자본재 수입을 주로 일본에 의존하면서 일본 기술에 대한 의존도가 높아졌고 생산방식도 일본과 유사한 특성을 띠게 되었다. 한편, 일본으로부터의 기술이전은 기계 등 자본재의 수입이 완료된 이후에도 기술고문의 초빙이나 해외연수 등을 통해 지속되었다. 이때 기술고문은 후발국의 입장에서 선진국을 뒤따랐던 기억을 간직하고 있던 퇴직 엔지니어들로, 당대의 첨단

설공사 관리와 품질관리 기술을 습득할 수 있었으며 건설작업을 기계화할 수 있게 되었다 (Amsden 1989).

기술을 한국인들에게 소상히 가르쳐 줄 수 있었다. 한국의 기업들은 또한 다수의 관리자와 엔지니어는 물론 기능공까지도 현장교육을 위해 외국에 파견했는데, 이는 기술라이센스의 전형적인 부산물이었다. 해외연수는 교실에서 수년간 배울 내용을 현장에서 수개월에 끝낼 수 있도록 교육기간을 대폭 단축시켜 주었는데, 암스덴은 이들이 해외에서 체득한 경험이 노동자들의 생산성 상승 및 기업의 성장에 크게 기여했다고 주장한다.

한편 연구의 시야를 1990년대 말까지로 확대할 수 있었던 「다시보기」에서는 연구중심대학, 그리고 정부 및 민간 차원의 연구소, 그리고 기업들로 구성된 산학연 체제의 역할에 주목한다. 동아시아에는 신생기업의 성장을 돕는 벤처생태계가 결여되어 있었지만, 은행시스템, 기업집단 내 수직통합, 하청연계망 등을 통해 이를 보완할 수 있었고, 기술혁신을 통해 시장점유율을 늘리도록 한 경쟁정책의 압력 속에서 민간부문도 적극적으로 연구개발 활동에 나서기 시작했으며, 주요 대학의 연구실과 실험실에서 이루어진 연구성과를 바탕으로 대기업도 선진기술에 버금가는 독자적인 기술을 개발할 수 있었다는 것이다. 이와 관련해 하워드 팩(2001)은 「다시보기」에 수록된 논문을 통해 국가혁신시스템의 역할을 강조하기도 한다.

4. 선진기술 수용과정을 주도한 것은 기업가였나?

수용이론에서는 새로운 이윤 획득의 기회를 발견해내고 엄청난 리스크를 감내하면서 새로운 업종에 과감히 진출해 선진기술을 적극적으로 수용하고 학습해 가는 기업가정신의 중요성을 강조한다. 그런데 이러한 기업가정신을 실제로 발휘한 주체가 누구였는지를 놓고 「신고전파」와 「수정주의」라는 상반된 두 입장이 맞서고 있다. '신고전학파' 진영에서는 정부가 경제 전반의 기본을 바로 세우는 일에만 주력하고 자원배분에 관한 의사결정은 최대한 시장에 일임함으로써 눈부신 경제성장이 가능했다는 주장을 폈다(Wolf 1988; Krueger 1985). 이 입장에서 보자면, 혁신과 학습의 과정을 주도한 주체는 당연히 민간의 기업가가 된다. 이들 기업가들은 정부가 제공했던 안정적인 경제환경 속에서 선진기술을 수용하고 생산성을 개선하는 데 최선을 다했으며, 이 과정에서 동아시아의 경제발전이 가능했다는 것이다. 반면, '수정주의' 진영에서는 정부가 자원배분 과정에서 주도적 역할을 담당했으며 이것이 경제성장의 결정적인 성공요인이었다는 주장을 폈다(Amsden 1989; Wade 1990). 이 입장에서는 후발국의 경우 혁신과 학습 그리고 선진기술을 사실상 주도했던 것은 민간 기업이 아니라 정부라고 본다.

한편, 이 문제에 대한 「기적」의 입장은 애매하다. 하지만 이들의 논의를 검토하면, 선진기술의 수용의 주체는 정부가 아니라 민간 기업으로 설정되고 있음을 확인할 수 있다. 「기적」의 기본 노선은 동아시아의 경제발전 과정에서 정부가 대단히 중요한 역할을 담당했다는 점은 사실이지만, 정부의 개입이 시장실패의 영역으로 국한되었을 때에만 높은 성과로 연결되었다는 것으로 요약될 수 있다. 정부는 생산의 영역처럼 시장이 잘 작동하는 곳에서는 개입을 하지 않아야 하며 대신 시장이 제 역할을 담당하지 못하는 영역에서 적극적으로 나서야 한다는, '시장친화적' 관점이 「기적」의 기본 입장인 것이다. 이때 시장친화적 정부정책으로 거론되는 대표적인 것들로는 사람에 대한 투자, 기업활동의 경쟁적 환경 조성, 대외무역 개방, 안정적인 거시경제 관리 등이 있는 반면, 선진기술의 수용과정에 대한 정부의 적극적 개입과 같은 정책은 포함되지 않는다.

그런데 기업활동의 핵심이란 무엇을 얼마만큼 어떤 방식으로 생산할지를 계획하고 실행하는 데 있는데, 선진기술의 도입 문제도 이러한 전체적인 생산계획의 핵심 구성요소 중 하나라고 할 수 있다. 이 문제에 대한 신고전학파나 「기적」의 입장은 기업활동에 관한 주요한 의사결정은 기업에 의해 내려지는 것이 바람직하며 대부분의 경우에는 실제로도 그러했다는 것으로 요약될 수 있다. 하지만 수정주의 진영에 따르면, 동아시아의 산업화 과정에서 이러한 계획 기능이 온전히 기업가의 몫이었다고 보기는 어렵다. 비교적 적은 규모의 자본에 기반한 중소기업의 경우에는 투자 프로젝트의 입안으로부터 필요한 자금조달에 이르기까지 모든 의사결정은 개인 기업가에 의해 행사되었고 이에 따른 위험과 책임도 스스로 감당하는 등 기업의 계획기능이 기업가의 것이었지만 대기업의 경우에는 이러한 계획기능 중 많은 부분이 기업가 자신보다는 국가에 의해 행사되었다는 것이다.

이 점과 관련해 암스덴은 개별 산업의 미시연구를 인용해 특정 산업 및 대기업의 기술도입 과정에 정부가 직접적으로 개입했다고 주장한다. 언제, 무엇을, 얼마나 생산할 것인지를 둘러싼 기본적인 결정들, 특히 신규 분야로의 진출에 대한 결정권은, 적어도 1960년대와 1970년대까지는 정부의 몫이었다는 것이다.[35] 그녀에 의하면, 한국

35 대기업의 창업주들이 실제로 결정권을 행사했던 것은 그룹 내 계열기업들 사이의 자원배분이나 주요 임직원들의 인사에 관한 것 이외에 정부에 의해 제시된 프로젝트들을 따를지 여부, 또는 여러 제안들이 있었다면 그중 어느 것을 따를지에 관한 것이었다(Amsden 1989).

정부는 시멘트, 비료, 정유 및 합성섬유 부문에서의 초기 수입대체 프로젝트를 배후 조정했으며, 신규 산업으로의 진출과정에서 특정 자본재의 도입이나 기술제휴에 대한 의사결정에도 깊숙이 개입을 했다. 1960년대 말 정부는 경제기획원을 중심으로 산업, 무역 및 신용정책 등을 통해 산업화의 전 과정을 진두지휘했는데, 시간이 흐르면서 정부 개입의 강도가 계속 약화되기는 했지만, 이러한 흐름은 1980년대 중반까지도 지속되었다는 것이다.[36]

수정주의 입장에서는 이처럼 신규 분야로의 진출이나 특정 기술의 선택과 관련해 정부가 주도권을 행사할 수밖에 없었던 근본적인 이유를 초기에 막대한 자본이 요구되는 반면 투자에 따른 수익은 오랜 기간이 경과한 이후에나 회수가 가능하다는 자본집약적 산업 고유의 특징에서 찾는다. 수정주의 입장에서 보자면, 후발산업국의 경우에는 정부의 강력한 지도와 지원 없이 민간의 기업가나 투자가들이 자본집약적 산업에 뛰어드는 것은 사실상 불가능했으며, 신규 분야로의 진출과 관련한 정부의 개입은 「기적」에서 정부 개입의 근거로 중시되었던 '시장실패'에 대한 교정책이 된다.

5. 수확체감의 문제를 어떻게 해결했나?

크루그먼 등 요소투입에 의한 경제성장을 주장했던 사람들의 논의가 주목을 받았던 이유 중 하나는 수확체감의 문제를 예리하게 지

---

36 가령, 반도체 분야로 업종을 다각화하는 의사결정은 1980년대 정부에 의해 주도되었는데, 당시 반도체 산업 종사자들은 반도체 산업을 '청와대 프로젝트'라고 불렀던 것으로 알려졌다(Amsden 1989).

적했기 때문이다. 그러나 한국경제는 투자의 지속적 증대에 따른 막대한 자본축적에도 불구하고, 기업과 산업 나아가 경제전반의 생산성도 상승세를 기록했던 것으로 평가된다. 그렇다면 한국 등 동아시아에서는 수확체감의 문제를 어떻게 해결할 수 있었던 것일까?

일반적으로 수확체감이란 투입량이 늘어날수록 투입량의 증가분보다 수확량의 증가분이 줄어드는 현상을 의미한다. 경제학 교과서에서는 수확체감을 보편적인 상황으로 상정하는 경우가 많지만, 현실적으로는 투입량이 늘어날수록 단위당 생산비용이 줄어드는 '수확체증' 현상도 적지 않다. 그런데 수확체증 원리란 애덤 스미스(A. Smith)의 「국부론」에 나오는 핀 공장 사례에서 언급된 개념이기도 하다. 스미스 이래 경제학에서는 로버트 맬서스(R. Malthus)나 데이비드 리카도(D. Ricardo) 등을 중심으로 수확체증이 아닌 수확체감 원리가 강조되었는데, 이는 기본적으로 농업에 주목했기 때문이다. 하지만 제조업이 발달하면서 인쇄기계, 직조기계, 증기엔진 등과 관련해 수확체증 개념이 다시 거론되었고, 20세기 전후로 이 개념은 초기에 거액의 자금을 투입한 후 추가비용을 거의 부담하지 않아도 되는 철도, 전기, 전화 등 네트워크 관련 분야로 확대 적용되었다. 하지만 이 개념은 주류경제학이 모든 논의의 출발점으로 상정하는 완전경쟁 원리와 양립할 수 없다는 이유로 본격적인 주목을 받지 못했으며, 1980년대 신국제무역이론을 주창한 크루그먼에 의해 중요한 이론적 개념으로 복권이 되었다. 모든 경제활동이 수확체감 원리를 수반한다고 가정하면 자유무역이 지지되지만, 많은 산업에서 수확체감 원리가 관철되는 반면 특정 산업에서 수확체증 원리가 작동한다면 이들 분야를 적극 육성하는 정부 개입이 정당화될 수 있다는 것이 신국제무역이론의 현실적 시사점이었다.

결국 수확체증의 논의를 동아시아의 경제발전과 연결하면, 한국은 요소투입을 비약적으로 늘렸음에도 불구하고 이들 요소를 수확체감 산업이 아닌 수확체증 산업에 집중적으로 투입했기 때문에 성장률이 하락하지 않았다는 함의를 도출할 수 있다. 이와 관련해 암스덴이나 에릭 라이너트(E. Reinert 2007)는 한국 정부가 집중적으로 육성했던 시멘트, 조선, 철강 등 중화학공업이 대표적인 수확체증 산업이라고 주장한다. 이처럼 수확체증의 원리가 관철되는 산업에서는 생산량이 늘어날수록 생산비가 더 낮아지고 보다 많은 이윤을 획득할 수 있으므로, 시장 점유율 확대가 특별히 중요한 의미를 지니게 되는데, 한국 정부는 중화학공업에 대한 전략적 육성을 통해 생산성을 높이고 경제발전을 이룰 수 있었다는 것이다.

한편, 신고전학파 진영의 경우에는 동아시아가 수확체감의 문제를 어떻게 극복했는가에 대한 문제의식이 수정주의 진영에 비해 미약한 편이며, 완전경쟁의 가정에 대한 집착으로 인해 수확체증에 대한 명시적 언급도 많지 않다. 하지만 신고전학파 진영에 속하며 지식의 스필오버(spillover) 효과를 강조하는 루카스(1988)의 논의로부터 이 문제에 대한 신고전학파의 기본적인 사유방식을 개략적으로나마 엿볼 수 있다. 그는 특정 집단 내 사람들의 상호작용이 개인 생산성에 결정적인 영향을 미친다고 주장한다. 이때의 집단이란 가족보다 규모가 크고, 인류 전체보다 작은 규모의 모임을 지칭한다. 사람들은 집단 속에서 인적자본을 축적하게 되는데, 이때의 인적자본 축적이란 실제 자본거래처럼 특정 상대가 있어서 이루어지는 것이 아니라 집단 내 사람들 사이의 접촉과 부단한 상호작용을 통해 이루어진다는 의미에서 사회적 활동의 성격을 띤다.

루카스는 이러한 전제 위에 사람들이 집단을 이루어 경제활동을 벌이는 과정에서 집단 내 다른 사람들의 생산성을 높여 주지만 금전적 보상을 받지는 못하는 일종의 '외부효과'가 발생한다며, 이를 인적자본 또는 지식의 '스필오버 효과'라고 규정한다. 이 개념이 의미하는 바는, 사람들이 회사, 노조, 대학 등 어떤 단체에 속해 집단을 이루어 경제활동을 벌임으로써 홀로 생산할 때에 비해 훨씬 높은 생산성을 발휘할 수 있게 될 뿐 아니라, 집단이 주는 가치에 대해 별도의 보상을 행하지 않고도 집단에 소속되어 동료들의 도움을 활용할 수 있다는 것이다.[37] 루카스의 입장에서 보자면, 이러한 스필오버가 단적으로 확인되는 공간은 학문의 장이다. 대학의 연구자들은 학과 동료들과의 일상적인 만남에서 그리고 학회나 연구회 등 관심사를 공유하는 학자들과의 집단적 만남을 통해 많은 것을 무료로 배울 수 있으며, 이것이 결국 지식의 성장으로 이어진다는 것이다.

지식의 스필오버 효과라는 개념을 가지고 동아시아나 한국의 경제발전을 해명하려는 본격적인 시도는 아직까지 찾아보기 힘들다. 하지만 이 개념은 한국의 고유한 사회경제적 현상인 학벌이나 재벌 등이 경제발전에 미친 경제적 효과를 새로운 관점에서 접근할 수 있는 이론적 단초를 제공할 가능성이 높아 보인다. 물론 집단의 힘이 과연 얼마나 컸는지를 알기 위해서는 사무실, 작업장, 교실, 동아리

37 우리가 알고 있는 대부분의 것은 다른 사람들로부터 배운 것들이다. 물론 우리는 그것을 가르쳐 준 사람 중 일부에게 교육비를 제공한다. 그러나 그들과 함께 어울리면 비용을 직간접적으로 낮출 수 있다. 우리는 대부분의 경우 무료로 배우는데, 이러한 배움은 상호적인 성격을 띤다. 이런 상호학습에는 학생과 교수의 구분이 없다(Lucas 1988).

등 다양한 공간에서 이루어지는 집단적 활동 및 그 상호작용에 대한 미시적인 연구들이 선행되어야 할 것이다.

한편, 내생적 경제성장이론의 선구자로 알려진 폴 로머는 지식이 경제발전에 미치는 영향을 탐구하는 많은 연구성과들을 내놓았다. 로머(1990)는 지식을 인적자본과 구별하면서 지식의 비경합적 성격(nonrivalry)을 강조한다. 인적자본이 개인에게 체화되어 있다는 점에서 배제성(excludability)과 경합성(rivalry)을 띤다면, 지식이란 생산과정에서 투입물로 사용되더라도 소모되어 사라지지 않고 그후에도 이용이 가능하다는 점에서 '비경합재'로 보아야 한다는 것이 그의 문제의식이었다. 로머에 따르면, 컨텐츠를 베껴서 쓸 수 있는 것이라면 무엇이든 비경합재가 될 수 있다. 특정 교향곡과 그 교향곡의 연주, 어떤 그림과 그 그림의 머그잔 등에의 활용, 화학공식과 그것의 약품으로의 상품화 등의 관계 속에서 특정 교향곡, 그림, 화학공식이 바로 지식의 전형적인 속성을 띤다는 것이다. 이와 관련해 로머는 비경합재의 경우 비밀 유지, 특허, 상표권, 비밀 제조법, 접속 암호, 소유권 표준, 계속적인 혁신 등의 도움을 받아 다양한 수준의 배제성을 지닐 수 있지만 지식의 스필오버 효과로 인해 새로운 지식에 대한 독점적 권리는 사라지고, 사회 구성원들의 공동자산으로 새롭게 활용될 수 있다는 점을 강조한다.

데이비드 워시(D. Warsh 2006)는 로머의 1990년 논문을 계기로 지식이 생산과정의 투입물이자 산출물로 상정될 수 있게 되었으며, 이를 통해 외생변수가 아니라 내생변수로 상정될 수 있었다고 주장한다. 이때, 지식이 내생변수가 되었다는 것은 투입물들의 어떠한 상호작용에 의해 지식이 생산되는지를 설명할 수 있게 되었다는 것을 의미하며, 이를 통해 지식을 늘리기 위한 의식적인 정책행위 또한 가능해진다는 함의도 지닌다. “지식이란 부분적으로 배제성을 띠는 비경합재”라는 로머의 새로운 인식은 한국이 요소투입의 증대에도 불구하고 어떻게 지속적인 경제성장을 이룰 수 있었는가에 대한 새로운 시선을 제공해 준다.

한국은 1980년대까지는 선진기술의 수용과 모방에 주력하는 방식으로 경제발전을 이룰 수 있었지만, 2000년대 들어서는 세계적 수준의 기술들을 하나씩 확보하는 데 성공했으며 이를 통해 선진국으로의 또 다른 도약을 이룰 수 있었는데, 이러한 과정은 지식을 부분적으로 배제성을 띠는 비경합재로 이해하는 로머의 접근법에 의해 새롭게 설명될 수 있기 때문이다. 첨단기술이나 원천기술로 활용가능한 지식을 생산하는 데는 막대한 초기 투자비용이 들며 그 비용을 회수하려면 큰 시장이 필요하다. 이때 시장만 확보된다면, 지적재산권의 도움을 받아 배제성을 유지할 수 있고 비경합성으로 인해 수확체증이 가능하므로 한계비용 이상으로 가격을 책정해 막대한 수익을 거둘 수 있다. 한편 시간이 흐르면 지적재산권에 대한 독점적 권리가 약화되고 배제성도 약화되므로, 새로운 지식은 사회 전체의 공동자산이 되면서 경제전체의 생산성을 상승시켜 추가적인 경제성장의 원동력으로 작용한다. 더욱이 새로운 지식 생산을 통해 막대한 수익을 거둔 기업들이 이 수익을 새로운 지식 생산에 투자하고 이러한 노력이 다시 성공을 거둔다면, 세계시장의 새로운 강자로 등장할 수 있게 될 것이다.

4

정부의 정책과 재벌체제

1. 거시안정화 정책인가 산업정책인가?

한국 등 동아시아의 경제발전에 대한 기존 연구들의 핵심 쟁점은 정부 정책의 평가에 관한 문제였다. 정부의 경제정책이 경제발전에 크게 기여했다는 점에 대해서는 거의 대부분의 연구자들이 긍정적인 평가를 내렸다. 하지만 정부가 시장 및 민간기업과 어떤 관계를 맺었으며, 정부의 다양한 경제정책들 중 경제발전에 가장 큰 기여를 했던 것은 어떤 정책이었는지, 정부 정책이 소기의 효과를 거둘 수 있었던 비결은 무엇이었는지 등의 문제를 둘러싸고는 신고전학파와 수정주의 사이에 치열한 논쟁이 벌어졌다. 세계은행의 이름으로 출간되었던 「기적」이나 「다시보기」의 주요한 문제의식도 바로 이 문제들을 체계적으로 정리하는 것이었다.

한국 정부의 경제정책에 관한 신고전학파 진영의 기본 입장은 크게 시장자유화 정책을 잘 펼쳤다는 입장과 거시경제의 안정화 정책을 잘 펼쳤다는 입장으로 요약할 수 있다. 먼저 시장자유화 정책을 높게 평가하는 신고전학파 진영의 대표적인 학자로는 앤 크루거(1985)가 있다. 그녀에 따르면 한국의 경제적 성공은 1960년대 초중반 '도약기' 직전에 추진되었던 일련의 '시장자유화' 조치에 힘입은 것이었다. 한국은 1950년대까지만 해도 수입대체 산업화전략을 채택한 가운데, 이중환율, 높은 무역장벽, 금리규제 등 '시장억압적' 정책을 펼쳤던 나라였다. 하지만 1950년대 말 이러한 전략이 가시적인 성과를 거두지 못했고 미국 원조가 축소되는 상황에서 부족해진 외화 획득을 위해 수출주도형 전략으로 전환을 하게 되는데, 이 과정에서 기존의 시장억압적 정책을 시장친화적 정책으로 전환함으로써 경제발전의 동력을 본격적으로 확보하게 되었다는 것이다. 이때 거론되었던 시장친화적 정책들로는 평가절하를 통한 환율의 일원화, 수출 용도의 수입품에 대한 과세 면제, 수입 자유화 그리고 시장의 실세를 반영한 금리 인상 허용 등이 있다(Krueger 1985).

그리고 신고전학파 쪽에서 성공적인 경제정책으로 보다 중시하는 것으로는 거시안정화 정책이 있다. 이 입장은 정부가 거시경제의 안정화를 통해 경제의 기본을 올바로 세움으로써 민간의 기업들이 장기적인 시야를 가지고 경제활동에만 전념할 수 있도록 도왔다는 주장으로 요약될 수 있다. 구체적 내용들로는 물가관리를 통해 안정적인 기업환경을 제공했고 이를 통해 장기 고정자산에 대한 투자 유인을 고취시켰다는 점, 건전재정을 유지하고 경제성장의 보상을 비교적 평등하게 공유하도록 정책을 시행했다는 점, 환율정책을 통해 수출경쟁력을 확보해 주었다는 점, 금융발전 및 금융자유화 정책을 통해 국내의 저축을 늘리고 효율적인 자원배분을 촉진시켰다는 점, 투입물과 산출물의 상대가격을 안정화하는 등 가격체계의 왜곡을 최소화해 기업들이 생산성 개선에만 전념할 환경을 조성했다는 점, 사람과 건강에 대한 투자를 잘했다는 점 등이 거론되었다(World Bank 1993).

한편, 수정주의 진영에서는 발전국가론을 적극적으로 수용하는 가운데 산업정책이 한국 등 동아시아의 경제발전에서 결정적인 역할을 담당했다는 주장을 펼쳤다. 발전국가론은 일본의 '통상산업성'을 대상으로 한 차머스 존슨(C. Johnson 1987)의 연구를 기점으로 본격화되었다. 존슨에 따르면, 일본의 경제적 번영을 가져왔던 것은 국가로, 국가는 스스로가 개발의 기능을 수행하면서 산업화를 주도했다는 것이다. 이때 존슨이 말하는 '개발의 기능'이란, 어떤 산업을 대표선수로 올리고 어떤 산업을 포기할 것인지를 선택하는 것을 의미하며, 이를 구현하는 수단이 바로 산업정책이었다. 이 입장에서 보자면, 국제 경쟁력을 높일 수 있는 방향으로 해당 국가의 산업구조를 재편하는 주체가 발전국가였던 것이다. 그런데 발전국가 속에서 핵심적인 역할을 담당했던 것은 정부관료들로, 이 관료들이 계획을 수립했을 뿐 아니라 경제에 직접적으로 개입을 해 민간 기업들을 이끌고 지도를 했던 것이다(Johnson 1987).

이때, 산업정책이란 선진국을 빠른 기간 안에 따라잡기 위해 정부가 적극적으로 자원을 동원하고 경제 전반에 대한 성장 기여도가 가장 높다고 판단되는 부문에 이들 자원을 능동적으로 배분하는 정책을 지칭한다.[38] 산업정책은 또한 암묵적인 보증을 통해 투자에 따른

---

38 이와 관련해 스티글리츠(2001)는 한국의 산업정책을 규정하는 핵심 특징은 적극적인 금융정책이었다고 주장한다. 정부가 직접 은행을 설립하는 과정에 개입하고 여러 장치들을 통해 전통적인 수단 이외의 대출들을 제공하도록 유도했으며, 기업들에게는 기술 및 지식 격차 축소에 결정적인 중화학 부문으로의 진출과 투자를 요구하고 이에 필요한 자금은 은행이 저리로 제공토록 정책자금을 강요하되, 이 과정에서 경영실패로 인해 채무가 제대로

위험을 사회화함으로써 대규모 투자를 가능케 하는 정책으로서, 사회적으로 수익성이 높은 투자를 획기적으로 촉진했던 조정기구라는 평가를 받기도 했다. 로드릭(2008)은 한국의 기업들이 생산성 및 부가가치가 높은 분야로 진출할 수 있었던 것은 바로 이러한 리스크의 사회화 메커니즘 때문에 가능했다며, 투자가 실행되고 제대로 성과를 거두기만 하면 정부가 실제로 보증을 해 줄 일은 거의 일어나지 않는다는 점에서 산업정책은 정부의 실질적인 비용 부담이 크지 않은 효과적인 자원 동원 및 배분 방식이었다는 점을 강조한다. 이 점에 더해 산업정책을 통한 리스크의 사회화를 정당화해 주는 여러 가지 '시장실패들'의 존재에 주목할 필요도 있다. 자유로운 진입과 퇴출에 사회적으로 많은 비용이 들도록 만드는 특수한 자산의 존재, 산업 전반에 걸친 투자간의 상호보완성, 연구개발의 노력 및 여타 지식발생적 투자에 존재하는 외부재들, 학습비용에서 발생하는 유치산업에 대한 고려, 장기적인 자금지원을 사회적으로 바람직한 수준보다 더 비싸게 만드는 자본시장의 실패 등이 그것이다.

한편, 암스덴(1989)은 한국의 산업정책을 "후발산업화"(late industrialization)라는 맥락에서 이해해야 한다는 입장을 개진했다. 그녀가 일차적으로 주목하는 지점은 한국과 같은 후발산업국들의 경우 산업혁명을 겪었던 선진국들과는 근본적으로 다른 조건에 놓여 있었다는 점이다. 발명과 혁신이 시장을 규율했던 것이 선발산업화였다면, 후발산업국들은 선진기술을 모방하고 수용하는 학습과정을 통해 선진국을 따라잡아야만 했는데, 기술을 모방하거나 학습하는 과정은 새로

상환되지 않을 경우에는 정부가 기업 대신 채무를 갚겠다며 암묵적으로 보증을 섬으로써 막대한 투자를 가능케 했다는 것이다.

운 생산물이나 생산과정을 창출해 부를 창출하는 과정과는 근본적으로 다르므로 선진국들의 정부 개입과는 차별화되는 한층 적극적인 정부정책이 반드시 필요했다는 것이다. 선진국들과 경쟁하기 위해서는 국내기업의 열위를 상쇄시키고 선진국을 따라잡는 데 도움을 줄 고부가가치 부문으로의 투자 및 교역이 반드시 필요했고, 이는 보호무역 정책이나 보조금 관련 정책에 의해서만 가능했기 때문이다.

신고전학파와 수정주의의 상반된 입장이 직접적으로 맞서는 지점이 바로 상대가격 체계를 시장원리에 맡길 것인지 아니면 정부가 의도하는 목적을 달성하기 위해 왜곡시킬 것인지의 문제이다. 암스덴(1989)은 이 문제에 대한 올바른 평가를 위해서는 우선 선발국과 후발국의 경제가 상이한 성격을 지니고 있고 따라서 해법 또한 달라져야 한다며, 경제를 시장순응적 경제와 시장확대적 경제로 구분하자고 제안한다. 전자가 정부의 개입을 최소화하고 상대가격 체계가 잘 작동하며 비교우위 원칙에 따라 무역을 하던 경제라면, 후자는 정부가 적극적으로 개입하고 특히 상대가격 체계를 의도하는 방향으로 왜곡함으로써 자원배분의 방향을 주도했던 경제이다. 암스덴에 따르면, 신고전학파는 선발국에만 유효한 '시장순응 모형'을 한국에 그대로 적용가능할 수 있다며, 정부가 장기적 투자를 가능케 하는 정치적 안정을 이룩하고 "가격의 흐름을 올바른 방향으로 잡아준다면(getting prices right)" 경제성장이 가능하다고 믿는 입장인데, 이들 논의는 한계생산력설과 비교우위이론이라는 두 가지의 잘못된 이론을 전제로 삼고 있다는 문제를 안고 있다.

'한계생산력설'은 생산요소들의 한계생산성에 따라 보수가 결정되고, 각 생산물들의 상대가격이 소비자들의 선호와 기술수준을 완전경쟁 상태에서 왜곡 없이 반영한다고 보는 이론이다. 그러나 후발 산업국들에서 실제로 일어났던 상황은 그렇지 않았다는 것이 암스덴의 평가이다. 정부는 임금결정 과정에 적극적으로 개입했고, 경제발전에 필요하다고 판단한 부문을 적극 육성하기 위해 보조금과 저리의 정책자금을 제공해 "이들 부문의 가격을 인위적으로 낮춰 주었으며(getting prices wrong)"[39] 이를 통해 특정 대기업들이 세계시장에서 경쟁에 나설 수 있도록 했다는 것이다. 암스덴은, 해당 국가에 상대적으로 풍부한 자원에 기반한 특화나 전문화가 경제성장을 촉진한다는 '비교우위이론' 또한, 한국의 실제 산업화 과정과는 맞지 않았다고 주장한다. 무엇보다도 한국의 경우 상대적으로 비교우위에 있었던 농업이나 경공업 부문의 수출에 집착하지 않고 후발성의 열세를 만회하기 위해 중화학공업 중심으로 여러 업종에 사업을 다각화함으로서 경제발전을 이룰 수 있었기 때문이다.[40]

한편, 스티글리츠(2001)는 산업정책이란 시장원리에 아주 충실했던 것도, 시장원리를 완벽하게 억압했던 것도 아니었으며, 국민경제

39 한국의 경제발전 과정에서 있었던 상대가격의 왜곡은 크게 세 가지로 지적된다. 첫째, 세계시장에서의 경쟁을 위해 수출기업들에게 저리의 정책자금 등 여러 형태의 보조금을 제공함으로써 가격경쟁력을 확보할 수 있도록 했다. 이때 정부는 보조금을 생산품목, 생산물량, 생산시점 등에 연계시킴으로써, 은행의 역할은 물론 기업가의 역할까지도 담당했다. 둘째, 정부는 금융시장에 적극적으로 개입해 시장금리보다 낮은 수준으로 대출금리가 유지될 수 있도록 했다. 셋째, 정부는 경제발전과 관련해 또 다른 핵심적인 상대가격인 환율에 대해서도 고의적인 왜곡 정책을 펼쳤다. 한국은 다른 나라에 비해 환율 왜곡 정도가 크지는 않았지만, 다른 정책들과의 연계 아래 환율을 적절히 통제함으로써 수출을 촉진시켰던 것이다(Amsden 1989).

40 경제발전 초기 단계에서 한국은 노동력이 풍부하고 자본이 부족한 나라였으므로, 비교우위론에 따르자면 비료나 철강업과 같은 중화학공업을 육성하는 일은 무모한 선택이 된다.

의 파이를 키우는 방향으로 개별 주체들의 행위를 효과적으로 제약함으로써 시장을 키웠던 정책이라고 평가한다. 스티글리츠에 따르면, 한국의 정부는, 정보가 비대칭적이고 저축 또한 부족한 상황에서, 기존 은행들에게 지대(rent)를 제공함으로써 이들 은행이 자발적으로 차입자들을 감시하고 예금 동원에 대한 노력을 확대하도록 유도하는 데 성공한 정부였다. 그는 이를 '금융억압'(financial repression)이 아닌 '금융제약'(financial restraint)이라고 명명하면서, 이 체제가 금융자유화 체제에 비해 보다 많은 저축 및 투자가 가능하도록 했으며, 은행부문의 성장은 물론 경제 전반의 발전에도 크게 기여했다고 주장한다.

이처럼 한국에서 실제로 일어났던 일들을 확인하면 정부가 시장에 적극적으로 개입했으며, 무엇보다도 금리, 환율, 수출품의 가격 등 상대가격을 의도하는 방향으로 통제하는 정책을 구사했다는 사실 자체를 부인하기는 어렵다. 신고전학파 진영에서는 이러한 객관적 정황에 대응하기 위해 두 가지의 논리를 제시했다. 하나는 한국은 상대가격을 왜곡시켰지만 국제무역, 특히 수출을 통해 비교우위를 추구했다는 점에서 시장 메커니즘에 순응한 것이라는 주장을 펼쳤다. 이에 대해 암스덴(1989)은 상대가격의 왜곡정책은 수출주도형 전략 뿐 아니라 그 이전의 수입대체형 전략에서도 일관되었던 것이며, 무엇보다도 수출에 주력하게 된 대기업들의 등장 자체가 주류경제학자들에 의해 상대가격을 왜곡시켰던 대표적인 정책으로 지적되었던 수입대체형 전략의 연장선상에서 출현하였다는 점에서 주류경제학의 표준적 설명은 문제가 있다고 반박을 했다.[41]

---

41 유사한 맥락에서 로드릭(1994)은 한국의 경우 수출지향적 산업화를 추진했다는 점에서는 신고전학파의 목표를 채택했지만, 그 목표를 적극적인 산업정책을 통해 추진했다는 점에

신고전학파 진영에서는 산업정책의 존재 자체는 인정하면서도, 산업정책이 없었다면 경제는 더 빠르게 성장했을 것이라는 주장을 펼치기도 했다. 이 입장에서 보자면, 한국경제의 성장은 산업정책 때문이 아니라, 산업정책에도 불구하고 민간 주체가 능동적으로 각자의 능력을 잘 발휘했기 때문에 가능했던 것이 된다. 그러나 이러한 주장은 산업정책의 직접적인 수혜자였던 자동차, 전자, 반도체산업 등에서 세계적인 경쟁력을 확보하게 되었다는 사실을 감안할 때 설득력이 떨어진다고 할 수 있다.

2. 산업정책에 관한 「기적」의 입장

그런데 「기적」이 출간되었던 이론적 배경에는 동아시아의 성공과 경제정책 사이의 연관을 둘러싸고 벌어졌던 신고전학파 진영과 수정주의 진영 사이의 논쟁에 대한 평가가 필요하다는 문제의식도 자리잡고 있었다. 이 문제에 대한 「기적」의 기본 입장은 안정화정책과 산업정책의 유효성을 함께 인정하는 것이었다. 이러한 입장은 「기적」의 집필에 참여한 다수의 학자들이 신고전학파 진영에 속했다는 사정과 수정주의에 의해 수집·발굴된 다양한 정부 개입의 증거들을 어떤 식으로든 반영해야 할 필요성, 그리고 「기적」의 집필을 대대적으로 지원하며

서는 수정주의의 노선을 따랐다고 주장한다. 세계경제와의 통합에 적극적이었던 나라가 경제성장에 성공한다는 것은 부인할 수 없는 사실이지만, 이를 실현하는 수단이 반드시 시장원리를 충실히 따르는 것일 필요는 없으며, 한국이나 대만은 시장원리에 반하는 방식을 통해 수출을 늘릴 수 있었다는 것이다.

동아시아 모델의 홍보를 기대했던 일본 정부의 압력[42] 등 다양한 요인이 복합적으로 작용한 결과라고 할 수 있다.

「기적」은 수정주의가 동아시아의 경제정책에 관한 역사와 정부의 역할에 대한 값진 통찰을 제공했으며, 정부의 광범위한 활동이 동아시아의 경제발전을 낳았다는 점이 설득력 있게 보였다고 평가한다. 하지만 한국의 중화학공업화 정책이 산업구조에 긍정적인 영향을 미치지 못했고, 말레이시아의 중공업 육성 정책도 득보다 실이 더 컸으며, 정부의 개입 자체가 성장을 촉진했다는 강한 주장에는 동의하기 어렵다는 주장도 함께 추가한다. 이 점에서, 「기적」의 기본 입장은 신고전학파나 수정주의 모두 동아시아의 기적에 대한 일관되고 체계적인 분석을 제공하는 데는 실패했다는 것으로 요약될 수 있다. 「기적」은 이러한 평가를 근거로 "정부의 역할이 컸다"[43]는 수정주의의 발견과 "정부의 개입이 성공할 수 있었던 것은 시장을 왜곡하지 않는 방식으로 신중하고도 제한적으로 이루어졌기 때문"이라는 신고전학파의 통찰을 종합한 '시장친화적 관점'을 동아시아의 경제발전에 대한 새로운 대안적 설명틀로 제시한다. 이 점에서 「기적」의 성격은 신고전학

---

42 1990년대 초반 일본 정부는 자국 모델의 우수성을 전세계에 홍보하고 있었다. 당시 일본 정부는 세계은행을 이러한 홍보작업의 중요한 교두보로 상정하고 있었으며 「기적」의 출판 과정에도 깊숙이 관여했던 것으로 알려졌다. 이 점에 대한 상세한 논의는 웨이드(R. Wade 1996)을 볼 것.

43 「기적」은 정부가 다양한 경로를 통해 민간의 경제활동에 직접적으로 일관되게 개입하고 간섭했고 이 과정에서 성장에 기여했다는 점을 인정한다. 이 책이 주목하는 대표적인 정부 개입들로는, 특정 부문에 대한 보조금이나 정책자금의 제공, 수입대체산업에 대한 보호, 사양산업에 대한 보조금, 국영은행에 대한 재정적 지원, 응용연구에 대한 공공투자, 산업이나 기업 차원에 할당된 수출목표, 수출지원 전담기구 창설, 정부와 민간 사이의 광범위한 정보 공유 등이 있다.

파의 시각에 수정주의의 연구성과를 일부 반영한 프로젝트로 평가될 수도 있다.

「기적」은 기본적으로 동아시아 경제가 고도성장을 달성할 수 있었던 것은 축적, 효율적 자원배분, 선진기술의 수용 등 세 가지의 기능이 순조롭게 이루어졌던 결과라며, 동아시아의 정부는 잘 짜여진 제도의 도움과 안정화정책 및 산업정책 사이의 효과적인 정책배합을 통해 이 기능을 훌륭하게 달성했다고 평가한다.[44] 「기적」은 "정부는 공정한 경기장만 마련해 주고 민간이 알아서 경제활동을 펼치도록 허용하라"는 신고전학파의 중립적인 유인체계와는 전혀 다른 선별적 형태의 개입들이 높은 축적과 효율적인 자원배분 그리고 비약적인 생산성 상승 등을 가져왔다는 것은 경제성장에 도움이 되는 선별적 개입도 가능하다는 것을 의미한다며, 정부개입의 존재이유를 시장실패, 특히 시장에 의한 조정실패의 교정에서 찾는다. 정보부족이나 리스크 분담 문제 등으로 인해 시장은 기업들로 하여금 가장 효율적인 자원배분을 달성하거나 보다 높은 성장을 가져올 분야로 투자를 확대하도록 유도하는 데 실패할 수도 있는데, 이러한 조정문제를 해결했던 것이 바로 동아시아의 잘 발달된 제도[45]와 유능한 산업정책이었으며, 그 핵심은 '경연에 기반한 경쟁'(contests)을 통한 민간기업들의 협조적 행위의 유도 및 성과에 연동한 지대의 분배였다는 것이다.

---

44 이 기본 그림은 다음과 같이 도식화될 수 있다. 정책선택(: 기본이 되는 정책/선별적 개입정책/제도) ⇒ 경쟁적 규율(: 시장기반 규율/경연기반 규율) ⇒ 성장 기능(: 축적, 자원배분, 생산성 향상) ⇒ 고도성장/고른 소득분배.

45 「기적」이 주목하는 제도의 핵심으로는 경제관료의 독립성, 양질의 경제관료, 모니터링 등이 거론된다.

그런데「기적」에서 가장 주목할 만한 특징은 동일한 개입정책이 한국과 대만에서는 훌륭한 성과로 이어졌던 반면 다른 나라들에서는 그렇지 못했다는 경험적 사실로부터 경제발전을 겨냥한 정부의 개입이 과연 어떠한 조건에서 성공을 거둘 수 있는가라는 질문을 이끌어 냈다는 점에 있는 것으로 보인다.「기적」은 이러한 질문을 근거로 개입정책 그 자체보다는 이들 정책과 제도환경 사이의 조응 여부가 더 중요했으며, 특정한 정책 못지 않게 그 정책이 집행되는 제도적 맥락도 대단히 중요하다는 결론을 이끌어 냈다.「기적」의 이러한 결론은 문화·정치·역사와 같은 비경제적 요인들 또한 동아시아의 성공 서사에서 중요한 역할을 담당했음을 시사해 주며, 정책의 선택과 제도적 역량 사이의 상호작용 그리고 경제적 요인과 비경제적 요인 사이의 상호작용에 관한 보다 많은 연구가 필요하다는 점을 보여 주고 있다.

3. 정부는 무엇을 잘했나?

신고전학파 진영에서는 자신들의 이익에만 관심 있는 관료들보다는 시장이 훨씬 우월하다는 믿음에 근거하여 정부가 가장 유능한 기업을 선별할 수 있다는 산업정책의 기조를 부정한다. 이들에 따르면, 정부는 특정 산업을 대표 업종으로 선택하고 특정 기업을 대표 선수로 선발하는 데 필요한 전문성과 정보를 가지고 있지 못한 존재이며, 자신의 권한과 책임 아래 필사적으로 이윤을 추구하는 개별 기업가들로 하여금 사업의 방향을 스스로 결정하도록 일임할 때 훨씬 나은 성과도 가능한 것이다. 아무리 영리한 정부 관료라 하더라도 현장의 경영자들이 축적한 경험이나 사업감각을 확보하는 것은 불가능하므로, 자원배분에 관한 의사결정권을 정부가 행사하는 것은 결코 바람직하지 않다.

수정주의 진영에서는 이러한 주장에 대해 정부는 경제 전체에 존재하는 자원을 동원하고 이를 배분할 능력을 실제로 가지고 있었으며, 의사결정을 개별 경제주체들에게 일임할 때에 비해 훨씬 큰 효과를 거둘 수 있었다고 맞선다. 또한 정부가 유망산업을 선택하고 대표선수 역할을 담당할 기업을 선발하는 데 필요한 정보를 확보할 수 없다는 주장에 대해서도, 정부는 기업들과의 각종 네트워크를 통해 정보를 효과적으로 입수할 수 있었고, 포항제철 등 국영기업의 경영을 통해 산업 전반은 물론 기업 활동에 관한 정보도 축적할 수 있었다고 반박한다. 특히 암스덴(1989)은 이와 관련해, 한국 정부의 경우 1960년대 이래 오랜 기간 동안 경제개발 계획을 입안하고 집행하는 과정에서 개별 기업과는 달리 장기적 시야 속에서 경제 전반을 아우르는 개관 능력을 확보할 수 있었다고 주장한다.[46]

이 문제와 관련해「기적」은 심의회(deliberation councils)를 통한 정부와 재계의 만남에 주목한다. 일본과 한국의 정부는 각 부처마다 정부와

46 한편, 존스와 사공(Jones & Sagong 1980)은 한국 정부의 경우 산업을 잘 골랐던 것이 아니라 사람을 잘 골랐다는 평가도 가능하다며, 산업정책이 성공할 수 있었던 이유를 기업가들의 질이 좋았다는 점에서 찾는다. 이들에 따르면, 유능한 기업가는 자본이 많거나 영향력이 큰 사람이 아니라 교육을 잘 받은 사람에서 나올 수 있는데, 초기 산업화 과정의 주역으로 선발되었던 기업가들의 경우에는 지주계급 출신으로 대부분 양질의 교육을 받았다는 것이다. 그러나 암스덴(1989)은 한국의 기업가들이 교육을 많이 받았던 것은 사실이지만, 한국을 대표하는 삼성의 이병철이나 현대의 정주영은 그렇지 않았다며, 양질의 기업가를 선발했다는 점도 의미가 있겠지만, 결정적으로 중요했던 것은 생산성 상승 효과가 큰 업종들을 잘 선택했다는 점, 그리고 대표선수를 효과적으로 규율할 수 있었다는 점에서 찾아야 한다고 주장한다.

재계 인사들로 구성된 심의회를 운영하면서 자원배분의 우선순위를 확정짓고 시장정보를 교환했으며 조정 및 네트워킹을 촉진했다는 것이다. 「기적」의 입장에서 보자면, 심의회는 취약했던 시장의 정보전달 기능을 보완해 민간과 정부가 다함께 힘을 모아 변화하는 시장환경에 능동적으로 대응할 수 있게 해주는 중요한 제도적 장치였던 셈이다.[47] 심의회는 민간과 정부, 기업과 기업, 경영진과 노동계 사이의 정보 교환을 촉진했으며, 법률의 입안과정에 민간 기업들을 참여시킴으로써 입법과정의 투명성 제고는 물론 경제활동 의욕을 고취시켰고 보다 많은 정보의 소통을 통해 상충되는 이해관계를 원활하게 조정할 수 있었다는 것이다. 반면, 「기적」의 후속편이었던 「다시보기」는 시간이 흐를수록 심의회의 유효성이 저하되었다는 상반된 평가를 내놓았다.

그러나 동아시아에서 정부가 발휘했던 순기능 중 가장 큰 주목을 받았던 것은 정부의 규율 능력이었다. 암스덴(1989)에 따르면, 국민경제의 성장은 기업활동을 규율하는 메커니즘에 크게 영향을 받는데, 선발국이냐 후발국이냐에 따라 이 규율 메커니즘의 양상이 동일하지 않다. 선발산업국에서 발견되는 '시장순응 모형'에서는 규율이 시장 경쟁이라는 '보이지 않는 손'에 의해 이루어졌지만, 후발산업국의 '시장확대 모형'에서는 시장의 규율이 제대로 작동하지 않기 때문에 정부가 시장을 조성하는 것은 물론 규율 능력도 동시에 발휘해야만 했다는 것이다. 물론 신고전학파 진영에서는 동아시아에서 기업을

47 「기적」에서는 심의회의 순기능만을 강조한다. 그러나 이러한 제도는 그들만의 리그를 형성해 심의회에 참여하지 못하는 기업들을 소외시키는 부작용도 컸을 가능성을 배제할 수 없다.

규율했던 것은 시장이었으며, 정부는 상대가격을 왜곡시키지 않음으로써 기업들이 가격을 매개로 한 시장규율을 통해 높은 생산성과 경쟁력을 유지할 수 있었다고 주장한다. 하지만 암스덴의 입장에서 보자면, 이는 선발국에서나 관철되는 현상을 이들 나라와는 제도적 조건이 전혀 다른 후발국에 무비판적으로 적용한 전형적인 사례가 된다. 그녀는 이러한 문제의식 위에서 한국의 정부는 이익집단의 이해관계에 휘둘리거나 이익집단의 로비에 포획되지 않았고 국민경제 전체의 파이를 키우는 방향으로 자원을 배분하는 데 성공했으며, 자원배분 이후에도 해당 기업들에 꾸준히 규율을 행사하고 기강을 확립함으로써 이렇게 배분된 자원이 효율적으로 사용될 수 있도록 했다고 평가한다.[48]

수정주의 진영의 입장에서 보자면, 한국 정부가 기업에 대해 행사한 규율은 '실적에 따른 포상과 응징'이라는 상호 연관된 규율체계였다. 수출, 연구개발, 신상품 개발 등에서 실적을 입증한 기업은 저리의 정책자금과 보조금을 얻었고 신규사업에 진출하거나 부실기업을 정리하는 과정에서 특혜를 받았으며, 이를 통해 사업규모를 늘리고 경제적

48 다른 나라들, 예컨대 터키나 인도 등에도 산업정책의 핵심 중 하나인 정부의 보조금은 있었다. 그러나 이들 나라에서는 보조금이 대부분 조건 없이 분배되었을 뿐이다. 반면, 한국 정부는 기업에 대한 보호와 보조금 제공을 세계 어느 나라보다도 능률적으로 사용했다. 가령 기업들에게 저리의 장기대출을 제공할 경우 정부는 이 자금을 투기적 용도가 아닌 생산적 사업에 사용하도록 요구했으며, 어느 기업이 보호장막이 쳐진 국내시장에 상품을 판매하도록 승인을 받았다면 수출시장에도 같은 상품을 생산·판매해야 했다. 기업은 물론 노동부문에 가해진 정부의 규율은 높은 생산성 향상의 출발점이 되었으며, 이러한 고도의 생산성 향상 덕분에 한국은 국제 자본시장으로부터도 투자자금을 비교적 수월하게 도입할 수 있었던 것이다. 이때 한국의 경제적 성공은 경제에 대한 정부의 간섭이 결국에는 지대추구형으로 전락하게 마련이라는 가설을 정면으로 논박한다는 의의를 지니기도 한다 (Amsden 1989).

영향력도 확장할 수 있었다. 정부는 위험부담이 큰 산업으로 진출하는 기업들에게 그 대가로 보다 수익성이 높은 산업분야로의 진출을 허가했고, 이 과정에서 대기업 그룹의 전체적인 몸집도 커지고 업종도 다각화되었던 것이다. 반면, 실적이 부진한 기업들에 대해서는 구제금융을 거부하고 합리화의 이름으로 통폐합이 단행함으로써 기강을 잡았다고 주장한다.[49]

한국 정부가 펼쳤던 산업정책이 높은 효과를 발휘할 수 있었던 것은 정부의 지원 및 규율이 잘 작동했기 때문이라는 점에 대해서는 수정주의 진영에 속하지 않는 학자들 중에도 동의하는 사람들이 적지 않다. 가령, 아오키 마사히코(M. Aoki 1996)는 동아시아 정부들의 경우, 승자를 선별한 후 보조금을 성과에 연동한 렌트의 형태로 제공함으로써 기업들에게 향후 생산적 활동에 더욱 매진할 강력한 유인을 제공했다고 주장한다. 「기적」도 기업에 대한 규율의 핵심을 '경쟁'으로 규정하고 이 경쟁 규율이 시장은 물론 정부에 의해 제공될 수도 있는데, 한국 등의 경우 이 두 규율기제가 함께 작동한 결과 높은 성과를 거둘 수 있었다고 평가한다.

이때 정부가 제공한 경쟁 규율기제로서 「기적」이 주목했던 것이 바로 '경연'(contests)이었다. 「기적」에 따르면, 경연이란 일반적인 시장 경쟁 방식에 정부와 기업들 사이의 협력을 결합한 것으로, 여기에는 수출업자에 대한 신용할당과 같은 비시장적 자원배분 규칙으로부터 심의회와 같이 한층 복잡한 정부와 기업간 협의체 등이 포함된다. 이들 경연의 핵심은 기업들의 성과를 정부와 경쟁 기업들이 지속적으로 모

49 그러나 이 부실기업 정리과정에서 정부가 권력자의 측근을 부실기업의 인수자로 선정함으로써 정치적 논란의 대상이 되기도 했다.

니터링하고 이 성과를 근거로 정책자금의 이용 기회 등 다양한 보상을 제공한다는 것으로 요약될 수 있다. 스티글리츠(1996)도 관료와 재계의 긴밀한 만남이나 협조적 관계는 정보의 공유나 의사결정의 조정 측면에서는 아주 효과적이지만 기업간 경쟁의 활력을 약화시킬 위험을 안고 있는데, 정부가 기업집단들로 하여금 다양한 형태의 보상을 놓고 '시합'을 벌이도록 강요함으로써 이 문제를 해결했다고 주장한다.

그런데 시합에 의한 성과경쟁 메커니즘이 제대로 작동하려면 공적 가치에 충실한 유능한 관료, 지대추구보다는 가치창출에 자부심을 갖는 민간 경제주체, 능력주의 문화 등 역사·문화적 전제조건이 필요하고 강력한 국가와 같은 정치적 조건도 갖추어져야 한다. 이러한 제도적 조건이 완비되지 못한 상태에서 진행되는 국가 주도의 대표선수 육성전략은 실패할 가능성이 높다는 것이 「기적」이 우리에게 주는 시사점이라고 할 수 있다. 하지만 「기적」의 경우에는 한국 등 동아시아의 문화에 대한 피상적인 이해 속에서 선별적 개입주의 정책의 역기능이나 부작용에 대해서는 상대적으로 간과했다는 비판도 가능하다.

한편, 「기적」은 정책의 내용이나 방향도 중요하지만 그에 못지 않게 정책의 운용방식도 대단히 중요하다고 주장한다. 이러한 입장에서 보자면, 동아시아의 산업정책이 높은 성과를 거둘 수 있었던 것은 성장에 최우선순위를 두고 정책을 실용주의적인 정신에 근거해 유연하게 수행했기 때문이다. 동아시아 정부는 유연한 실용주의에 입각해 민간 주체들의 인센티브를 대단히 명민하게 다루었고, 정책의도가 제대로 달성되지 못했다고 판단되면 이를 신속하게 포기하고 새로운 대안을 재빨리 모색했다는 것이다. 이와 유사한 맥락에서 스티글리츠(1996)은 동아시아의 경제성장을 '적응적 시스템'이라는 생물학에서 차용한 메타포를 통해 바라볼 것을 제안한다. 그에 의하면, 생존에 성공한 종은 그들을 둘러싼 환경의 변화에 적응한 것이며, 보다 진화된 종은 학습능력 덕분에 살아남은 것으로, 생존의 가장 중요한 특성은 특정한 정책이 아니라 환경의 변화에 대응하고 과거의 실패로부터 학습하는 능력이 된다. 이러한 메타포에 기초할 경우, 동아시아의 정부는 환경의 변화로 과거의 정책이 더 이상 적합하지 않게 되면 경로를 바꾸는 등 높은 적응능력을 구현함으로써 경제발전을 성공적으로 이끌었다는 큰 그림을 제시할 수 있다.

4. 정부가 규율을 잘 할 수 있었던 이유는?

그렇다면, 한국의 정부가 다른 나라들의 정부에 비해 기업에 대한 규율을 효과적으로 수행할 수 있었던 이유는 어디에 있을까? 우선, 한국 정부의 경우 민간과의 상대적인 세력관계에서 우위를 점함으로써 민간의 단기적 이해관계에 포획되지 않은 상태에서 경제발전의 목표를 일관되게 추진할 수 있었다는 점을 강조하는 시각이 있다. 발전국가론에서는 이를 '강한 국가'로 규정하는데, 이러한 문제의식을 뒷받침하는 대표적인 논의로는 경제발전 과정에서 중앙집권화된 강력한 국가가 중요한 역할을 담당한다는 점에 주목했던 대런 아세모글루와 제임스 로빈슨(Acemoglu & Robinson 2012)이 있다. 이들에 따르면, 경제성장이란 보다 양질의 기계를 더 많이 확보하고 교육을 보다 잘 받은 사람들을 더 많이 고용하는 과정일 뿐 아니라 광범위한 창조적 파괴를 동반하는 체제전환적이고 불안정한 과정이다. 이들은 이러한 인식을 근거로 경제의 지속적인 발전을 위해서는 정치·경제적 특권이 사라질 것을 우려하는 이익집단들의 강력한 저항을 효과적으로 봉쇄하는 것이 무엇보다도 중요한데, 강력한 국가가 그 토대라는 점을 강조한다.

암스덴(1989)도 유사한 입장에서 정부가 규율을 잘 할 수 있었던 이유를 정책입안자들 사이의 능력 차이보다는 국가권력의 차이에서 찾아야 한다고 주장한다. 이때 그녀가 주목하는 지점은 한국에서 강력한 국가가 탄생할 수 있었던 역사적·사회적 변화과정이다. 한국에서는 해방 직후의 토지개혁으로 지주세력이 사실상 해체되었고, 1960년대 초의 금융기관 국유화로 인해 정부 권력에 도전할 정도의 거대자본가도 출현할 수 없었으며, 이러한 상황에서 국가가 산업정책을 강력하게 집행할 수 있었다는 것이다.

우 커밍스(2001)은 국가가 실제로 민간에 강력한 영향력을 구사할 수 있었던 수단 또는 레버리지가 과연 무엇이었는가라는 문제를 제기하면서 금융정책에서 그 답을 찾는다. 그녀에 따르면, 금융억압 정책이야말로 정부가 재벌을 비롯한 민간 기업에 대해 강력한 영향력을 행사할 수 있었던 결정적인 힘이었다. 금융억압은 국내의 제한된 자원을 가계로부터 기업으로 이전시키는 핵심 메커니즘이었는데, 이러한 금융억압 체제에서는 기업들의 차입의존도가 필연적으로 높아질 수밖에 없으며 결국 고부채모델이 출현하게 된다. 이때 정부는 산업금융 시스템을 이용해 경제의 전반적인 투자패턴에 영향을 미칠 수 있게 되며, 자원의 부문간 이동을 조절하는 과정에서 기업에 대한 막대한 영향력도 함께 확보한다. 이처럼 차입의존도가 높은 상황에서 기업은 금리나 대출조건이 약간만 변화하더라도 커다란 타격을 입게 마련인데, 이 금융조건을 결정하는 것이 바로 국가였던 것이다. 나아가 기업은 부도 가능성을 막기 위해서도 정부와 좋은 관계를 유지해야만 했는데, 이 점에서 국가는 기업의 생사여탈권을 행사했던 셈이며, 기업들이 정부의 경제정책 목표에 순응할 수밖에 없었던 이유도 여기에 있었다.

물론 강력한 정부가 스스로를 살찌우기 위해 권력을 행사한다면 경제성장은 불가능했을 것이다. 한국의 정부는 기업에 대해서도 규율을 행사했을 뿐 아니라 자원을 동원하고 배분하는 일과 관련해 어느 정도는 규율이 잘 잡혀 있었다고 볼 수 있다. 존슨이나 암스덴에 따르면, 규율이 잡혀 있는 국가가 바로 발전국가이며, 발전국가는 지대를 추구하기보다는 자본을 조성하는 일을 중시한다. 그렇다면, 권력자였던 국가가 경제에 존재하는 지대를 갉아먹는 대신 경제 전체의 성장을 주도하고 국민경제의 파이를 키우는 방향으로 정책을 입안하고 집행할 수 있도록 만든 요인은 무엇이었을까? 규율 잡힌 국가는 어떻게 가능했던 것일까?

이 질문과 관련해 우선, 개발연대의 대통령이었던 박정희의 리더십을 강조하는 사람들이 있다. 존스와 사공일(1980)은 경제발전에 대한 사명감을 가지고 있었던 박정희가 리더십을 발휘해 관료들로 하여금 경제성장에 전념하도록 할 수 있었다고 주장한다. 지도자가 경제발전의 분명한 목표를 제시하고 관료들이 이를 구현할 정책수단을 훌륭하게 입안했으며 기업과 국민들이 합심해서 이 목표를 달성할 수 있도록 이끌고 갔다는 것이다. 「기적」의 경우에도 동아시아 국가의 지도자들은 권위주의적이거나 가부장적 성격을 지니고 있었지만 경제관료 엘리트들이나 민간 경제주체들에게 권한의 많은 부분을 위임함으로써 리더십을 훌륭하게 발휘했다는 긍정적인 평가를 내린다. 김형아

(2005)에 따르면, 박정희는 북한의 위협과 미국의 간섭이라는 절체절명의 상황에서 가난에 대한 기억과 일본의 발전에 대한 선망을 자양분 삼아 "공업화를 통한 근대 한국"이라는 목표를 설정한 후 이 목표를 기술관료들의 도움을 받아 훌륭히 달성한 지도자였다.[50]

이처럼 지도자의 리더십을 강조하는 입장에 대한 대표적인 반론은 브루스 커밍스와 우 커밍스의 논의에서 찾아볼 수 있다. 브루스 커밍스(1987)는 한국의 정부가 경제정책을 스스로 선택한 것이 아니었으며, 미국에 의해 외적으로 결정되었고 단순히 부과되었다고 주장한다. 미국은 한국과 대만에 군사 경제적 지원은 물론 경제성장에 필요한 직간접적인 혜택도 함께 제공했으며, 나아가 수출주도형 전략으로의 전환도 미국이 결정했다는 것이다. 미국은 자본주의의 강점을 선전하기 위한 기지로 한국을 선택했고, 이를 위해 다른 나라들에서는 기대하기 어려운 다양한 지원과 특혜를 제공했다는 것인데, 이는 월러스틴의 '초대에 의한 발전'(development by invitation) 개념과 유사하다. 우 커밍스(1991)도 냉전의 정치학이 기본적으로 한국의 경제적 운명을 결정했다는 인식을 브루스 커밍스와 공유하면서, 일본과 미국이 한국의 경제발전에서 결정적인 역할을 담당했다고 주장한다.[51]

---

50 대부분의 기존 연구들에서는 경제발전 과정에서 주된 역할을 담당한 정부 관료들이 경제기획원이나 재무부 소속의 경제관료였다고 이해한다. 반면, 김형아는 이들보다는 엔지니어 테크노크라트 등 기술관료와 상공부 소속의 관료들의 역할에 주목한다.

51 스테판 해거드(1990)는 미국이 수출주도형 전략의 선택에 영향력을 행사한 것은 사실이지만 이게 가장 중요한 요인은 아니었고, 미국의 권유가 곧바로 수출주도형 전략의 성공을 보증하는 것 또한 아니었다는 점을 강조한다. 세계체제로부터의 압력이 국가의 선택을 제약하는 것은 사실이지만, 이러한 외부로부터의 압력이 국내의 정치과정을 통해 굴절되고 소화되었다는 점도 중요하다는 것이다. 이 입장에서 보자면, 이승만의 수입대체산업화 전략이나 박정희의 수출주도형산업화 전략은 미국의 압력과 더불어 국내적 연합, 정치 엘리

우 커밍스(2001)나 암스덴(1989) 등은 이러한 인식을 근거로 당시의 정권이 직면했던 구조적 조건에 주목해야 한다는 주장을 펼친다. 이들에 따르면, 남한은 북한에 비해 경제적으로 우월한 체제임을 입증해야 할 과제를 안고 있었으며, 집권층 또한 쿠데타를 통한 권력의 장악으로 인해 정치적 정당성이 취약한 상황이었다. 이러한 두 가지 객관적 요인은 당시 집권층에게 국가의 정통성과 정권의 정당성을 동시에 입증해야 할 강력한 압력으로 작용했는데, 이를 입증할 수단이 바로 경제발전을 통한 빈곤으로부터의 탈출이었다는 것이다. 요컨대, 정부는 후발산업화를 통해 높은 수출 실적을 달성하고 비약적인 경제성장률을 거둠으로써 취약한 정당성을 만회하려 했다는 것이다. 이와 관련해, 암스덴은 특히 학생운동의 중요성을 강조했다. 학생들은 산업화의 핵심자원이기도 했지만, 동시에 산업화 과정을 지켜보는 양심세력으로서 정권으로 하여금 사적 이익 추구보다는 공적 이익 추구에 매진하도록 끊임없이 압력을 행사했던 소금과도 같은 존재였다는 것이다.

국가에 대한 규율과 관련해 각각 지도자의 리더십과 구조적인 제약조건을 강조하는 이러한 설명들은 국가가 지대추구보다는 경제발전에 전념할 수 있는 원인에 대한 어느 정도의 설명을 제공하고 있다. 하지만 국가의 자기규율을 기본적으로 지도자의 개인적인 특성에서 찾는다거나 구조적인 규정성만을 강조하는 것으로는 한국 등 동아시아에서 실제로 효과적인 정책수립 및 집행을 가능케 했던 제도적

트, 정치적 선택의 제도적 맥락 속에서 출현했던 것이며, 정치인들의 이해관계, 정치인들이 활동을 벌이던 제도적 맥락, 경제성장과 관련해 이들 정치 엘리트들이 갖고 있었던 이념 등에 대한 검토가 필요하게 된다.

측면이나 집권층과 관료 엘리트 그리고 재계와 노동 등 사이의 입체적 상호관계에 대한 해명은 어렵다고 보아야 한다. 이와 관련해「기적」은 기존 논의의 공백 중 적지 않은 부분을 채워 준다.「기적」은 동아시아의 지도자들은 정치적 정당성이 취약한 상황에서 정통성을 확립하고 국민의 지지를 얻기 위해 경제성장의 열매가 가능한 한 고르게 분배되는 데 신경을 썼던 것이 사실이라고 평가한다. 그런데 이 점과 관련해「기적」이 주목하는 지점은 성장의 열매를 공유하는 과정에서 복잡한 조정문제가 발생한다는 점이다. 이때 지도자들은 개입주의적인 산업정책을 지지하도록 관료 및 기업의 엘리트들을 확신시켜야 했고, 성장의 열매를 중산층 및 서민과 나누도록 재계 엘리트들도 설득을 시켜야 했으며, 또한 중산층과 서민에게도 지금 고생을 하면 나중에 성장의 열매를 나누어 가질 것이라는 점을 입증함으로써 이들의 협력을 얻어야 했다는 것이다.

「기적」은 이러한 조정문제를 해결하기 위해서는 경합하는 다양한 집단들 모두에 성장의 열매를 향유할 수 있다는 것을 확신시켜 줄 제도와 메커니즘이 필요했는데, 그 핵심이 바로 유능하고 정직한 관료를 선발하고 정치적 압력으로부터 이들을 독립시키는 것이었다고 주장한다. 이때 관료의 매력을 높이기 위한 조치들로는, 신분보장에 따른 높은 직업 안정성, 부족한 보수를 채워줄 유무형의 보상들, 퇴직 이후의 추가적인 보상들, 관료라는 직업에 대한 높은 사회적 지위 등이 거론된다. 이와 관련해「기적」은 전통적으로도 관료는 명예로운 직업이었지만, 여기에 관료의 사회적 지위나 평판을 제고하려는 새로운 노력들이 추가되었다는 점에 특히 주목한다. 높은 사회적 지위는 상대적으로 높은 보수를 제공할 민간으로 유능한 인재가 유출되는 것을 막기 위한 일환이었으며, 높은 사회적 평판은 정부 정책에 대한 민간의 신뢰를 높이는 결정적인 장치였다는 것이다. 이러한 인식을 바탕으로 「기적」은 관료의 높은 사회적 평판이 무엇보다도 고도로 경쟁적이며 능력에 기반한 채용 및 성과에 따른 인사 원칙을 통해 제고되었다는 섬에 주목하고 특히 고시제도의 역할을 강조한다.[52] 암스덴(1989)도 유사한 맥락에서 공직사회가 능력주의(meritocracy)의 기준에 의해 움직였다는 점도 정부가 높은 규율능력을 발휘할 수 있었던 중요한 요인이라고 주장한다.

「기적」은 또한 이와 더불어 관료들이 정치권이나 재계의 압력으로부터 독립성을 유지했던 것도 정책의 효과를 높임과 동시에 정책적 결정의 정당성을 획득함으로써 경제발전에 기여했다고 평가한다. 하지만 관료의 독립성에 대해서는 반론도 적지 않다. 「기적」의 후속편인 「다시보기」의 경우에는 정부와 재계 사이의 네트워크를 효과적으로 운영한 나라는 극소수였고, 대부분의 나라에서는 관료를 외부의 압력으로부터 차단시키지 못했다고 주장한다.

한편, 「기적」이 유능하고 우수하며 헌신적인 관료의 중요성에 주목했던 것은 산업정책이 성공을 거둘 수 있었던 핵심을 '경연'에 의한 규율로 이해했던 시각과도 관련이 깊다. 「기적」에서는 경쟁규율 기제로서의 '경연'의 역할에 주목했는데, 경연을 통한 자원배분이 성공적으로 이루어지려면 능력 있고 불편부당한 심판관의 역할이 대단히 중요하고 이러한 심판관 역할을 담당했던 것이 바로 관료였기 때문이다. 즉, 경연에 기반한 경쟁의 성패는 기업들의 성과를 모니터링할 역

52 그러나 「기적」은 이 고시제도가 학벌을 재생산하고 연고주의로 연결되는 문제에 대해서는 상대적으로 경시하고 있다는 한계도 동시에 드러낸다.

량을 갖춘 고품격의 공복들이 현실에 실존하느냐 여부에 결정적으로 좌우된다는 것이 이들의 기본 인식이었던 것이다.

5. 대표선수의 선발, 하청제도, 노사관계

수정주의 진영의 핵심 주장은 동아시아 국가에서는 시장이 충분히 발달하지 않았으며 산업화를 담당할 기업들도 본격적으로 성장하지 않은 상태였으므로 국가가 개발의 기능을 수행하면서 산업화를 주도했다는 것으로 요약될 수 있다. 그런데 이때의 핵심 관건은 어떤 산업을 육성할 것이며, 누구에게 그 산업을 맡길 것이냐의 문제이다. 한국의 경우에는 이 대표선수의 역할을 대기업집단, 곧 재벌에게 맡겼으며, 재벌은 이에 따라 경제성장을 함께 이끌 동반자라는 지위를 얻게 되었다. 이때, 재벌이란 단일 기업이 아니라 여러 업종을 계열사로 거느린 대기업집단들로, 이들 계열사들에는 전후방 연관효과가 큰 업종들 뿐 아니라 연관관계가 미약하거나 전혀 성격이 따른 업종들도 포함되었다.

한국의 경제발전을 검토한 해외의 문헌들 중 재벌의 문제를 본격적으로 검토하는 연구는 많지 않은데, 예외가 바로 암스덴(1989)의 저작인「아시아의 다음 거인: 한국과 후발산업화」이다. 그녀에 따르면, 정부가 재벌을 파트너로 선택했던 일차적인 목적은 '규모의 경제'와 '수확체증'을 달성하기 위한 것이다. 생산량이 늘어날수록 단위당 생산비가 떨어지고 생산성이 향상되며 판매나 디자인상에서의 이점이 생길 수 있으므로, 이렇게 확보된 경쟁력을 토대로 선진국을 추격하는 것이 가능하게 된다. 소규모의 기업들이 분산적으로 소량생산을 하는 대신 대규모의 기업이 대량생산을 하는 과정에서 가격 경쟁력이 확보되는 것은 물론 제품의 품질 경쟁력도 향상될 수 있기 때문이다.

정부에 의해 대표선수로 선발된 재벌들은 세계시장에 뒤늦게 뛰어들었음에도 정부의 지원 속에서 생존할 수 있는 힘을 확보할 수 있었다. 암스덴(1989)에 의하면, 이때 재벌들은 두 가지 두드러진 행동양식을 보였다. 첫째, 성장이 일단 진행되면 대기업집단들은 본격적으로 경쟁에 돌입했다. 이와 관련해 암스덴은 성장으로부터 경쟁이 비롯된 것이지, 경쟁으로 인해 성장이 이루어졌던 것은 아니라며, 성장과 경쟁 사이의 상식적인 인과관계를 뒤집는다. 둘째, 고도의 경제력 집중은 외국기술 도입을 위한 투자를 높였고 규모의 경제를 실현시켜 주었으며 실습을 통한 학습을 촉진할 수 있었다. 암스덴은 국가와 재벌의 상호협력 관계가 없었다면 기적과도 같은 경제성장은 없었을 것이라며, 국가에 의한 중앙적인 조정과 재벌에 의한 비관련다각화의 역할 그리고 이들 두 주체 사이의 협력관계를 특히 강조한다. 이때 국가와 재벌은 경제발전을 이끈 핵심 경제주체임과 동시에 다양한 행위자들의 상호작용 속에서 진화해 간 일종의 제도로 상정된다.

암스덴(1989)은 산업정책과 더불어 재벌체제의 성장에 영향을 미쳤던 또 다른 요인으로 하청제도와 노사관계에 주목한다. 특히 하청제도와 노사관계는 한국형 발전모델이 다른 나라와 차별화되는 어떤 특징을 지녔는가를 보여주는 중요한 지점이기도 하다. 대기업이 성장할 모태를 제공한 것은 중소기업이었다. 암스덴은 선진국의 자동차업체와 달리 하청제도를 광범위하게 도입했던 현대자동차의 사례연구를 통해 재벌 소속의 대기업이 하청제도를 매개로 중소기업을 어떻게 활용하였는가를 제시하고 있다.

이때 현대자동차가 하청계약 전략을 선택했던 이유는 크게 두 가지였다. 첫째, 하청계약이 기업통합보다 비용이 적게 든다. 하청계약이란 기본적으로 후발기업들이 학습을 통해 회사를 키워 나가는 과정에서 금융자원이나 기술능력이 제한되어 있기 때문에 생겨난 제도라고 할 수 있다. 둘째, 정부가 현대자동차에 중소기업을 후원하도록 압력을 가한 것도 또 다른 이유였다. 현대자동차는 선진국 기업으로부터는 기술을 배우는 한편 하청기업들에게는 선진기술을 전수해 주면서 약 30년 앞섰던 일본의 자동차회사를 추격하기 시작했던 것이다.[53] 현대자동차는 하청 중소업체의 기술력 개선을 위해 대학졸업 학력을 가진 150명의 기술자들로 구성된 부품개발부서(PDP)를 창설하고 3명에서 10명 단위로 팀을 만들어 납품업체에 파견했다. 팀원들은 부품의 제조에서 검수에 이르기까지 전 과정을 검토하면서 납품을 지연시키는 애로요인들을 찾아내고 품질을 평가하는 일을 맡았다. 이 부품개발부서의 도움으로 인해 납품업체들의 생산성도 크게 개선되었다. 공장을 청결하게 유지하는 법을 배웠고, 가시적인 통제의 중요성도 알게 되었으며, 숨겨 놓고 하는 작업과정도 없어지게 되었고, 작업과정을 일사불란하게 처리하는 방법도 학습하게 되었다.

암스덴(1989)은 하청제도가 재벌 대기업의 비용 절감에 더해 일종의 스필오버 효과를 통해서도 경제발전에 기여했다고 주장한다. 이때의 주된 요인들로는 크게 세 가지가 거론된다. 첫째, 원청업체는

---

53 현대자동차의 하청구조를 보면, 1985년 당시 현대자동차 승용차 생산의 부가가치 중 40%는 하청에 의존했던 것으로 알려졌다. 하청 중 일부는 현대정공이나 만도기계와 같은 현대그룹 내의 계열 회사들에, 나머지 일부는 중소기업들에게 의뢰되었다(Amsden 1989).

하청업체에 대해 정시납품 및 규격준수를 계약조건으로 부과해 중소기업의 생산성을 높였다. 둘째, 적정재고 관리체제 등 대기업의 생산체제가 하청업체에도 도입됨으로써 중소기업의 생산성을 높였다. 셋째, 대기업의 유급관리자들이 퇴사와 함께 납품업체를 설립함으로써 한국기업의 전반적인 직무교육 수준을 향상시켰다. 이처럼 하청제도를 매개로 대기업과 관계를 맺었던 중소기업들의 효율성이 함께 높아짐으로써 한국 기업들의 전반적인 국제경쟁력이 크게 높아질 수 있었다.

한편, 한국의 경제성장은 정부와 대기업에 의해 주도되었지만, 노동자들 또한 중요한 역할을 담당했던 것이 사실이다. 개발연대 당시 이들은 '산업역군'이라는 이름 아래 '피와 땀과 눈물'을 헌신할 것을 강요받았던 존재였다. 이들은 한편에서는 '축적이론'에 의해 요소투입을 늘리는 주체로, 다른 한편에서는 '수용이론'에 의해서는 학습을 통해 생산성을 높이는 주체로 주목을 받았던 존재였다.

「기적」은 정부가 기본적으로 시장원리를 중시하는 방향으로 노동정책을 펼쳤다고 이해한다. 노동정책의 기본 기조가 임금인상보다는 노동력에 대한 수요 제고에 맞춰짐으로써 일자리가 크게 늘어날 수 있었고, 시장의 힘이 관철되었기 때문에 생산성 상승이 결국에는 임금 상승으로 이어질 수 있었다는 것이다. 「기적」은 유연한 노동시장으로 인해 거시경제적 충격에 대한 대응도 비교적 용이했고 불황시에도 성장 동력이 신속하게 회복될 수 있었다고 평가한다.

암스덴(1989)도 한국이 일본과 더불어 고속성장과 급속한 임금 상승을 동시에 경험한 나라였다는 데 동의한다. 하지만 그녀에 따르면, 임금 상승의 성격은 좀더 복잡한 것이었다. 한국의 실질임금은 다른 나라들에 비해 상대적으로 '낮은' 수준을 기록했으며, 기업들은 이를 바탕으로 국제경쟁력을 유지할 수 있었고, 낮은 수준에서 시작되었던 실질임금이 경제성장과 더불어 빠르게 '상승'[54]함에 따라, 기업들은 기술집약적인 부문에 투자를 확대하는 방식으로 변화된 상황에 대응했다는 것이다. 암스덴의 입장에서 보자면, "임금수준 자체는 낮았지만 동시에 이들 임금이 계속해서 빠르게 상승했다"는 역사적 사실로 인해 한국의 경제발전은 역동성을 지닐 수 있었던 것이다.

한편, 암스덴(1989)은 대기업, 중화학공업 소속 노동자들의 임금이 상대적으로 높았다는 점에 주목해 재벌체제에 편입된 하위 파트너로서의 노동자라는 그림도 제시한다. 조선이나 철강이 특히 임금이 높았는데, 이는 선진기술을 도입하기는 했지만 이를 운용해 본 경험이 부재한 상황에서의 불가피한 선택이었다는 것이 그녀의 판단이었다. 막대한 고정자본이 투자되었던 시멘트, 비료, 정유, 철강 등 일관공정 산업은 초기 단계에서 턴키베이스의 기술이전을 받았는데 경영자와 관리자들은 공장운영에 대한 지식의 부족으로 인해 하향식 관리방식을 채택할 수 없었고, 이러한 여건에서는 노동자들 스스로가 엔지니어들과 함께 시행착오 과정을 밟으며 도입된 기술을 주체적으로 운용할 동기를 부여해야 할 필요성이 높았다는 것이다.

---

54 한국의 실질임금 지수는 1970년 100에서 1979년에는 238로 꾸준히 상승했다. 영국노동자들의 경우 실질임금을 150% 제고시키는 데 70년이 걸렸던 반면, 한국의 노동자들은 20년만에 이 수치에 이르렀다. 암스덴에 따르면, 한국이 다른 후발산업국보다 급속한 실질임금 상승을 경험한 것은 경제의 고속성장을 반영한 측면이 있다. 1960년 중반 이후부터 70년대 말까지는 한국 산업화의 황금시대로서, 수출과 생산성이 급격히 상승하던 시기였다. 기업은 한편에서는 경제성장의 열매를 노동자들과 나누라는 정부의 강한 압력에 떠밀려, 다른 한편에서는 노동자들의 보다 많은 노동투입과 헌신을 유도하기 위해 지속적으로 임금을 인상했던 것이다(Amsden 1989).

암스덴(1989)은 여기에 더해 한국형 노사관계의 또 다른 특징으로 가부장적 가족주의도 함께 거론했는데, 이 지점이 바로 암스덴과 「기적」의 입장이 극명하게 갈리는 부분이다. 그녀에 따르면, 한국 정부는 노동자를 '산업전사'라고 지칭하면서 경제성장의 열매를 어느 정도 공유하고 관리자와 생산직 사이의 임금이 지나치게 벌어지지 않도록 임금상승에 대한 가이드라인을 정해 기업에 시달했다. 동시에 중앙정보부나 경찰을 통해 노사관계에 직접적으로 개입해 산업평화를 강요했으며, 이를 어기면 국가안보 차원의 문제로 삼아 무자비하게 탄압을 했다. 당시 정부가 가장 민감하게 대응했던 것이 바로 정치적 소요의 재발과 노사분규였다. 암스덴은 나아가 노동문제에 대한 가부장적 가족주의가 재벌그룹 내부에서도 존재했다고 주장한다. 이로 인해 기업 내에서 노사관계는 생산, 마케팅, 재무 등 여타 경영상의 문제와는 본질적으로 다른 문제로 취급되었다는 것이다. 경영에 관한 대부분의 기능들은 전문 경영인들에게 위임했지만, 오너나 총수가 직접 관리했으며, 임금인상은 허용하더라도 노조의 결성에 대해서는 적대적인 태도를 지속했다는 것이다.

6. 비관련다각화와 대표선수의 교체

재벌체제의 핵심 특징은 다각화, 특히 직접적 관련이 없는 다양한 분야를 그룹 내에 거느리는 비관련다각화에 있다. 이러한 비관련다각화의 의미를 보다 깊이 탐구하려는 노력은 역시 암스덴(1989)에 의해 시도되었다. 그녀에 따르면, 다각화는 현대 대기업의 공통된 현상으로, 선진국의 대기업집단들은 생산단위가 대규모인 별개의 독립된 관련 업종의 계열사들로 이루어져 있는 반면, 한국을 비롯한 후발산업국들의 다각화된 대기업집단은 선진국의 대기업들에 비해 비관련 품목 쪽으로 더 다각화되었고 중앙통제화의 정도 또한 더 컸다는 차이가 있을 뿐이다.

암스덴(1989)은 한국의 재벌이 비관련다각화를 추구했던 것으로는 크게 두 가지의 전략적 고려가 있었다고 주장한다. 첫 번째 전략적 고려는 산업화의 초기 단계라는 상황적 요인과 관련이 있다. 당시에는 선진국과의 엄청난 기술격차로 인해 부가가치가 높은 시장 대신 중저가 공산품시장으로 진출할 수밖에 없었는데, 다각화는 유사한 성격을 갖는 여러 중저가 시장을 동시에 공략하는 수단으로 활용되었다는 것이다. 암스덴에 따르면, 재벌들은 정부로부터 전폭적인 지원을 받는 가운데 광범위한 다각화를 통해 최소한의 비용으로 여러 신규 업종들에 빠르게 진출할 수 있었고, 위험을 감내할 의지는 물론 실제로도 이를 감내할 능력을 갖출 수 있게 되었으며 여러 시장에서의 경쟁력도 배양되었다. 또한 재벌은 모기업 내에 설치된 기획조정실 등의 '콘트롤 타워'를 중심으로 계열사의 전반적인 사업을 조정·통제함으로써 집단적 생산력을 높일 수 있었다. 소유권 및 통제권이 안정적으로 유지되고 자금과 인력의 이동이 그룹 전체 차원에서 활발하게 이루어짐에 따라 집합적 생산성의 효과를 향유했으며 계열회사 전체에 동일한 그룹문화가 형성됨으로써, 재벌은 '범위의 경제'를 다양하게 누릴 수 있었던 것이다.

요컨대, 한국은 국제무역의 장으로 새롭게 진입하려던 상황에서 다각화된 기업집단을 통해 기존 생산자들과 겨룰 수 있는 다층적 역량과 보호막을 확보할 수 있었다. 암스덴은 특히 중화학공업 등 자본집약적 산업에 진출한 재벌들은 복잡한 기술을 다루는 과정에서 경영상의 노하우 등 일반화 가능한 범용 경영기술이나 다른 업종에도 이전가능한 기술들을 체득해 그룹 전체의 인적자본으로 축적할 수 있었고, 계열사들을 관리하는 과정에서 독립된 분야들을 총괄하고 조정하는 능력도 획득하였으며, 이 과정에서 내단히 효율적인 조직이 탄생할 수 있었다는 점을 강조한다. 정부에 의해 대표선수로 선발되었던 소수의 재벌들은 이러한 다각화에 힘입어 한편에서는 고도의 시장지배력이 존재하던 국내시장을 놓고 서로 간에, 다른 한편에서는 세계시장을 놓고 해외의 생산자들과 치열한 경쟁을 벌였고, 이 과정에서 생산성은 더욱 향상될 수 있었다는 것이다.

이처럼 대기업집단의 집단적 생산성을 강조하는 시각은 학습의 중요성에 주목했던 '수용주의'나 지식의 스필오버 효과에 천착했던 루카스나 로머의 인식 그리고 '클러스터'의 힘에 주목하는 크루그먼의 논의[55]들과 맥락을 같이 하는 것으로 보인다. 대기업집단이 산업정책의 강력한 도움을 얻는 가운데 그 내부에 협력과 학습의 장이 형성되어 부분의 총합을 상회하는 힘을 얻을 수 있었고, 양질의 노동력과 부품과 재료를 제공하는 다양한 관련업체들을 통해 높은 생산성을 확보할 수 있었다는 이러한 평가는 대기업집단의 핵심이 재벌총수가 아니라 집합적 클러스터이며, 대기업집단은 국민 전체의 것이라는 인식으로 이어질 수도 있다.

---

55 크루그먼은 미국경제의 번영을 이끄는 주역이 누구였는가라는 문제를 제기하고 "영웅적 기업가보다 중요한 것이 산업 클러스터"라는 주장을 펼친 바 있다. GM이나 크라이슬러의 성공은 해당 기업만 잘해서가 아니라 그 배후에 있는 다양한 협력사와 생산자 그리고 그물처럼 얽힌 공급망과 산업생태계 그리고 양질의 노동력과 같은 연결망의 도움 위에서 가능했다는 것이다.

한편, 암스덴은 재벌의 비관련다각화와 관련해 더 중요했던 것은 두 번째 전략적 고려인데, 이는 동태적 비교우위의 확보와 연관이 깊다고 주장한다. 한국의 대기업집단은 산업정책의 지원과 비관련다각화의 전략적 선택을 통해 선발 산업국을 따라잡는 데 필요한 다층적 역량을 확보함으로써 노동집약적 경공업에서 자본 및 기술집약적 중공업으로 비교우위를 옮겨갈 수 있었다는 것이다. 그런데 이 동태적 비교우위의 확보와 관련해서는 마이클 스펜스(2011)의 논의가 주목할 만하다. 그는 한국의 비약적인 경제발전을 가능케 한 결정적인 요인으로 변화하는 경제상황 속에서 효과적인 구조조정을 통해 동태적 비교우위를 확보할 수 있었던 점에서 찾는다.

한국은 1980년대 중반 당시 중진국으로 도약하는 과정에서 임금이 빠르게 상승하고 있었고 이에 따라 노동집약적 제조업의 비교우위를 상실하고 있었다. 언론에서는 이들 부문의 경쟁력 회복이 급선무라는 식으로 의제를 설정하고 노동억압 정책을 통해 임금상승을 억제해야 한다는 난폭한 주장을 펼치기도 했다. 그러나 정부는 구조조정이 불가피하다며, 정책의 강조점을 기존의 노동집약적인 수출산업 보호에서 교육 및 응용기술 육성 쪽으로 옮겼고, 자본집약적이고 기술집약적인 고부가가치 업종으로의 방향전환을 모색하였다. 이러한 방향전환은 기존의 대표선수들-가령 섬유산업을 영위하던 대기업-을 다른 대표선수들-가령 전자산업을 경영할 대기업-로 바꾸는 결정이었는데, 스펜스의 주장을 적극적으로 해석할 경우 재벌들의 비관련다각화 체제는 이러한 구조조정을 비교적 순조롭게 할 수 있는 환경이자 수단으로 작용했다고 볼 수 있다.

기존에 시장을 지배하고 있던 대표선수들은 경제적 강자일 뿐 아니라 정치적으로도 발언권이 큰 존재들로, 이들에게 대표선수의 자리를 내놓으라고 요구하는 것은 대단히 어려운 일이었다. 그럼에도 한국은 성공적으로 방향전환을 할 수 있었는데, 이를 가능케 했던 것이 바로 재벌들의 비관련다각화였을 가능성이 높다. 대기업들이 단일 기업으로 노동집약적 업종에서만 사업을 영위하고 있었다면 대표선수의 교체에 대해 엄청난 저항이 있었을 것이다. 하지만 한국의 대기업들은 다양한 업종들로 구성된 기업집단의 형태로 존재하고 있었으므로 새로운 대표 업종을 육성·지원하려는 정부정책의 변화에 그룹 내부의 대표선수를 교체하는 방식으로 대응할 수 있었다. 이러한 구조조정 및 동태적 비교우위의 확보과정에서 한국의 재벌들은 비관련다각화가 한층 심화된 형태로 진화했고, 최근에는 세계적인 경쟁력을 지니는 글로벌 기업으로 성장할 수 있었다.

5

경제발전의 그림자

1. 독재와 가부장주의

한국 등 동아시아의 경제발전에 관한 1990년대 초반까지의 논의들은 대부분 경제발전의 밝은 측면에 초점을 맞추었으며, 「기적」은 이러한 긍정적 평가의 완결판이었다고 할 수 있다. 하지만 「기적」의 출판 이후에는 정경유착과 부패, 연고주의, 도덕적 해이, 취약한 기업지배구조 등 부정적 측면의 문제에 주목하는 연구들도 늘어나기 시작했다. 한국의 경제발전과 관련해 대표적으로 제기되는 부정적인 측면은 독재의 문제라고 할 수 있다.

국가가 일관성 있는 발전전략을 펼치기 위해서는 상대적 자율성을 확보하는 것이 중요하다. 그런데 국가의 자율성은 권위주의나 독재로 연결될 위험도 있다. 차머스 존슨(1987)은 일본 등 동아시아 나라들이 거두었던 성공적인 경제발전이 권위주의적 정치체제와 모종의 관련이 있는데, 권위주의적 정치체제가 정치적 안정성을 확보하고 경제에 장기적 예측가능성을 제공했다고 주장한다. 그런데 이 경우, 권위주의는 목적을 위한 수단으로 정당화되었고, 정치 엘리트들이 경제발전의 대의에 헌신하는 한에 있어서는 이들의 독재 또한 정당화될 수 있다는 논리로 연결될 수 있다. 실제로 한국의 경제발전과 관련해, 산업정책, 특히 중화학공업화가 독재와 동전의 양면 관계였다는 주장이 제기되기도 했다(김형아 2004). 중화학공업화를 통한 경제발전이라는 목표를 달성하기 위한 가장 효과적인 수단이 바로 독재였다는 주장이 그것이다. 이러한 입장에서 보자면, 유신체제는 최소의 반대와 최대의 효과로 최단시간에 경제적·군사적 개발을 성취하기 위한 불가피한 도구로 미화된다.

이러한 주장을 일반화하면, 독재란 산업정책을 통해 효과적으로 기업을 규율하고 경제를 발전시키는 대가로 불가피하게 지불해야 하는 사회적 비용이라는 명제로 요약될 수도 있다. 물론 발전국가론 속에는 권위주의 정권이나 독재 정권을 정당화할 논리가 포함되어 있다는 점 자체를 부정할 수는 없다. 특히 후발성으로 특징지워지는 경제성장의 초기 단계에서는 정부가 고도의 리더십을 발휘하는 것이 반드시 필요하다는 논리는, 약간의 변형만 가한다면, 중산층이 아직 성장하지 못했고 시민사회가 성숙하지 않은 후발국의 초기 단계에서는 국가 전체를 생각하는 가부장적인 지도자의 권위주의가 필요하다거나 가난에서 벗어날 수 있도록 해준다면 독재는 문제되지 않는다는 논리로 변질될 수 있기 때문이다.

그러나 민간에 대한 정부의 규율이 반드시 독재로 연결된다는 것은 지나친 단순화이며, 민주주의 정권에서도 다양한 방식의 경제적 규율은 가능하다고 보아야 한다. '자본주의의 다양성'에 주목하는 학자들에 따르면, 각국의 고유한 역사적 제도적 특성에 따라 똑같은 기능도 나라마다 상이한 제도들에 의해 수행되는 경우가 적지 않으며, 정부 개입의 정도나 양상, 여러 개입들의 배합방식도 큰 차이를 보인다. 민간의 경제활동의 규제가 강했음에도 민주적인 정치제도가 작동했고 선진국의 지위를 유지하고 있는 프랑스가 있는가 하면, 시장의 높은 자유와 정치적 독재의 배합 속에서 후진적인 경제를 벗어나지 못하고 있는 아프리카도 있기 때문이다.

하지만 한국의 경우 모든 국민들이 동원의 대상이 되어 일사분란하게 경제발전이라는 목표에 매진하도록 독려되는 과정에서 민주적 가치가 훼손되었고 경제 영역의 장에서도 다양한 형태의 가부장주의가 확산되었다는 점을 부인하기는 어렵다. 암스덴(1989)이 지적했던 것처럼 발전국가와 재벌체제의 핵심 중 하나는 가부장주의였고, 재벌체제 내부에서 확인되던 가부장주의는 국가 전체를 대상으로 행해졌던 정치적 독재의 복사판이었으며, 국민들도 자연스럽게 일상 생활의 곳곳에서 권위주의적 리더십의 습속에 익숙해져 있다고 보아야 한다.

가부장주의는 우리 가족과 남의 가족 사이의 편가르기 속에서 회사 내 구성원, 국가 내 구성원이 동일한 목표를 한 마음으로 매진하도록 하는 이데올로기로 작용한다. 이 점에서 가부장주의는 집단의 구성원이 경쟁에서 살아남거나 승리하는 데 필요한 수단인 셈이다. 가부장은 바깥 세상이란 대단히 위험하고 거친 적자생존의 경쟁공간이라며, 구성원들에게 절대적인 복종을 요구하고 그 반대급부로 빵을 제공하며, 이 과정에서 생존을 위한다는 목적이 어떠한 수단도 정당화한다. 가부장주의가 질서와 보호 그리고 규율을 제공하는 것은 분명하다. 하지만 개인의 창의를 억압하고 반대를 용납하지 않으며 구성원들을 동원의 대상으로 삼는 리더십은 미래의 경제발전 전략으로는 적합하지 않다.

한편, 독재와 가부장주의의 문화는 왜곡된 지배구조(governance structure)로도 연결된다. 「기적」의 후속편으로 출간된 「다시보기」는 이 문제와 관련해 요소투입이나 자본축적 못지 않게 지배구조 문제도 대단히 중요하다며, 민주주의가 좋은 지배구조를 낳는다고 주장한다. 민주주의는 절차적 규칙을 강화하고 투명성과 책임성을 제고하기 때문이다. 「다시보기」는 이와 관련해, 정치지도자와 관료들 사이의 책임 분담에 관한 규칙, 정부 부처들 사이의 관계에 관한 규칙, 상이한 집단이나 지역을 어떻게 대표할 것인가에 관한 규칙, 규율 있는 정당을 어떻게 형성할 것인가에 관한 규칙 등이 중요하다고 주장한다. 반면, 외환위기 전후 동아시아의 기업지배구조는 유명무실한 이사회, 취약한 내부통제, 신뢰할 수 없는 재무제표, 적절한 공시제도의 결여, 느슨한 외부감사 등으로 인해 내부적 견제는 물론 외부적 감시체계를 사실상 결여했다고 본다. 이러한 취약한 기업지배구조를 보완했던 것이 국가의 강력한 개입이었는데, 이것이 약화되고 변질되면서 마침내 외환위기가 발발했다는 것이다.

2. 연고주의와 불공정경쟁

정부가 재벌을 대표선수로 선발하고 특혜의 제공과 규율의 행사를 통해 경제발전이라는 공동의 목표를 추구하는 과정에는 국가가 재벌의 이해관계에 포획되거나 재벌이 국가를 압도함으로써 국가의 지원 행위가 엄격한 규칙 대신 연줄에 의해 자의적으로 행사될 위험이 상존한다. 연고주의(cronyism)는 가치창조 활동 대신 지대추구 활동을 조장함으로써 국민경제의 장기적인 성장 잠재력을 훼손시킬 뿐 아니라 반칙과 특권에 기초한 불공정경쟁을 확대함으로써 정부의 정상적인 정책에 대한 불신까지도 초래할 수 있다.

우 커밍스(2001)는 산업정책에 대한 기존의 논의가 주로 경제적 성과에만 논의를 집중한 결과, 산업정책이 구조적 부패를 낳았다는 점에 대해서는 외면했다며, 산업정책에 대한 가장 강력한 비판은 시장의 단순한 보완에 불과했다는 주장이 아니라 기득권의 이익을 보호하는 방법으로 악용됨으로써 정경유착과 연고주의를 낳았다는 주장이라고 강조한다. 한국에서 정치권력은 재벌로부터 정치자금을 제공받는 댓가로 저리의 정책금융이나 새로운 사업기회 보장 등 각종 특혜를 제공했으며, '주식회사 한국'은 '주식회사 일본'보다 훨씬 자의적으로 통치되었던 나라였고, 1980년대에는 심지어 조폭국가(racketeering state)라는 오명까지도 들을 법 했다는 것이다.

연고주의의 문제는 「기적」과 「다시보기」의 차이가 가장 두드러지는 부분이기도 하다. 「기적」에서는 성과연동이라는 객관적인 기준에 의해 승자가 가려짐으로써 규율기제가 순기능을 발휘했다고 평가했던 반면, 「다시보기」에서는 시합의 승자를 가르는 과정에서 객관적 기준 못지 않게 관료들의 자의적인 판단의 여지 또한 컸으며 이 과정에서 지대추구의 기회가 발생했다고 주장한다.[56] 「다시보기」는 또한 관

56 「다시보기」는 그 대표적 사례로서 370억 달러 규모의 율곡 방위산업 조달 프로그램을 둘러싼 관련 업체와 국방관료 및 군장성 사이의 유착관계를 제시한다(Yusuf 2001). 그런데 한국에서 방위산업은 경제성장에 대한 기여도가 크다는 경제적 고려와 더불어 자주국방의 수단을 제공해준다는 전략적 고려 속에서 정부의 집중적인 육성을 받았던 산업이었다. 이후 경제발전 과정에서 큰 역할을 담당했지만 동시에 정경유착이나 부패가 가장 컸던 부문이기도 하다. 이 점에서 산업정책의 빛과 그림자가 단적으로 확인되는 부문이 바로 방위

료와 재계 사이의 네트워크가 연고주의의 수단으로 악용될 가능성에도 주목한다. 정부관료들이 외부의 정치적 압력으로부터는 어느 정도 차단이 되었지만 네트워크의 내부 성원끼리는 유착관계를 유지한 가운데 네트워크의 외부에 대해서는 배타적이었다고 주장한다. 이 경우 승자를 가르고 성과보상을 제공하는 상황에서도 네트워크의 내부자와 외부자에게 상이한 기준이 적용되는 불공정경쟁의 가능성이 제기된다. 더욱이 학연 등 한국 사회의 고유의 뿌리 깊은 연고주의 문화가 이러한 유착관계를 강화했을 개연성도 크다. 이러한 상황 인식에 근거해 「다시보기」에서는 1990년대 들어 민주화가 진행됨에 따라 관료와 이익집단 사이의 유착관계가 표면에 노출되었고 단기의 정치적인 계산이 장기의 전략적 고려를 압도하기 시작했다고 주장한다.

「다시보기」는 정부나 은행의 대표선수 선발이나 자금제공에도 문제가 많았다고 평가한다. 항공이나 조선 등 소수의 대규모 기업들이 과점상태를 유지하는 산업일수록 대출비중도 높았던 반면 수익률은 낮았는데, 이는 산업정책이 비효율적인 부문으로 자원을 배분하고 경제의 구조조정을 방해했으며, 승자의 선발과정 또한 연고주의로 인해 반칙과 특권에 오염되었을 가능성을 시사한다.[57] 우 커밍스(2001)는 이와 함께 불공정경쟁의 문제도 제기한다. 한국의 재벌 기업들은

산업이라고 할 수 있다.

57 그러나 과거 한국 정부가 대표선수를 선발하던 과정에서 능력과 연줄 중 어떤 요인이 더 결정적이었는지, 보조금이 실적과 반칙 중 어느 쪽에 근거해 제공되었는지 등에 대한 공신력 있는 실증연구를 찾기는 쉽지 않다. 또한 「다시보기」 등 해외 문헌의 논의에는 산업정책을 통해 대표선수의 선발이 연고주의에 오염되지 않고 공정경쟁이 되려면 필요한 조건이나 전략이 무엇인지, 대표선수의 선발 필요성이 크게 약화된 오늘날의 상황에서 새롭게 요구되는 관리된 경쟁은 무엇일지와 같은 질문이 빠져 있다는 한계도 있다.

비관련다각화, 곧 선단식경영을 확대하는 과정에서 비효율적인 사업부문도 다수 거느렸는데, 그룹 내의 비효율적인 부문이 다른 계열사의 금융지원을 통해 유지됨으로써 그룹 전체의 취약성을 키우는 한편, 그룹의 힘을 이용해 중소기업의 시장을 빼앗는 불공정경쟁을 확대했다는 것이다. 이와 더불어 총수 일가의 수중으로 통제권이 집중되는 가운데 총수가 전횡을 일삼았다는 점도 심각한 문제라고 지적했다.

3. 경제력 집중과 사회적 차별

한편, 「다시보기」에서는 경제력 집중도 재벌체제의 중요한 문제점이라고 주장한다. 1995년 당시 제조업 부가가치의 41%, GNP의 16%가 30대 재벌에 집중되었는데, 이는 자원의 생산적 사용, 기업지배구조, 국가적 사안에 대한 의사결정 등의 차원에서 심각한 문제가 되었고, 결국 1997년 외환위기가 발발하면서 재벌체제의 문제점이 표면에 본격적으로 노출되었다는 것이다. 「다시보기」는 또한 외환위기 당시, 노동자 1인당 자본장비율이 미국의 1/3이었음에도 자본생산성은 미국을 겨우 5% 상회하는 수준에 불과했고, 상위 30대 재벌의 수익성은 부채비용을 하회했으며, 자동차나 반도체 산업의 생산성은 미국기업들의 절반에 불과했다는 점 등을 들어, 위기가 발발하기 이전 재벌체제는 편익보다 비용이 높았을 가능성을 제기하기도 한다.

이와 관련해 우 커밍스(2001)는 같은 책에서 외환위기 이후 한국의 민주정부가 시장에 깊숙이 개입해 민간부문의 투명성과 시장 규율을 높이는 방향으로 구조개혁을 주도했다는 점에 주목한다. 그녀에 따르면, 당시 김대중 정부는 금융 및 기업 구조조정과 재벌개혁을 추진하는 과정에서 개혁에 미온적이었던 재벌들에게 당근과 채찍을 함께 사용함으로써 재무구조와 기업지배구조를 개선시켰고 빅딜을 통해 핵심 역량분야로의 선택과 집중을 이끌었는데, 재벌은 이러한 기업구조조정을 통해 세계적 경쟁력을 갖춘 대기업집단으로 새롭게 부활할 수 있었다. 이때 그녀는 이러한 개혁조치들이 과거 발전국가의 유산과 단절 및 계승이라는 이중의 관계를 띤다고 주장한다. 계열사간 지급보증을 폐지하고 정책금융을 사실상 없앤 것은 과거와의 단절을 상징하는 결정적인 사건이었던 반면, 정부가 기업의 구조조정을 주도했던 것은 과거 발전국가의 전통을 계승했음을 의미한다는 것이다. 우 커밍스의 이러한 평가는 정책금융 중심 방식의 산업정책은 사실상 소멸했지만, 정부의 감독 및 후견 기능은 여전히 효과를 발휘할 수 있다는 점에서 새로운 방식의 민관협력 또는 산업정책의 지속가능성을 열어 놓는 것으로 보인다.

이상의 논의를 통해 확인할 수 있듯이 대표선수 육성을 통한 경제발전 전략의 그림자는 대단히 깊다. 정부에 의해 대표선수로 선발된 재벌들은 국내시장에서 소수의 과점체제를 형성하였고 이 과정에서 경제력이 재벌들에게 집중되는 부작용을 초래했던 것이 사실이다. 그러나 경쟁에 참여할 선수들을 일정 자격요건을 갖춘 몇몇 중량급으로 제한하고 이들에게 각종 특혜를 제공해 세계시장에서의 생존과 성공을 유도한다는 발상 자체가 문제였는지는 판단이 쉽지 않다. 대표선수를 육성하고 이들을 정부와의 긴밀한 네트워크 속에서 관리하며 개별 기업의 성공이 아니라 전체 국민경제의 발전을 유도해가야 한다는 입장 속에는 자유방임 상태의 무제한적인 경쟁이란 자원의 낭비와 무제한적 탐욕만을 부채질하며 승자와 패자 사이의 엄청난 격차만을 양산한다는 문제의식을 내포하고 있는 것으로 보이는데, 이는 공적 가치와 사적 이익 추구 사이의 균형에 초점을 맞춰 이루어지는 '관리된 경쟁'의 필요성을 제기하는 케인즈의 생각과 유사한 부분이 큰 것으로 보인다. 물론 대표선수를 육성하고 관리한다는 한국의 경제발전 전략이 최종적으로 이루어낸 결과물은 케인즈의 이상과 엄청난 거리가 있는 것이 사실이다.

마지막으로 한국의 경제발전 과정에서는 사회적 약자에 대한 차별이 심했으며 내부자와 외부자 사이에 상이한 기준이 제공되었다는 점에도 주목할 필요가 있는데, 이러한 특징은 하청제도와 노사관계에서 두드러졌다. 암스덴(1989)에 의하면, 하청제도는 성장과 효율성의 측면에서는 효과가 컸지만 평등의 관점에서는 문제가 컸다는 점에서 한국경제의 축소판이었다. 대기업과 원청업체 사이의 세력관계가 일방적으로 대기업 쪽에 편중되었던 상황에서, 하청업체는 경제발전의 열매를 거의 향유하지 못했고, 대기업과의 하청관계가 유지되는 것 자체에 만족해야만 했다. 원청업체의 재고최소화 생산방식이 하청업체를 어렵게 만들었으며, 우월적 지위를 이용해 납품단가 인하로 인해 하청업체의 이익률은 매우 낮았고, 그만큼 대기업의 이익은 더 커졌던 것이다.

암스덴은 이와 함께 노동자들의 임금과 관련해서도 차별의 문제가 있다고 지적한다. 실질임금은 꾸준히 상승했지만, 전체 노동자들의 실질임금 상승분은 회사의 규모, 산업의 자본집약도 정도, 성별 차이 등에 따라 불균등하게 배분되었다. 중소기업, 경공업, 섬유산업의 임금은 상대적으로 낮았으며, 여성 노동자의 임금은 대단히 열악했다. 암스덴에 따르면, 한국은 임금상승률에서는 세계 최고 수준을 기록했던 반면, 여성 노동자들에 대한 차별 또한 대단히 컸던 나라였다. 한국의 경제발전은 이러한 사회적 약자들에게 상대적으로 큰 희생을 부담시킴으로써 이루어졌던 것이다.

6

해외 연구의 기여와 한계

해외 연구들은 한국의 경제발전을 체계적으로 이해할 수 있는 중요한 근거들을 제공해 준다. 흔히 한국의 경제발전을 가져온 대표적인 요인으로 거론되는 높은 저축률과 높은 투자율이 어떻게 달성될 수 있었으며, 이들이 어떤 연결고리를 통해 생산성의 향상과 국민소득의 증대로 이어질 수 있었는지에 대한 일관된 설명을 제공해 주기 때문이다. 여러 연구들 중 오늘날에도 유의미한 몇 가지 논점이 있다.

첫째, 한국의 경제발전은 경제 내에 제한된 자원을 다른 나라들에 비해 더 효과적으로 결집시키고 동원할 수 있었던 것에서 비롯되었으며, 이 과정에서 정부의 경제적 개입이 결정적이었다는 점을 확인할 수 있다. 둘째, 한국의 경제발전은 자원을 결집시키고 동원하는데 성공했을 뿐 아니라 경제주체들이 자발적으로 혁신과 학습에 나설 수 있도록 독려하는 경제정책과 제도환경이 병행되었다는 점에도 주목할 필요가 있다. 특히 경제주체들이 집단 속에서 다양한 상호작용을 통해 생산성을 높일 수 있었다는 주장은 현재의 상황에서 더욱 강조될 필요가 있다. 셋째, 경제주체들의 행위에 대한 규율의 중요성도 강조될 필요가 있다. 경제성장 과정에 투입된 자원들이 낭비되지 않고 생산적 활동에 효과적으로 사용되기 위해서는 다양한 형태의 규율이 요구되는데, 한국은 정부의 적절한 개입과 시장의 선별 기능을 통해 이러한 규율이 성공적으로 이루어졌다. 세계화가 심화되고 시장이 확대되는 새로운 상황에서도 정부와 시장 그리고 다양한 제도들을 통한 관리된 경쟁의 필요성은 여전히 유효하다고 할 수 있다. 넷째, 해외의 연구들은 한국의 성공이 경제환경의 변화에 능동적으로 대응하는 유연한 정책운용과 깊은 관련을 맺고 있다는 점을 보여주었다. 시장 실패를 해결하기 위한 정부의 개입도 중요했지만, 개입과정에서 수행되었던 정책이 제도환경에 잘 조응하면서 경제주체들의 경제활동에 효과적으로 영향을 미칠 수 있었다는 점에 주목할 필요가 있으며, 이는 각종 정책들이 집행되는 제도적 맥락이 대단히 중요하다는 점을 환기시켜 준다.

하지만 해외 연구의 한계도 적지 않다. 우선, 대부분의 연구들이 고도성장의 기적을 해명하려는 데 기반했기 때문에, 경제발전의 빛과 그림자가 사실은 동전의 양면 관계를 이루고 있다는 문제의식이 부족했으며, 그 결과 경제발전의 빛과 그림자 중 빛에 대한 논의가 압도적이다. 한국의 경제발전 과정에서 관찰되는 연고주의나 집단주의 그리고 서열 등의 문제에 대한 본격적인 연구가 부재하다는 점도 이러한 문제와 관련이 깊다. 한편, 해외의 논의들은 대부분 경제성장률, 투자율, 저축률, 생산성 등 거시경제 변수나 집계변수들에 대한 분석에 의존했는데, 그로 인해 한국의 경제발전이 구체적인 작업장 차원에서 정책당국과 경제주체들이 어떠한 상호작용을 주고 받으며 실제로 경제발전을 이루었는지에 대한 질적 분석과 미시적 분석을 찾아보기가 어렵다. 산업정책이 효과적이었다는 주장은 많지만 산업정책을 통한 대표선수의 선발과정이 실제로 연고주의로부터 얼마나 자유로웠는지, 산업정책에 의한 개입이 불공정경쟁의 문제를 예방하기 위한 제도적 장치나 조건이 무엇이었는지에 대한 구체적인 연구는 드물며, 학습과 혁신을 강조했던 학자들의 경우에도 생산성 향상의 과정이 어떻게 이루어졌는지, 그 주체가 누구였는지, 다양한 경제적 공간에서 벌어졌던 집단적 활동의 구체적 내용이 무엇이었는지, 정책적으로 학습과 혁신을 촉발시킬 핵심 수단은 무엇인지 등에 대한 심도 깊은 설명을 제시하지는 못했던 것이다. 요약하면 해외 연구들은 주로 경제적 변수들에 논의를 집중했던 결과, 문화·정치·역사와 같은 비경제적 요인들이 한국의 경제발전에서 어떻게 작용했는지, 경제적 요인과 비경제적 요인들 사이의 상호작용은 어떠했는지에 대한 논의를 소홀히 다루었다는 것이며, 무엇보다도 한국인과 한국사회의 특수성에 대한 인식이 미흡했던 것으로 평가할 수 있을 것이다.

3

Dynamic Korea

한국형 발전모델에 관한 국내연구

평가와 발전 방향

1

머리말

한국은 2차 세계대전 이후에 식민지로부터 독립한 국가들 중에서 짧은 기간 내에 고도성장과 민주화를 동시에 이룩한 몇 안 되는 나라이다. 그러나 1인당 국민소득 2만 달러가 넘는 한국인들의 삶의 질은 그러한 외형적인 정치경제적 성과에 미치지 못하고 있다. 세계적으로 가장 높은 자살율과 가장 낮은 출산율이 이를 웅변적으로 나타내 주는 지표라고 할 수 있다. 장시간 노동 관행은 소득수준의 향상만큼 줄어들지 않고 있고, 일자리는 정규직과 비정규직이라고 하는 차별적 이중구조로 고착화되어 가고 있으며, 세계에서 최장 공부시간을 기록하고 있는 한국의 교육문제는 대부분의 가계소비배분과 가족생활에 있어서 블랙홀이 된 지 오래이다.

이러한 한국사회의 빛과 그림자는 동전의 양면처럼 서로 불가분의 관계에 놓여 있기 때문에 어느 한 측면만을 설명할 수 있는 논리는 반대 측면을 설명하기 어려울 뿐만 아니라 당초 설명하려고 한 측면도 온전히 설명하기 어려울 것이다. 이 양 측면을 동시에 일관되게 설명할 수 있는 논리체계를 구축할 수 있다면 소위 한국형 발전모델에서 발전과정의 일반성과 구별되는 '한국형'의 본질이 보다 분명히 드러날 수 있을 것이다. '한국형'의 본질에 대하여 체계적으로 이해할 수 있다면 한국사회에 넓게 드리워진 그늘의 폭을 줄일 수 있는 효과적인 전략을 세우는 데 적지 않은 도움을 줄 수 있을 것이다. 이러한 관점은 서장에서 제기한 한국인의 두 가지 상반된 모습 즉, 'Dynamic Korea'와 '냄비 근성'을 동시에 바라보고 양자 간의 관계뿐만 아니라 전자의 측면이 잘 발휘되고 후자의 측면이 보다 억제될 수 있는 조건과 기제를 파악하기 위한 관점과 일치한다. 본 장에서는 이러한 관점에서 한국형 발전모델의 특징에 관한 기존 국내 연구결과를 검토한다. 기존 국내 연구결과를 파악하기 위하여 주로 1990년도 이후에 출간된「경제학연구」,「경제발전연구」,「사회경제평론」,「경제와 사회」,「동향과 전망」등에 실린 논문 중에서 본 연구와 관련된 논문들을 검토하였으며, 일부 단행본, 한국개발연구원 및 한국노동연구원에서 발간한 관련 보고서를 검토하였다. 이러한 검토를 바탕으로 기존 연구를 통하여 무엇이 밝혀졌고 여전히 풀리지 않는 의문들은 무엇인지를 정리하고 향후 연구의 방향을 제시한다.

2

한국형 발전모델 분석의 접근방법

한국형 발전모델의 특징에 대한 국내 연구결과를 어떻게 정리할 것인가의 시각과 기준을 마련하지 않고서는 기존 연구로부터의 함의와 향후 연구의 과제도 도출하기 어려울 것이기 때문에 우선 한국형 발전모델을 분석하는 접근방법을 설정하고자 한다. 기존 연구문헌을 정리하기 위하여 잠정적으로 설정한 한국형 발전모델 분석체계도는 [그림 1]과 같다.

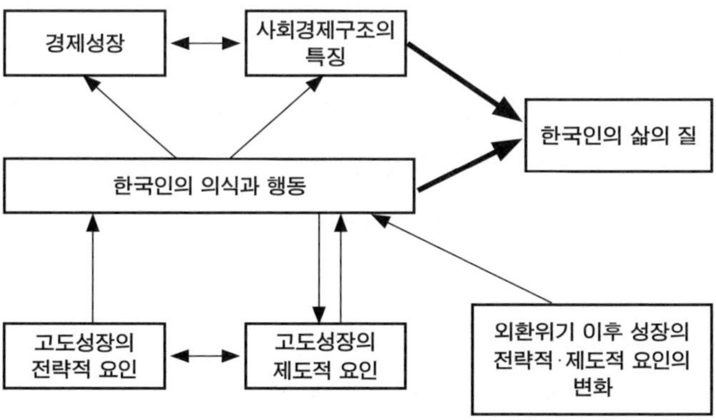

그림 1 한국형 발전모델의 분석체계도

첫째, 한국형 발전모델의 특징에 대한 연구는 경제학뿐만 아니라 정치학, 사회학, 심리학 등 다양한 시각에서 접근할 수 있으며, 이에 대한 기존 연구는 크게 한국의 고도성장 달성의 성공요인과 한국 사회경제의 특징 등에 관한 연구로 나누어질 수 있다. 오늘날 한국인의 삶의 질이 그동안 달성된 고도성장과 한국 사회경제구조의 특징에 의하여 규정된다고 판단되기 때문이다.

한국형 발전모델을 연구하는 최종목적이 오늘날 한국인의 삶의 모습 혹은 질을 규정하는 요인에 대한 체계적인 인식을 높이고 이를 바탕으로 삶의 질을 높이기 위한 조건과 기제를 파악하기 위한 것이라면 고도성장 달성의 요인과 한국 사회경제의 특징을 모두 균형 있고 일관되게 검토할 필요가 있다. 기존의 연구들을 살펴보면, 고도성장을 이룩하게 만든 성공적 요인을 연구한 상당수의 문헌이 한국사회의 밝은 측면을 강조하는 반면에 한국 사회경제의 특징을 분석한 문헌들은 상당수가 한국사회의 어두운 측면을 부각시키는 경향이 있다. 그러나 이 양 측면을 동시에 설명할 수 있는 시각에서의 문헌에 초점을 맞추는 것이 필요하다. 경제성장의 결과뿐만 아니라 경제성장의 방식, 더 나아가 고도성장시기에 형성된 사회의 조직화방식이 오늘날 한국인의 삶의 질에 영향을 미치기 때문이다. 그러므로 이 세 가지 변수들 간에는 매우 밀접한 관계가 있다. 그렇다면 한국인의 삶의 질에 영향을 미치는 경제성장과 사회경제구조의 특징을 어떻게 설명할 것인가?

우선 고도성장부터 살펴보자. 한국이 어떻게 고도성장을 달성하였는가라는 질문에 대하여 여러 학문분야에서 나름대로 답하려고 노력해 왔다. 경제학에서는 성장에 필요한 노동, 자본 등이 얼마나 어떻게 동원되었고 어떠한 성과를 가져왔는지를 분석한 연구들이 적지 않은데, 이러한 연구들은 우리나라가 이룩한 경제성장을 설명하기는 하지만 고도성장의 *원인*을 밝혀주지 못하는 한계가 있다. 즉, 그 당시 우리나라 사람들이 왜 어떻게 성장에 기여하는 방향으로 사고하고 행동하였는지에 대한 질문에 답을 제공해 주지 못한다. 우리나라가 달성한 고도성장이 특정 인물의 리더십 등 특정 개인이나 집단에 의해서 설명되는 것이 아니라 한국인들의 의식과 행동에 의해서 설명될 수 있어야 한국 사회경제구조의 특징도 아울러 일관되게 설명할 수 있을 것이기 때문이다. 이러한 관점에 입각해 볼 때, 한국 사회경제구조도 한국인들의 의식과 행동의 누적된 결과로 빚어진 것으로 볼 수 있다.

그렇다면 한국인들의 의식과 행동에 영향을 미치는 요인은 무엇일까? 우리는 IMF 외환위기 이전 고도성장 시기까지 고도성장에 영향을 미쳤던 정책적 혹은 전략적 요인들과 제도적 요인들로 나누어 보고자 한다([그림 1] 참조). 왜냐하면 정부의 정책, 헌법 및 소유권, 문화 및 관습 등은 사람들의 의식과 행동에 차원을 달리하면서 영향을 미치기 때문이다. 그 다음으로 검토하고자 하는 것은 IMF 외환위기 이후에 변화된 정책적·제도적 요인들이다. 그 이유는 IMF 외환위기를 전후로 하여 시장 및 기술 환경, 각종 사회경제정책과 제도 등의 면에서 적지 않은 변화가 있었고, 이러한 변화는 한국인들의 세대 간 의식 및 행동의 차이에도 적지 않은 영향을 미쳤다고 보기 때문이다.

앞에서 설명한 바와 같이 한국형 발전모델을 분석한 기존 연구를 검토하기 위해서는 고도성장, 사회경제구조의 특징, 외환위기 이후 정책적·제도적 변화, 한국인의 의식과 행동, 한국인의 삶의 질 등 다섯 가지 영역에 걸쳐서 기존 연구분야(explanandum)를 검토할 필요가 있다. 실로 방대한 연구영역이라고 할 수 있다. 이렇게 넓은 연구영역에서 이루어진 기존 연구결과를 체계적으로 검토하는 것은 어려운 일이다. 그러므로 우리가 채택한 방법은 이 다섯 가지 영역에서 필자가 파악하고자 하는 내용, 즉 주요 연구 질문(research questions)과 이러한 질문에 답하기 위하여 요구되는 주요 개념들(explanans)을 설정하고 이 범위 내에서 기존 연구를 검토하는 것이다.

이러한 연구 질문과 주요 개념들을 설정하는 데 있어서 여기에서는 넓은 의미의 신제도경제학과 경제사회학적 접근에 의존한다. 신제도경제학은 1937년 로널드 코즈(Ronald Coase)가 거래비용의 개념을 제기하면서 신고전파경제학이 설정 해온 가정들과 중심 개념들을 비판하고 이를 계기로 1970년대 이후에 서구에서 본격적으로 연구가 활성화된 학파로서 경제학뿐만 아니라 사회학, 정치학, 법학, 경영학 등으로 광범위하게 확대 발전되어 오고 있다. 우리나라에서는 1991년 로널드 코즈, 1993년 더글러스 노스(Douglas North)가 연이어 노벨경제학상을 수상하면서 학계의 관심이 증가하기 시작하였고, 1990년대 후반 이후에 국내에 전파되기 시작하였다 (장하준, 1996; 조영철, 1997; 송현호, 1998; 최정규·허준석 1998; 전택수, 1998; 홍장표, 2001). 여기에서는 이러한 이론들을 소개하지 않고 이러한 이론들을 토대로 우리가 보려고 하는 문제의식과 주요 개념들을 제시한다([그림 2] 참조).

주요 연구 질문은 세 가지로 나누어진다. 첫 번째 질문은 주로 경제성장과 관련된 정책, 제도, 문화 등에 관한 것이다. 여기에서 중요한 문제의식은 한 사회 내의 정책, 제도, 문화 등이 사회구성원들로 하여금 현존하는 부와 가치를 자신들에게 유리한 방향으로 재배분하

1. 부 및 가치의 창출에 기여하는 정책, 제도 및 문화(institutional environments)

1.1 새로운 부 및 가치의 창출에 기여하는 제도환경 대 지대 추구에 기여하는 제도환경

1.2 제도환경이 후자에서 전자의 방향으로 어떻게 변화하는가?

2. 일과 거래의 조직화 방식 (organizations)

2.1 일자리의 배분, 권한의 배분, 성과평가, 보수체계

2.2 조직 간 및 부문 간 거래관계의 특징

3. 제도환경과 조직의 상응성(alignment) **및 적응**(adaptation)

3.1 제도적 상보성(complementarity)과 사회체제의 다양성

3.2 특정 방식의 성장 결과가 사회경제구조의 특징에 미치는 영향

3.3 기술 및 시장환경의 변화에 대한 기존 제도환경 및 조직들의 적응문제

그림 2 한국형 발전모델 분석의 주요 연구 질문과 주요 개념

도록 하는 활동에 노력을 기울이도록 유도하는가 아니면 새로운 부와 가치를 창출하는 활동에 노력을 기울이도록 유도하는가의 여부이다(North와 Thomas, 1973; Krueger, 1973; North, 1990; Baumol, 1991; Murphy 외, 1991; Acemoglu, 1995; Acemoglu 외, 2005; Bowles, 1998; Grief, 1994; Granovetter, 2005). 이러한 선택에 영향을 미치는 주요한 정책적·제도적 요소는 소유권 및 사법제도, 경쟁시스템, 조정의 문제 등 세 가지이다. 첫째, 명확한 소유권 및 공정한 사법제도는 인센티브 문제를 해결하는 데 기여하고 생산적 금융의 활성화에 기여할 수 있으며, 균등한 기회의 확대에 기여할 수 있다. 둘째, 적절한 경쟁시스템은 개인 및 조직으로 하여금 도덕적 해이를 제어하고 혁신의 동기를 제공하며, 게임의 공정성을 보장한다. 셋째, 조정의 문제는 이해관계가 다른 사회구성원 및 조직들 간

의 대립 및 분쟁을 해결하는 절차와 권한을 정립하는 문제일 뿐만 아니라 각종 시장의 실패문제 즉, 정의 외부효과, 부의 외부효과, 공공재, 집단재, 위험의 적절한 부담문제 등을 해결하는 데 기여하는 유능한 정부 및 거버넌스의 구축문제로 정리될 수 있다.

제도 환경과 관련된 다음 연구 질문은 제도 환경의 변화에 관한 것이다. 한 사회가 고도성장을 하게 된다는 것은 사회구성원의 행위를 제약하는 요인과 행동의 유인방향을 변화시킴으로서 가능하게 되는데 어떻게 이러한 방향으로 제도가 변화하는가의 문제이다(North, 1990; Aoki, 2001, 2007; Thelen, 2003; Grief, 2004; Acemoglu 외, 2005). 가령 한국에서 고도성장이 본격화된 1960년대 중반 이전에 제도가 어떻게 바뀌었는가에 관한 것이다.

제도와 관련된 두 번째 중요한 질문은 일과 거래의 조직화방식에 관한 것이다(Williamson, 1975, 1985, 1996; Coleman, 1988; Putnam, 1993; Bowles 와 Gintis, 2002). 이 질문에 대해서는 실로 광범위한 연구가 이루어지고 있고, 수많은 이론들이 나왔지만, 여기서 관심이 있는 연구 질문은 두 가지이다. 첫째, 한 조직의 구성원이 새로운 가치를 발견하고 실현하기 위하여 노력하는 방향으로 그 조직의 권한이 배분되고 성과가 측정되며, 적절하게 보수가 지급되는 체계를 갖추고 있는가의 여부이다. 둘째, 조직과 조직 사이의 거래관계가 전문화와 혁신을 촉진하고 기존의 부를 잠식하는 거래비용을 축소시키는 방향으로 이루어지고 있는가의 여부이다. 조직과 조직 사이의 거래관계는 기업 간 거래, 기업부문과 교육부문의 거래, 기업부문과 금융부문의 거래, 기업부문과 정부부문의 거래, 기업부문과 시민사회부문의 거래, 시민사회와 정부의 거래관계 등을 포함한다.

제도와 관련된 마지막 질문은 앞에서 설명한 두 가지 요소 즉, 제도 환경과 조직 사이의 상보성(complementarity)과 두 요소의 시장 및 기술 환경의 변화에 관한 적응(adaptation)에 관한 것이다(Aoki, 1991; Amable, 2000; Hall과 Soskice, 2001). 한 사회 내의 여러 층위의 정책, 제도, 문화 등 제도 환경과 다양한 조직들은 서로 보완적 관계를 유지하는 것이 일반적이다. 그리하여 한 사회가 여러 가지 계기를 통하여 특정한 방식의 사회경제적 발전경로를 밟게 되면 자기 강화(self-reinforcement) 논리에 의하여 좀처럼 그 경로로부터 벗어나기 어렵게 된다. 특히 특정한 방식의 경제성장이 진행되면서 사회구조 및 개인의 공유된 믿음과 의식에 영향을 미치고 새로운 기득권계층이 형성되어 진취적인 제도 및 조직 요소들은 축소되고 퇴행적인 요소들이 확대될 가능성이 있다. 그리하여 성장과정에서 승자와 패자가 분리되고 승자의 세대 간 세습체제가 구축되어 기회균등의 기반이 축소될 수 있다.

마지막으로 한 사회 내의 제도 환경과 조직들이 시장 및 기술환경의 변화에 유연하게 적응할 수 있는가의 여부이다(Williamson, 1996). 이러한 제도 및 조직의 유연성은 특히 세계화 및 정보통신혁명의 진척에 따른 시장과 기술의 불확실성이 높아지고 있는 추세에 있어서 매우 중요한 과제라고 할 수 있다.

3

한국의 고도성장 성공요인

1. 기존 연구의 흐름과 특징

한국의 고도성장 달성요인에 대한 국내 학계의 연구는 1990년대를 전후로 질적으로 큰 차이를 보이고 있다. 1990년대 이전의 한국의 경제성장에 대한 국내 학계의 연구는 크게 주류경제학자와 비주류경제학자들로 나누어 이루어졌다. 주류경제학자들은 주로 성장 달성의 성과 측정과 거시경제정책의 효과성에 초점을 맞추어 분석한 반면에 고도성장 달성의 기제에 대한 체계적인 연구는 미흡하였다. 주류경제학자들은 고도성장 달성 요인으로서 정부의 주도적 역할, 높은 교육열로 인한 양질의 풍부한 노동력, 비교우위론, 수출주도전략 등을 열거하였다. 대표적인 연구로는 하버드대학교의 아시아연구소가 주도하고 한국개발연구원이 협력하여 1980년에 공동으로 출간한 The Economic and Social Modernization of the Republic of Korea 라고 할 수 있다.[58] 한국

---

58 이 연구소는 이외에도 한국의 근대화에 대한 일련의 결과물을 발간하였다.

개발연구원은 이 연구결과의 토대위에서 외환위기 발생 직전인 1997년에 해방 후 한국경제 성장의 40년을 분석한 책, The Korean Economy 1945-1995: Performance and Visions for the 21st Century을 발간하였다. 그러나 이전의 책과 크게 다르지 않는 시각을 보여주었다.

우리나라의 경우 1990년대 이전에 사회과학 분야에서는 학술논문보다는 주로 단행본을 중심으로 연구결과물이 발표되었는데, 대표적인 한국경제론의 교과서라고 할 수 있는 송병락 교수의 한국경제론(1988)과 김성수 교수의 한국경제의 발전(1996)에 따르면, 한국이 고도성장을 이룩한 요인으로 개발 초기에 존재했던 양질·저임금의 노동력, 우수한 관료와 정부의 지도력, 수출 주도적 공업화, 외자도입 등에 의한 성공적 자본형성, 높은 교육열과 인적자본에 대한 투자, 기술진보, 왕성한 기업가정신과 기업의 성장의지, 잘 살아보겠다는 정신과 의지, 종교적·문화적·지리적 요인, 국제정치·군사적 환경요인 등이 단골로 거론되고 있다. 그러나 이러한 요인들이 왜 경제성장에 중요한지, 이러한 요인들 간의 상호관계는 어떠한지 그리고 이러한 요인들이 어떻게 나타나게 되었는지에 대한 분석은 미흡한 상태였다. 또한 이 시기까지 주류사회학자들도 고도성장의 사회제도적 요인에 대한 관심은 매우 미흡한 상태였다.

반면에 비주류경제학자들은 맑스경제학적 관점에 입각하여 자본축적의 형태(국가독점 혹은 관료독점)나 착취구조의 국제적 연관성(부등가교환 등) 등에 초점을 맞추어 성장의 한계를 지적하거나 만성적 위기론을 주장하였다. 1980년대 후반에 본격화된 소위 사회구성체 논쟁에 대하여 최근 비주류경제학 진영에서의 다음과 같은 평가는 시사적이다.

“1980년대 중반, 한국경제가 1인당 국민소득 1만 달러를 향하여 비약적 경제성장율을 보이기 시작한 그 시점에 상당수의 지식인들이 한국자본주의에 대한 비판적인 논쟁, 소위 사회구성체논쟁을 본격화한 것이다. 그 단초는 1985년 가을에 발행된『창작과 비평』에 실린 국가독점자본주의를 주장한 박현채의 글과 주변주자본주의론을 주장한 이대근의 글이었다. 이러한 주장은 현실에 대한 구체적인 분석에 기반한 것은 아니었다. 더 나아가 민족해방투쟁이라고 하는 변혁운동차원에서 제기된 식민지반봉건사회론이 학계에 도입되면서 국가독점자본주의론이 ‘신식민지국가독점자본주의론’으로 변화하게 된다. 그러나 이러한 사회구성체논쟁은 1990년대 들어 급격히 축소 소멸되고 만다”(김진업 편, 2001, p. 54). 중략, “분단 이후 남한에서 민족경제에 대한 문제의식은 경제개발계획에 따라 국민경제가 어느 정도 모습을 갖추게 된 1970년대 초반에 고도성장으로 드러난 문제를 비판하는 형식으로 표면에 드러나게 된다. 유인호, 조용범, 박현채에 의해서 주도된 이 작업의 결론은 경제개발계획에 따라 고도성장이 이루어졌음에도 불구하고 ‘경제적 민족주의’ 즉 민족경제는 완성되지 않았다는 것이었다. 특히 박현채는 경제적 자립을 국민경제의 재생산조건을 스스로의 힘으로 장악하는 것으로 정의하고, 70년대 한국경제의 공업구조는 국내적 분업관련이 없으며, 지속적 외자 도입으로 투자자금을 마련하는 등 재생산조건이 민족구성원에 의해 장악되고 있지 못하였다고 비판하였다.” 중략, “그러나 경제적 민족주의의 입장에서 이루어지는 이러한 비판은 한국자본주의가 세계체제에서 괄목할 만한 지위를 차지하게 되는 1990년대 이후 그 근거를 잃어버리게 된다.”(김진업 편, 2001, p. 58).

“이제 1960년대 당시 한국사회현실과 관련해서 왜 민족경제론은 국민경제 대신 ‘민족경제’ 개념을 제시하고 ‘존재’와 구분되는 ‘당위’로서의 민족경제를 설정하게 되었는가를 좀 더 적극적으로 이해해 보자. 한마디로 그것은 한국사회에서 민족주의와 민족운동의 궁극적 과제가 다름 아닌 ‘분단’과 ‘통일’이었다는 사실과 관련된다고 할 수 있다.” (정건화, 2003, p. 449)

“민족경제론의 역사적 의의를 적극적으로 평가하는 논자들 대다수도 과거이론체계로서의 민족경제론의 수명은 다하는 것으로 평가한다.” (정건화, 2003, p. 456)

이렇게 1980년대까지는 주류경제학계나 비주류경제학계 모두 한국자본주의가 고도성장을 달성하게 된 것을 체계적으로 설명하지 못하였다고 할 수 있다. 그러나 1990년대 이후 전개된 한국 내외의 객관적 상황의 커다란 변화는 학계의 인식을 전환시키는 계기가 되었다. 우선 국제적으로는 1989년 11월 베를린 장벽의 붕괴와 1991년의 소련의 몰락, 연이은 동구권의 몰락으로 공산주의체제의 치부가 여지없이 드러났고 좌파학계의 인식에 커다란 충격을 주었다. 국내적으로는 1987년의 민주화대투쟁과 연이은 노동자대투쟁을 목도하면서 그 원인과 결과에 대한 분석이 지속되고 있다.[59]

그러나 무엇보다도 중요한 객관적 사실은 한국이 1986년부터 1인당 국민소득의 성장률이 그 이전 시기와는 구분되는 수치를 보여 주었다는 점이다([그림 3] 참조). 1986년에 1인당 국민소득이 2700 달러 수준에서 1994년에 9700 달러 수준으로 비약적으로 증가하면서 국민들의 일상생활의 수준도 크게 변화하였다. 1980년대 후반에 이루어진 높은 성장률로 1인당 국민소득의 비약적인 증가를 객관적 사실로 인정하고 한국이 어떻게 소위 빈곤의 늪에서 벗어나게 되었는가를 분석할 필요가 있었던 것이다.

1990년대 후반 이후에 이루어진 연구의 특징은 이론적으로 맑스경제학파가 급격히 퇴조하고 신제도경제학파, 역사제도주의, 경제사회학 등에 근거한 연구들이 등장하기 시작하였다는 점이다. 또한 주류경제학계 내에서도 전통적인 신고전학파에 대한 의존도를 줄이고 정보의 비대칭성논리나 거래비용 개념이 등장하기 시작하였다. 그리하여 한국의 경제성장의 원인을 분석하는 데 있어서 주류학자들과 비주류학자들의 이론적 근거가 중첩되는 영역이 넓어지

59 일군의 학자들은 이를 87년 체제로 규명하고 연구를 계속하고 있다. 예를 들면 김종엽(2009)를 볼 것.

고 있음을 알 수 있다.[60] 특히 한국의 경제성장의 원인에 대한 분석에 있어서 세계은행이 1993년에 펴낸 The East Asian Miracle: Economic Growth and Public Policy와 그 전후에 발표된 외국의 연구결과가 영향을 미쳤다.[61] 이러한 연구 결과를 바탕으로 한국이 고도성장을 달성한 원인을 전략적 혹은 정책적 요인과 제도 환경적 요인으로 구분하여 살펴보기로 한다. 제도 환경적 요인은 다시 공식적 제도 환경(formal institutional environments)요인과 비공식적 제도 환경(informal institutional environments)요인으로 구분한다. 정책적 요인과 제도 환경적 요인으로 구분하는 이유는 제도 환경적 요인이 정책적 요인에 비하여 장기에 걸쳐서 형성되고 정책적 요인은 상대적으로 단기간 내에 형성되기 때문이다.

2. 고도성장 달성의 전략적 요인

한국이 고도성장을 달성한 정책적 혹은 전략적 요인에 대한 국내적 연구는 의외로 해외에서의 연구에 비하여 적은 편이다. 이러한 해외에서의 연구결과를 비판적으로 검토하면서 잘 정리한 연구결과는 전병유(1998)의 논문이라고 할 수 있다. 그는 한국 경제성장의 요인을 분석한 국내외 문헌을 비판적으로 검토한 후 다음과 같이 정리한다. "한국의 고도성장은 정부의 신용할당 (정책금융)을 정책수단으로 하고, 대외지향(수출주도전략)을 규율의 수단으로 하여 국가 주도의 투

60 예를 들면, 성공회대학교 사회문화연구소가 학술진흥재단의 지원을 받아 출간한 일련의 연구결과를 볼 것(김진업 편, 2001; 유철규 편, 2003; 유철규 편, 2004; 유철규 편, 2006).

61 이에 대해서는 이 책의 3장을 참고할 것.

자조절(선별적 산업정책)을 통하여 달성되었다." 그의 연구는 두 가지 측면에서 기존 연구와 차별적이라고 할 수 있다. 첫째, 대외지향이 규율의 수단이 되는 이유를 제시하고 있다. 그에 의하면 개방체제는 투자 또는 기술과 관련된 시장 실패를 더욱 명확히 하여 시장 실패에 대한 국가 개입을 쉽게 하였고, 또한 개방경제에서는 정책 실패가 덜 개방된 경제보다 더 빠르게 파악될 수 있어서 이러한 부담이 정책집행자로 하여금 자신의 실패를 빨리 발견하고 이를 교정하려는 능력을 갖추도록 하였다는 것이다. 즉, 대외지향은 시장의 효율성을 높인 것이 아니라 국가 개입의 효율성을 높이기 위한 것이라는 것이다.[62] 또한 이러한 대외지향의 규율 효과는 그 자체로서 작용한 것이 아니라 수출인센티브기능이 제대로 작동하지 않는 경우, 정부가 직접 개입하여 수출의 목표를 제시하고 감시하는 등 국가의 직접적인 감독기능과 결합되어 작용하였다는 점을 강조한다.

둘째, 그는 이 세 가지가 하나의 일괄 프로그램으로서 서로 보완하고 규율하는 긍정적인 상호작용이 이루어질 때 고도성장을 보장한다고 주장한다. 즉, 일종의 패키지(package)라는 것이다. 이러한 긍정적 상호작용이 보장되기 위해서는 이러한 시스템을 조절하는 메카니즘이 필요한데, 시장을 활용한 조절 메카니즘과 국가 주도의 중앙집권적 조절 메카니즘이 결합되어 전개되었다고 주장한다. 특히 국가 주

62 이러한 주장은 민족경제론을 오늘날의 시점에서 평가한 정건화(2003)의 글에서도 명확히 드러난다. "참고할 만한 또 하나의 관점은 박정희 모델을 '시행착오나 우여곡절을 거치며 학습해간 모델 (장하원, 1999)'로 이해하는 것이다. 중략, 물론 박정희모델에 대한 민족경제론적 관점에서 이루어진 비판의 한계와 오류에 대한 정확한 수정이 필요한 것도 부인할 수 없다. 그 중 중요한 하나는 바로 박정희 모델이 지닌 시행착오 과정을 통한 자기교정 메카니즘에 대한 과소 평가/근시안적 평가라 할 수 있다."(pp. 438-439).

도의 조절 메카니즘의 중요한 수단이 인플레 정책과 정부 주도의 기업 합리화 정책이며, 이러한 '강성 국가'가 강력한 경제적 이해 집단(재벌)을 창출하게 되었고, 이러한 성장 메카니즘은 재벌의 확대 강화를 가져오고 경제성장과 재벌의 확대 강화는 금융 및 자본의 자유화를 이끌어 내도록 하여 자본에 대한 정부의 규율기능을 무력화시키는 방향으로 작용하였으므로 기존의 조절 메카니즘이 한계에 봉착하게 되었다는 것이다. 이러한 논리에 근거하여 그는 금융자유화를 하지 않았더라도 기존의 조절 메카니즘이 한계에 봉착하게 될 수밖에 없다고 주장한다. 즉, 그의 논리에 따르면, 1997년도 외환위기는 내적인 모순에 의하여 필연적일 수밖에 없다는 것이다.

기존 연구결과에서 언급될 필요가 있는 또 하나의 지적은 과소투자문제에 대한 대처방식이다. 시장이 형성되지 않은 단계에서 국내 및 해외에서의 투자를 통하여 시장을 확대해 나갈 필요가 있었는데, 이 때 투자의 위험성 때문에 과소투자의 경향이 발생하게 된다. 이러한 투자의 위험을 정부와 대기업이 협력적으로 공유했다는, 소위 리스크파트너십체제 구축이라고 하는 주장이다(Lim, 2000).

3. 고도성장 달성의 제도 환경적 요인

위에서 설명한 전략적 요인은 시장이 매우 미성숙한 단계에서 정부가 주도하여 기업에게 투자에 대한 유인을 제공하여 시장을 확대하고 고용을 창출하는 정책에 관한 것이라고 할 수 있다. 그러나 이러한 전략적 요인은 정책결정자의 계급적 기반에 의하여 주로 그 방향이 결정된다고 할 수 있다는 점에서 사회의 소유권 배분구조가 매우 중요하다고 할 수 있다. 또한 이러한 정책을 집행하는 집단에 속한 개인들이 사적 이익을 추구할 유인을 제어하는 문제, 더 나아가 평범한 사람들이 어떠한 방향으로 노력을 기울이도록 할 것인가의 문제는 주로 그 사회 구성원들을 둘러싼 제도 환경적 요인에 의하여 결정된다고 할 수 있다. 앞 절에서 설명한 바와 같이 제도 환경적 요인은 소유권의 확립과 균등 배분, 경쟁시스템의 정립, 조정의 문제 해결 등 크게 세 가지로 나누어 살펴볼 수 있다. 이 세 가지 구성 요소는 모두 공식적 제도 환경 측면과 비공식적 제도 환경 측면을 포함하고 있지만 공식적 제도 환경 측면은 첫 번째 요소와 보다 밀접하다고 할 수 있다.

(1) 소유권의 확립과 소유권의 균등 배분

소유권의 확립문제는 사회구성원들에게 사적 소유권을 보호해주고 제3자에 의한 소유권 분쟁의 해결절차를 제공해 줌으로써 구성원들의 새로운 부와 가치의 창출유인을 제공하는 것이다. 이러한 사적 소유권의 정립은 생산적 금융의 활성화에 기여할 수 있다. 그러나 소유권문제와 관련하여 한 사회의 소유권을 어떻게 배분할 것인가, 즉 소유권 분포상태 또한 매우 중요하다고 할 수 있다. 사회의 자산에 대한 소유권이 소수에 집중되어 있는 경우와 균등하게 분산되어 있는 경우는 인센티브문제 측면에서 커다란 차이를 나타낼 수 있다.

식민지근대화론자들은 일본제국주의 식민지 하에서 실시된 토지조사사업을 통하여 소유권이 정립되어 근대화의 기초를 마련하였다고 주장하는데(이영훈, 2005), 이러한 토지조사사업을 통하여 사적 소유권이 보다 명확해진 면이 없지 않았으나 식민지지주제가 정립되고 일본인들이 다수의 국유지를 헐값에 획득하도록 해준 계기였다는 점을 간과하고 있다. 즉 토지조사사업은 일본인식민지지주제의 정립을 위한 계기였다는 점, 그리고 이러한 지주제적 소유권은 사회구성원들의 부와 가치 창출의 유인을 높이는 데 크게 기여하지 못하였다는 점을 인식할 필요가 있다.

이러한 점에서 1949-50년에 실시된 농지개혁을 통하여 전근대적 지주제가 철폐되고 한국전쟁을 통하여 전근대적 경제외적 강제, 즉 신분제가 철폐되었다는 점에 주목할 필요가 있다. 농지개혁에 대한 기존 연구(김성호 외, 1989; 장시원, 1995; 전용덕 외, 1997; 장상환, 2000; 조석곤, 2003)는 농지개혁의 실시를 통하여 지주계급이 몰락하고 부르조아적 기회가 확장되었으며, 임노동자의 공급제약요인이 제거되었다는 점을 보여준다. 또한 한국전쟁에 대한 기존 연구(정진상, 2000)는 한국전쟁을 통하여 우리나라가 전근대적 신분제의 유제를 해체하게 되었다는 점을 보여준다. 장상환(2000)은 다른 많은 후진국 중에서 왜 한국과 대만만이 개발도상국 선두에 설 수 있었는가라고 자문하면서, 다음과 같이 주장한다. "농지개혁과 한국전쟁을 계기로 지주계급이 완전히 몰락했고, 지주소작관계를 기반으로 존속했던 신분제가 농지개혁과 한국전쟁을 계기로 청산되었다. 그리하여 기생적인 지주계급이 향유하던 소득이 자본가계급과 농민들에게 귀속됨으로써 자본형성과 우수한 노동력 형성을 촉진했다." 장시원(1995)도 농지개혁의 성과는 "지주제의 해체와 지주자본의 산업자본으로의 전화"라고 주장하고 있으며, 김성호 외(1989)는 실증분석을 통하여 지주계급이 받은 지가증권이 지주 자신에게는 효과적으로 이용되지 못했지만 자본가계급이 귀속재산을 인수하는 데 이용됨으로써 한국의 원시적 자본축적에 크게 기여했다고 평가하고 있다.

전용덕 외(1997)도 농지개혁을 통한 지주계급의 소멸이 농업생산성의 상승, 소득재분배, 정치적 안정, 개인주의의 확산, 강력한 국가의 등장을 가능하게 했고, 이것이 고도성장의 요인으로 작용했다고 평가한다. 정진상(2000)은 한국전쟁 중 피난, 월남, 농촌출신자의 참전 후 도시로의 정착 등으로 도시화율이 급격히 증가하였는데,[63] 도시로의 급격한 인구이동은 신분제의 유제를 해체시키는 구체적인 경로를 제공하였다고 주장한다. 한국전쟁의 무차별적 파괴로 인하여 빈민화와 평준화가 진행되었고 이는 계층상승이동의 기회균등화를 가져왔으며, 평등의식을 확산시키는 계기가 되었고 높은 교육열을 초래하였다는 것이다.

이러한 연구결과는 한국의 고도성장의 중요한 제도 환경적 요인으로 농지개혁과 한국전쟁을 통한 소유권의 재배분 및 전근대적 신분제의 유제의 철폐를 지적한다. 그러나 지주제의 해체와 전근대적 신분제의 유제의 철폐를 통하여 자유로운 노동력을 창출하여 자본주의적 발전에 필요한 노동력공급을 확대시켰다는 계급구조적 관점도 중요하지만 한국 사람들의 개인적 관점에서 이루어진 전반적 기회의 확대 측면을 부각시키는 연구가 이루어질 필요가 있다. 즉, 지주제의 해체로 인하여 농민들과 그 자식들이 새롭게 형성된 기회를 어떻게 활용하고 노력해나갔는지를 실증적으로 분석하거나 다른 개도국과의 비교분석을 통하여 한국과 대만의 농지개혁의 성장촉진적 측면을 구명하는 연구가 필요하다는 것이다. 또한 우리나라가 지주제의 철폐를 통하

63 남한의 도시화율은 1949년 17.3%에서 1955년 24.5%, 1960년 28.0%로 증가하였다(정진상, 2000).

여 농업자본가계급이 형성되고 농업생산력의 발전을 통하여 축적된 자본이 공업부문에 투자된 영국이나 미국과는 다른 경로를 밟은 구체적 과정을 구명하는 것도 향후의 중요한 연구 과제라고 할 수 있다.

(2) 경쟁시스템

다음으로 경쟁시스템과 관련된 제도 환경적 요인이다. 시장경제의 핵심적 요소는 경쟁체제라고 할 수 있다. 경쟁체제는 경제주체의 도덕적 해이를 제어하도록 할 뿐만 아니라 새로운 혁신의 유인을 제공하는 규율기능을 발휘한다. 이러한 경쟁체제의 규율기능을 통하여 한 사회 내에 새로운 부와 가치가 창출되도록 하는 기제가 이루어진다. 이러한 경쟁시스템이 최종 재화 및 서비스시장, 기업 간 거래시장, 노동시장, 자본시장, 정치부문 등에서 어떻게 작동되고 있는가를 분석할 필요가 있는데, 기존의 연구는 주로 최종 재화 및 서비스시장, 기업 간 거래시장 등에서의 재벌중심의 독과점 구조, 즉 경쟁제한적 측면에 초점이 맞추어져 있고 다른 부문에 대한 연구는 매우 미흡하다고 할 수 있다.

우리나라의 압축고도성장과정에서 경쟁시스템이 최종 재화 및 서비스시장, 기업 간 거래시장, 자본시장영역과 정치영역 모두에서 제한적으로 작동하였다고 평가할 수 있다. 시장영역에서는 재벌 중심의 독과점체제가 형성되고 정치영역에서는 독재체제가 형성되어 경쟁이 사실상 제한되었다. 그러나 개발독재정권에 의하여 육성된 재벌중심의 독과점체제는 독점이윤을 추구하는 행위만을 하도록 허용되지는 않았다. 정부가 자본시장(주로 간접자본시장인 은행)에 대한 공급독

점권을 확보한 상태에서 이루어진 재벌에 대한 지원은 재벌의 수출성과를 기초로 이루어졌기 때문에 더욱 강력한 경쟁체제가 작동되는 해외시장으로부터 규율되는 기제가 이루어졌다고 할 수 있다. 이러한 측면은 많은 연구들에 의하여 공통으로 지적되고 있다. 그러나 재벌의 독과점 행위에 대한 정부의 강력하고 직접적인 규율기능[64]이 사실상 해체된 김영삼 정부 이후에 나타난 독과점 행위의 행태와 결과에 대한 분석은 미흡하다고 할 수 있다.

다음으로 정치부문의 독점구조이다. 정치부문은 제도와 정책을 결정하는 중요한 부분이라고 할 수 있다. 정치부문에서 다양한 이해관계자들의 경쟁을 통하여 새로운 제도나 정책이 제시되고 선택되는 기제가 마련되면 사회구성원들이 환경변화에 따라 새로운 기회를 현실화하는 가능성을 극대화할 수 있다. 압축고도성장기간에 이루어진 한국의 정치부문에서의 경쟁체제는 매우 제한된 범위 내에서 이루어졌지만 자유로운 정당의 설립이 원천적으로 봉쇄된 사회주의의 정치부문이나 선거체제가 사실상 제거된 다수의 개발도상국의 경우와는 달랐다. 왜곡된 형태이기는 하지만 국회의원 선거와 대통령 선거체제가 작동하였다는 점이 중요하다고 할 수 있다. 이러한 왜곡된 형태의 선거체제하에서 유지된 박정희 정권은 독재정권으로 규정될 수 있으나 약탈적 독재정권(predatory dictatorship)이라기보다는 개발독재정권(developmental dictatorship)으로 분류하는 것이 타당할 것이다.[65]

일반적으로 독재정권은 약탈적이고 부패적인 속성을 내재적으로

---

64 이는 독과점 시장구조에 대한 정부의 감독기능과는 다른 차원이다.

65 약탈적 독재와 개발독재와의 차이점에 대해서는 Yeager(1999)를 참조할 것.

지니고 있다. 약탈적 독재정권이 지배하는 사회에서는 정권집단에 속한 구성원들뿐만 아니라 전체 사회구성원들의 지대추구행위가 광범위하게 발생한다. 즉, 새로운 부와 가치를 창출하는데 시간과 노력을 기울이기보다는 현존하는 부와 가치를 자신에게 유리한 방향으로 재분배시키려는 행위, 또는 자신의 부와 가치를 지키려는 행위에 시간과 노력을 쏟아 붓느라고 정신이 없다. 그런데 왜 박정희정권에서는 그 약탈성과 부패성이 다른 개도국의 독재정권에 비하여 두드러지지 않았을까? 이러한 문제의식에 입각한 연구는 거의 없어 보인다.[66] 이와 관련하여 북한과의 체제경쟁이 독재정권의 약탈적 속성을 크게 제어하는 기능으로 작용했다는 추론에 대해 논의해 보자. 북한은 남한에게 상시적인 군사적 위협요인이었던 것은 주지의 사실이다. 특히 1950년대 중반이후부터 강력한 사회주의적 중앙집권경제체제를 통해 왕성한 경제건설이 이루어짐에 따라 북한은 남한의 정치집단에게 강력한 잠재적 경쟁상대로 떠오르게 된다.[67] 박정희 정권의 북한과의 체제 경쟁은 반공이데올로기를 통하여 정치적 반대세력과 노동운동세력을 제압하는 효과적인 수단으로 활용되어 강력한 중앙집권적 의사결정권의 행사를 용이하게 하였을 뿐 아니라 한국에서의 독재권력

---

66 냉전분단체제와 권위주의적 자본주의 산업화라는 제목의 논문에서 이병천(1996)은 한국의 경제발전을 '반공 권위주의적 자본주의 산업화'라고 명명하고 반공분단체제와 동아시아 반공블럭이 미국의 한국경제발전 지원과 노동자 억압 여건을 제공함으로써 산업화를 위한 온실적 배양기를 조성했고, 박정희정권이 반공 군사권위주의를 체제경쟁적 개발주의와 결합시켜 북한과의 산업화경쟁에 대중의 에너지를 동원했다고 주장한다. 그러나 북한과의 체제경쟁이 독재정권의 성격에 미치는 영향을 분석하고 있지는 않다.

67 북한의 1인당 GDP는 1970년대 초반까지 남한과 유사하거나 약간 높은 것으로 추정되고 있다([그림 5] 참조).

이 약탈적 독재로 귀결되지 않도록 독재집단에 대한 위협요인 혹은 규율기능으로 작용한 측면이 강하다. 이는 우리나라의 재벌들이 국내에서는 독과점을 행사하였지만 수출이라는 목표를 달성하기 위해서 해외로부터의 경쟁에 직면한 것과 유사한 상황이라고 할 수 있다.

마지막으로 노동시장에서의 경쟁체제이다. 한국의 고도성장시기에 경쟁시스템이 가장 잘 작동된 부문이 노동시장이라고 할 수 있다.[68] 대부분의 대기업, 은행, 언론사, 공기업, 사법부를 포함한 정부부문 등에서 채용, 승진 등은 경쟁적 시험을 통하여 이루어졌다.[69] 특히 채용단계에서의 경쟁은 시험응시자가 채용자뿐만 아니라 출제자 및 시험평가자와의 잠재적 담합의 가능성을 차단하는 공정성이 보장되었다. 이러한 평가 및 선발시스템은 모든 부문에서 경쟁을 촉진하고 기회의 균등을 보장한 측면이 강하다. 농지개혁을 통하여 전 소득계층에 걸쳐서 확장된 균등한 기회가 구체적으로 시험을 통한 경쟁시스템으로 구체화되었고, 사회구성원 대부분이 보다 나은 일자리를 획득하기 위한 경쟁에 몰두하도록 만들었다.

이러한 경쟁적 시험은 객관적 성과평가시스템(objective performance evaluation system)에 기초하여 선발하는 것을 의미한다. 인지능력, 지도력, 창의성, 소통능력 등 지원자의 다양한 측면의 역량 중에서 인지능력을 중심으로 평가하는 것이다. 이러한 객관적 성과평가시스템은 선발의 공정성을 관철시키는데 매우 효과적인 시스템이라고 할 수 있

68 물론 고용주와 피고용인간의 단체 교섭 등의 경쟁체제는 독재정권에 의하여 고용주에게 유리하게 극도로 제한되었다.

69 이러한 이유로 인하여 우리나라에서는 정기 공개채용방식이 일반적인 선발방식으로 자리잡아 왔다.

다. 또한 포드주의적 생산방식 및 기술단계, 그리고 따라잡기(catch-up)를 위한 기술수용 및 학습단계에서는 매우 효율적인 능력 평가시스템이라고 할 수 있다.

객관적 성과평가시스템에 의한 경쟁적 시험방식으로 일자리를 배분하는 제도가 정착됨에 따라 정규 교육에 대한 수요가 폭발적으로 증가하였고, 이러한 수요의 증가가 초등학교 및 중등학교의 진학률을 급격히 높이는 요인으로 작용하였다.[70] 이러한 정규 교육에 대한 수요의 증가로 노동자들의 인적 자본이 증가되었을 뿐만 아니라 학교교육을 통하여 개인들은 공통의 언어와 사회적 기술을 가지고 개인 간의 사회적 거리를 좁히게 되었고 더 나아가 사회적 연결망(social network)을 형성하게 되었다(Bowles와 Gintis, 1976; Gradstein와 Justman, 2002). 이러한 두 가지 측면에서 경쟁적 시험방식은 기업 및 서로 다른 부문 간의 거래비용을 감소시키고 성장을 촉진시키는 결과를 낳는다. 이러한 측면에서의 국내연구는 거의 발견되지 않고 있다.

객관적 성과평가시스템과 경쟁적 시험방식에 의한 채용방식은 경쟁의 공정성을 보장할 수는 있지만 평가 대상이 종합적으로 평가되지 못한다는 한계(bias)는 피할 수 없다. 객관적 평가가 용이하지 않은 창의성이나 리더십, 소통능력 등에 대해서는 평가가 어려워 반영되기 어렵기 때문에 보다 전문적인 지식과 숙련도를 요구하는 분야에서는 객관적 성과평가시스템에 의한 공개채용보다 상대적으로 비효율적이고 주관적 평가시스템(subjective performance evaluation system)에 의존하는 것

70 우리나라의 초등학교 취학률은 1955년에 77%로 매우 높은 상태였으며, 1970년에 100%를 달성하였고 중등학교의 취학률은 1955년에서 31%에서 1980년에 73%로 증가하였다.

이 효과적일 수 있다.[71] 그러나 주관적 평가시스템은 평가자의 권한을 사적으로 활용할 여지, 즉 대리인문제를 발생시킬 가능성이 객관적 평가시스템에 비하여 높은 편이다. 결국 양자는 상충관계에 있게 되므로, 이는 조직 내부의 권한의 위임 정도 및 평가구조, 그리고 사회의 신뢰수준에 의하여 선택이 좌우된다고 할 수 있다. 사회의 전문화가 진전되고 창의성이 요구되는 인재를 선발하여야 하는 단계에 이르면 주관적 평가시스템에 기초한 수시채용방식을 채택할 필요가 있는데, 조직의 내부구조가 취약하고 사회의 신뢰수준이 낮으면 이러한 방식의 채용이 확산되기 어렵다. 이렇게 일자리의 배분방식과 성장 및 생산성과의 상호관련성에 대한 연구가 매우 중요한 것으로 판단되지만 이러한 문제의식을 지닌 국내 연구는 드물다.

(3) 조정기제

제도 환경의 세 번째 구성 요소인 조정기제는 사회의 다양한 구성원과 조직들의 상호작용과정에서 발생할 수 있는 이해관계의 대립 및 분쟁을 조정하는 일, 기술수준이 높은 다른 나라의 경쟁자로부터 내국의 경제주체를 보호하는 일, 독과점, 공공재, 정의 외부효과, 부의 외부효과, 정보의 비대칭성문제, 위험의 사회화 등 각종 시장의 불완전성과 관련된 문제를 해소하기 위하여 제도와 조직을 구축하는 일, 시장경쟁에서 패배한 구성원에 대하여 소득과 부를 재분배하는 일, 거시경제를 조정하는 일 등을 누가 어떠한 방식으로 처리하는가

71 이러한 경쟁시스템이 지니고 있는 부정적 측면에 대해서는 본서 제 4장 점수와 수량적 지표, 서열과 순위경쟁, 사회적 비교와 지위재 등을 참조할 것.

의 문제이다. 이러한 문제는 앞의 절에서 언급한 정책 혹은 전략의 문제와 연관되어 있다. 이러한 문제에 대하여 다양한 소유형태를 가진 경제조직들의 발전을 통하여 대처할 수 있고, 민간 경제주체들의 협력적 거버넌스 구축을 통하여 대처할 수도 있으며, 시민사회의 주요 집단들의 사회협약을 통하여 대처할 수도 있고, 정부가 주도적으로 대처할 수도 있다(송현호, 1998; Hall and Soskice, 2001; Nelson, 2011).

우리나라의 경우에는 정부가 주도적으로 이러한 조정기제를 담당하였다는데 연구자들이 합의하고 있는 것으로 보인다.[72] 그리고 정부가 이러한 기능들의 일부를 효율적으로 담당하였다는 평가가 지배적이다. 특히 압축고도성장단계에서 시장을 조성하고 기업을 육성하는 기능을 담당한 정부를 개발국가로 명명하고 있는데 개발국가론에 대한 외국의 연구가 적지 않지만 국내에서는 이병천이 일련의 연구(1997, 1999, 2003a, 2003b)를 통하여 이 문제에 천착해온 대표적인 학자라고 할 수 있다. 이병천(20003b)은 "한국의 박정희 개발독재체제는 국가민족주의의 이념으로 무장한 선산업화 후민주화의 패권국 따라잡기 모델이라는 점에서 비스마르크의 독일, 메이지 일본을 전형으로 하는 19세기 후발개발독재의 아들"이라고 보고, 그렇지만 박정희체제는 단지 따라잡기 모델이 아니라, 그 어떤 지역보다 민족주의의 대중적 호소력과 동원력이 높은 동아시아 탈식민지사회에서의 따라잡기 모델이다. 또한 이것은 뛰어나게 냉전–분단체제를 활용한 체제경쟁적 모델이다"라고 규정한다(pp. 61-62).

---

72 한국 경제발전과정에서 정부가 수행한 기능과 역할에 대한 상세한 서술은 고영선(2008)을 참조할 것.

이병천(2003b)은 개발독재체제가 어떻게 개발에 성공할 수 있었는가라고 자문하면서 그동안 국내외 연구결과를 다음과 같이 정리한다(pp. 27-28).

1. 국가권력의 개발지향: 경제개발의 실질적 성과를 주된 정당성 원리로 삼는 국민동원 및 위로부터의 국민통합
2. 선산업화 후민주화의 권위주의 정치: 정치적 안정과 질서를 위한 사회 내 이해 갈등의 조절과 통제, 대중 참여와 발언의 배제
3. 국가체제 내부의 제도적 일관성: 사적 이익집단에 포획되지 않는 국가의 자율성, 유능한 관료집단의 존재와 장기 시계를 보장하는 상대적 자율성
4. 국가와 민간부문 간의 공사 협력관계 또는 발전 파트너십의 형성: 이른바 '연계된 자율성'
5. 경제적 민족주의에 입각한 국가의 시장 유도 및 국가와 시장의 협력: 전략산업의 선별적 육성과 동태적 비교우위 지향, 수입대체 정책과 수출지향 정책이 결합된 복선형 산업정책
6. 국가에 의한 자본규율: 지원과 성과의 상호성의 원칙
7. 금융억압, 사회적 자금의 동원과 전략산업에 대한 지원
8. 보호와 개방의 이항대립을 넘어서는 세계경제로의 선별적 통합: 후발성 이익의 흡수와 불이익의 적절한 관리

이병천(2003b)은 이러한 성공요소의 나열에서 무엇인가의 메카니즘을 설명하기 위하여 다음과 같은 서술을 추가한다. "한국의 개발독재 지배블록은 근대적 관료제의 뒷받침을 받는 국가권력과 토착 재벌

자본 간의 연합형태를 취하면서, 바로 이 지배연합이 약탈국가와 정치적 자본가가 서로 껴안고 지대추구연합이 아니라 대중을 끌어들이면서 나라경제를 빈곤의 악순환에 갇힌 주변부로부터 탈출을 가능케 한 생산주의적 발전 파트너십이 되었다(pp. 46-47)." 이병천(2003b)은 여기에서 그치지 않고 개발독재의 문제점을 다음과 같이 지적한다. "박정희체제는 고도의 집권집중형의 불균형 개발체제다. 국가-재벌-은행의 한국형 삼각 밀착체제는 산업화 성공을 낳은 협력적 제도 형태로는 기능했지만, 지배엘리트간 보수적 공생과 유착을 낳고 국민을 내부자와 외부자의 두 국민으로 갈라놓았다(p. 64)."

개발독재의 문제점에 대한 이병천의 지적은 지극히 타당한 것으로 보이지만 "한국의 개발독재 지배블럭이 생산주의적 발전 파트너십이 되었다"고 규정하고 있는데, 왜 생산주의적 성격의 파트너십이었는지, 그리고 어떻게 생산주의적 성격의 파트너십이 가능하였는지에 대한 원인분석은 미흡한 것으로 보인다. 이러한 점에서 한국사회의 저변층으로 인지되어온 민중 자체를 한국 파시즘의 자발적·능동적 주체로 상정하는 임지현(2000)의 '합의독재'론은 관점을 달리하고 있어서 주목할 만하다. "정치체제로서 독재가 전제정과 뚜렷이 구별되는 역사적 특징은 그것이 갖는 현저한 근대성이다. 잘 짜여진 관료적 행정기구, 강제와 동의를 적절히 배합한 동원과 통제의 메카니즘, 지배의 대중적 기반을 제도적으로 정당화하는 대중정당, 피지배자의 의식 깊숙이 침투하여 일상적 사고와 행동을 지배하는 이데올로기 등은 독재의 근대성을 단적으로 드러내준다(p. 24)."

그러나 이러한 합의독재론에 대하여 홍윤기(2003)는 다음과 같이 의문을 제기한다. "파시즘체제 안에서 정상적 일상인들이 보여준 체제진화적 태도가 민중의 주체적이고 능동적인 동의에서 나온 것인지 아니면 파시스트 집권층의 성공적인 통치에서 나온 조작적인 결실인지는 분명하지 않다."

결론적으로 고도성장시기에 조정기제를 주도적이고 전면적으로 담당해온 한국의 개발독재권력이 사회구성원과 어떠한 상호작용을 통하여 성장을 이끌어내었는지에 대한 동학적 메카니즘에 대한 구명은 아직 미흡한 것으로 보인다. 특히 개발독재권력의 오랜 집권을 통하여 강하게 형성된 관료집단의 행태에 대한 구명은 여전히 숙제로 남아 있다.[73] 그리고 그러한 개발독재권력 주도의 조정기제가 사회구조적으로 어떤 유습을 남겼는가 그리고 이러한 경로의 고착화(path dependence)가 이후 한국사회에 어떠한 걸림돌로 작용하고 있는지에 대한 중층적 분석이 더 필요한 것으로 보인다.

(4) 제도환경의 변화가 어떻게 가능하였는가?

앞 절에서 우리나라는 고도성장시기 이전과 과정 중에 적지 않는 폭으로 공식적 제도 환경의 변화를 겪었다는 점을 언급하였다. 이러한 제도 환경의 변화는 어떻게 가능하였는가? 또한 이러한 공식적 제

---

73 Epstein과 Gintis(1995)가 정부의 자의적인 정책이 성공할 수 있는 두 가지 조건은 이러한 점에서 시사적이라고 할 수 있다. 첫 번째 조건은 일반 대중이 사회정책에 관해서 모두 동질적인 선호체계를 가지고 있고, 공공정책의 의사결정자들이 무시할 수 없는 어느 정도의 공적인 합의를 이끌어내는 경우, 두 번째 조건은 지속적인 경제성장으로 성장하는 파이의 적은 부분을 취하는 것이 정체된 파이의 더 많은 부분을 가지는 것보다 선호될 경우이다. 어느 정도의 경제적 평등이 급속한 경제성장을 촉진시키고 그 증거가 확실하다고 할 때, 근대화엘리트들은 자신의 자의적 권력을 공공적 선의 증진을 위해서 사용한다고 할 수 있다.

도 환경의 변화는 오랜 세월동안 뿌리내려온 비공식적 제도 환경과 어떻게 조응되었는가?

우선 농지개혁에 의한 전근대적 지주제의 철폐를 통해 소유권이 재배분되고 신분제 유제가 철폐되었는데 이는 해방이후의 격렬한 계급투쟁 및 시민전쟁으로서의 한국전쟁 등을 통하여 정착되었다는 점에 주목할 필요가 있다.[74] 외부의 충격보다는 우리 사회 내부의 동력이 보다 큰 영향을 미쳤다는 것이다.

이러한 과정을 통하여 형성된 상대적으로 평등한 소유권의 배분구조, 고도성장과정에서 형성된 경쟁적 시험을 통한 일자리의 배분기제, 재벌 중심의 기업집단체제, 강력한 관료집단의 형성 등은 우리나라 사람들의 오랜 전통문화와 어떻게 조화되면서 발전해 왔을까? 이에 대하여 비공식적 제도 환경에 대한 기존 연구(전택수, 1998, 2003; 김경동, 2010)는 공통적으로 집단주의문화를 지적한다. 집단주의문화는 강성 조직과 강한 지도력을 요구하는 온정적 위계질서를 내부적 구성요소로 하고 집단내적으로는 강한 결집력과 헌신성을 발휘하지만 다른 집단에 대해서는 배타성을 드러내는 것을 특징으로 한다. 집단주의문화가 가장 강하게 나타나는 단위는 가족이었고, 고도성장 과정에서 가족을 위한 한국인의 아버지, 어머니, 형과 누나들의 헌신은 매우 잘 알려진 것이다. 반면에 이러한 가족문화의 폐해는 재벌의 족벌경영에서 가장 두드러진 형태로 나타나고 있다. 또한 고도성장과정

74 조석곤(2003)은 농지개혁은 지주의 사적소유권에 대한 침해였으며, 일종의 '계급혁명'적 성격을 지닌 것이었다고 규정한다. 그는 농지개혁을 가능하게 했던 중요한 요인은 해방 직후 전통적인 경자유전의 이데올로기가 극적으로 부활했고, 그것이 농민의 소부르조아의식을 자극했기 때문이었다고 판단한다.

에서 형성된 학벌과 재벌은 또 다른 집단주의문화의 발현이라고 할 수 있다.[75] 그러나 기존 연구들은 이러한 집단주의문화가 개인주의문화에 비하여 경제성장 및 경제성장 방식에 어떠한 차이를 보이면서 영향을 미치는지에 대해서는 깊이 있는 분석을 보여주지 못하고 있다.[76]

기존 연구에서는 지적되지 않았지만 한국사회는 서구와 달리 개별적 협상에 의한 계약문화가 전통적으로 형성되지 않은 것으로 보인다. 그 대표적인 예가 표준 근로계약서, 표준 상거래계약서, 표준 약관, 모범 정관(예) 등이다. 이러한 계약문화가 전통적으로 존재하지 않았다는 사실이 고도성장기에 형성된 각종 제도의 특징에 어떠한 영향을 미쳤는지, 그리고 지식기반경제시대에 걸림돌로 작용하는 것은 아닌지에 대한 연구가 필요한 것으로 보인다.

마지막으로 김경동(2010)이 지적하는 한국인의 특징으로서의 한(恨, 千秋遺恨)과 기(氣)에 주목할 필요가 있다. 이러한 두 가지 요소가 한국인의 집단적 행태를 어떻게 설명할 수 있는지는 매우 흥미로운 연구주제라고 할 수 있다.

---

75 이에 대해서는 본서 제 4장의 7절, 집단과 공동체를 참조할 것.

76 이러한 점에서 Grief(1994)의 연구와 이재혁(2007)의 연구는 매우 시사적이다. 특히 집단주의가 거래비용을 줄여주는 반면에 사회적 신뢰수준을 낮추고 재능의 적재적소 배치에 걸림돌로 작용한다는 측면에 주목할 필요가 있다.

4

한국형 사회경제구조의 특징

1. 기존 연구의 검토 범위

한국 사회경제구조의 특징에 관한 기존 연구는 경제학, 사회학, 정치학, 심리학, 문화인류학 등 기초학문분야뿐만 아니라 경영학, 행정학, 사회복지학 등 응용학문분야에서도 적지 않다. 이러한 방대한 연구를 종합적으로 검토하는 일은 별도의 작업으로 미루어야 하고 본 장에서는 오늘날 한국 사회에서 일(work)과 거래(transaction)가 어떻게 조직화되는지를 중심으로 검토하고자 한다. 이를 두 가지로 나누어 보자. 첫째, 일자리의 배분, 권한의 배분, 성과평가 및 보수체계 등이다. 즉 일자리는 어떻게 분포되어 있고, 그러한 일자리가 보수와 안정성 측면에서 질적으로 어느 정도의 차이를 보이고 있으며, 어떠한 방식으로 배분되는가? 그리고 이러한 관점에서 기업들의 분포를 살펴보고, 또한 이러한 일자리의 배분방식이 교육부문과 사회구성원의 주거지 선택에 어떠한 영향을 미치는가 등을 살펴 보고하자 하는 것이다. 그리고 한 조직 내에서 구성원이 새로운 가치를 발견하고 실현하기 위하여 노력하는 방향으로 그 조직 내에서의 의사결정권한이 배분되고 성과가 측정되며, 적절하게 보수가 지급되는 체계를 갖추고 있는가의 여부를 분석하는 것이다.

둘째, 조직과 조직사이의 거래관계가 전문화와 혁신을 촉진하고 거래비용을 축소시키는 방향으로 이루어지고 있는가의 여부이다. 조직과 조직사이의 거래관계는 기업 간 거래, 기업부문과 교육부문의 거래, 기업부문과 금융부문의 거래, 기업부문과 정부부문의 거래, 기업부문과 시민사회부문의 거래, 시민사회와 정부의 거래관계 등을 포함한다.

한국이 채택해온 정부주도의 압축적 고도성장방식은 이러한 일과 거래의 조직화방식에 대하여 커다란 영향을 미쳤으며, 조직화방식의 개선을 둘러싸고 대립과 갈등, 협력과 혁신이 끊임없이 이루어져 왔다. 이러한 조직화방식은 현장에서의 사람들의 행태와 혁신적 노력에 의해서 영향을 받지만 이와 관련된 법률과 정책에 의해서도 크게 규정된다고 할 수 있다.

이렇게 일과 거래의 조직화방식 측면에서 한국사회경제구조의 특징을 살펴보는 일도 그 범위가 방대하다고 할 수 있다. 그러므로 본 장에서는 몇 가지 주요한 이슈 중심으로 살펴보고자 한다. 일자리의 배분, 권한의 배분, 성과평가, 보수체계 측면에서는 외환위기 이후 양극화 양상과 원인을 주로 살펴보고, 조직 간 및 부문 간 거래의 특징 측면에서는 재벌문제의 제 측면에 한정하여 살펴본다.

2. 일과 거래의 조직화 방식

(1) 양극화의 양상과 원인

우리나라에서는 고도성장기간 동안에 재벌과 중소기업 간의 구조적 격차가 확대되었지만 소득불평등 지수는 상대적으로 높지 않은 것으로 알려지고 있다. 기업규모 간 임금 격차가 존재하였지만 재벌기업으로의 진입과 퇴출장벽이 높지 않았고, 세대 간 계층이동의 기회는 높은 것으로 분석되었다(김희삼, 2011). 그러나 IMF 외환위기 이후 이러한 특징들은 크게 변화하게 되었다.

우선 소득불평등지수가 높아졌고, 양극화가 크게 진척되었으며, 세대 간 계층이동의 기회도 줄어든 것으로 분석되었다. 신동균(2008)이 한국노동연구원의 노동소득패널(KLIPS) 자료를 분석한 결과, 외환위기 이후 총소득의 양극화 지수 값이 빠른 속도로 증가하였다. 경기변동이 소득분포의 양극화 변화에 단기적으로 영향을 주지만 외환위기 이후 진행되어온 양극화의 장기적 추세는 경기변동과는 무관한 것으로 나타났다. 양극화의 진전에 따라 중산층의 비율은 전반적으로 감소되어 왔는데 중산층에서 이탈한 가구들은 저소득 집단과 고소득 집단 양 방향으로 모두 상당 규모로 이동한 것으로 나타났다. 또한 양극화의 진전은 특히 저소득층에서 중산층으로의 소득의 상향 이동성을 저하시키는 것으로 나타났다(전병유 외, 2007). 그리하여 경제위기 이전 경제발전과 함께 개선되던 분배지표는 경제위기를 거치면서 급격히 악화되었고, 그 이후에도 경제위기 이전 수준으로는 하락하지 않고 있다(신인석 외, 2006).

KLIPS 자료분석을 통하여 밝혀진 또 하나의 중요한 점은 우리나라의 소득이동 수준은 1997년 이후 점차 낮아지고 있다는 것이다(이건범, 2009; 김희삼, 2011). 소득균등화에 기여하는 소득이동의 영향은 매우 높은 것으로 확인할 수 있으나 그 효과는 시간이 경과함에 따라 급속히 감속하고 있다. 또한 2000년 이후 지니계수가 악화된 것은 중간소득계층이 저소득계층으로의 하향이동이 높아졌기 때문인 것으로 확인되었다(이건범, 2009). 이러한 양극화와 세대 간 계층이동의 기회가 낮아진 원인은 무엇일까?

양극화의 원인부터 살펴보자. 첫째, 성장동력의 감소로 인한 실업의 증가이다. 경제발전이 본격화된 1970년 이후 우리 경제는 경제위기가 발생한 1997년까지 25년이 넘는 기간 동안 8% 전후의 평균성장률을 지속해 왔으나, 경제위기를 거친 후 성장세는 급격히 둔화되어 2000-05년간의 GDP 평균성장률은 4.5% 수준이다. 둘째, 고용상황의 총량적 지표보다 더욱 뚜렷한 변화는 고용구성상 변화로서, 미숙련 노동자계층의 고용상황 악화 및 임시·일용직의 비중 상승 등이 뚜렷하게 나타났다(신인석 외, 2006). 이러한 미숙련 노동자계층의 고용상황 악화의 원인은 최근 중국의 부상과 함께 진전된 세계화 및 숙련편향적 기술변화 등 외부적 요인이 지적된다. 그러나 이를 보다 구체적으로 분석한 연구 결과에 따르면, 1990년대 이후 중위 부분의 고용은 크게 감소한 반면, 하위와 상위 일자리가 증가하는 뚜렷한 U자 형태의 고용양극화가 진행되어왔기 때문인 것으로 보인다(전병유 외, 2006). 이는 미국에서 진행된 J자 형태의 고용양극화보다 더 뚜렷한 양극화 경향으로 분석된다. 또한 여성이나 청년층의 저임금일자리로의 진출이 확대되어 고용창출의 양극화가 심화되었다기보다는 산업 및 고용 구조가 제조업에서 서비스업으로 바뀌고 서비스업에서의 고용증가가 주로 전통적인 서비스산업에서의 생계형 자영업에서 이루어지기 때문이다. 이러한 분석을 토대로 전병유 외(2006)는 우리나라의 고용양극화는 노동공급보다는 노동수요측 요인에 기인하는 것으로 추론한다.[77]

홍장표(2006)에 따르면, 이러한 노동수요 측 요인의 변화는 1987년 이후부터 나타나기 시작한 것으로 분석된다. 한국은 1987년 이전 주변부 포드주의에서 노동자 대투쟁을 계기로 재벌대기업에서는 노동력 이용을 절감하기 위한 자본집약적 생산방식으로 전환하고, 다른 한편으로 외주 하청의 확대를 통하여 외부 저임금 노동력 활용도를 높이는 방식으로 대응하였다. 대기업은 자본집약적 생산방식, 중소기업은 노동집약적 생산방식으로 이원화하여 노동시장을 이중화하고 이를 하도급분업생산구조를 통해 재통합하는 이른바 '양극화성장체제'가 등장하게 된다. 제조업 대기업의 고용인원은 1988년에 130만 명까지 증가하다가 감소하여 2005년에 75만 명으로 줄어들었다. 반면에 중소기업의 고용인원은 1984년에 130만 명에서 꾸준히 증가하여 1990년 195만 명, 2005년에 220만 명에 이르렀다. 하도급 분업생산의 확대는 중소기업에 대한 재벌 대기업의 지배력을 강화시키는 결과를 낳았다. 재벌대기업은 수요독점적 지위를 바탕으로 외부의 노동력을 효과적으로 활용할 수 있었던 반면에 효율향상과 수익성 제고의 부담

77 전병유 외(2006)는 그러므로 개인의 대응능력을 높이는 교육훈련정책만으로는 양극화 대응에 한계가 있고 '저임금일자리-근로빈곤층(trash-jobs and working poor)'의 발생을 억제하고 개인의 사회적 이동성(social mobility)의 기회를 높일 수 있도록 중위일자리를 창출할 수 있는 정책으로 대응해야 한다고 주장한다.

은 중소기업으로 전가되었다. 이에 따라 대기업의 생산효율성은 빠른 속도로 개선될 수 있었지만 노동집약적 분야로 특화된 중소기업은 대기업으로부터 전가된 부담을 흡수하면서 기업간 생산성 격차가 확대되기 시작하였다. 1988년 중소기업은 대기업 노동생산성의 50% 수준에서 20005년에 30%수준으로 지속적으로 감소하였다. 이러한 생산성 격차를 배경으로 기업규모 간 노동자 임금격차가 확대되었고 노동시장의 분절화가 진행되었다. 1986년 10-29인 규모 기업의 임금수준이 500인 이상 대기업 임금수준의 90% 수준에서 1990년 74%, 2000년 68%, 2004년 59%수준으로 감소하였다.[78]

또한 제조업에서 양극화성장체제가 가동됨에 따라 제조업에서 방출된 인력은 저부가가치형 서비스부문으로 이동하면서 주변화되었다. 영세자영업자의 비중은 1983년 27%에서 1990년 22%로 감소하다가, 다시 2002년 25%로 증가하였다.

셋째, 이러한 산업구조의 변화 이외에 우리나라 기업들이 1997년 발생한 경제위기를 계기로 노동유연성을 강화하려는 전략을 채택함에 따라 기업들이 비정규직 형태로 인력구조를 형성해가는 과정에서 고용양극화가 심화되었다(이병희 외, 2008). 마지막으로 비근로소득의 증가요인이다. 전병유 외(2007)의 분석에 따르면, 최근의 금융위기 이

78 홍장표(2011)는 더 나아가 이러한 생산성 격차는 근본적으로는 재벌 대기업 위주의 불균등 성장방식에서 비롯되었지만, 1980년대 이후 구조화된 대기업과 중소기업간 생산구조와 성장방식의 이원화에 그 뿌리를 두고 있다고 분석한다. 그는 계층화되고 분단된 노동시장에서 대기업은 작업의 단순화·탈숙련화와 생산의 외주화를 통해 외부의 저임금 노동력을 활용해왔으며 이것이 중소기업의 저임금-저생산성의 악순환을 낳고 있다. 기업 간 양극화는 이처럼 계층화된 노동시장을 토대로 작동하는 만큼, 기업규모 간·고용형태 간 근로조건 격차가 해소되지 않고서는 중소기업의 지속가능한 성장은 보장되지 않는다고 주장한다.

후 지니계수가 완만하게 증가해 온 것과 대조적으로 양극화 지수는 상당히 빠른 속도로 증가해왔다는 것이 확인되었다. 이러한 양극화의 급진전은 주로 비근로소득에 의해 주도되었음을 알 수 있다(전병유 외, 2007). 이러한 연구결과는 다른 연구의 결과에 의해서도 뒷받침된다. 신동균(2008)은 외환위기 이후 양극화의 원인을 소득원천별로 분석하였는데, 양극화 지수 값의 빠른 증가를 확인하였고, 이는 주로 비근로소득에 의해 발생하였으며 비근로소득항목들 중에서도 부동산 및 이전소득의 기여도가 특히 큰 것으로 나타났다. 이러한 연구결과를 볼 때, 양극화는 세계화 및 기술변화라고 하는 시장 및 기술환경의 변화에 대응하는 우리나라 경제구조의 적응능력의 취약성에 기본적인 원인이 있음을 확인할 수 있다. 또한 이는 대기업의 해외조달구조의 강화 및 자본장비율의 상승 등으로 질 좋은 일자리수가 점차로 감소하는 반면에 GDP에서 차지하는 대기업의 비중이 높아지는 경향 때문이기도 하다. 우리나라에서도 부의 창출과 고용 창출의 공간적 괴리가 일어나고 있음을 확인할 수 있다. 또한 경제성장의 결과로 축적된 부가 파생시키는 금융 및 부동산 소득이 점차로 커져가고 있다는 것도 주목할 만한 원인으로 볼 수 있다.

다음으로 세대 간 계층이동성의 약화 즉, 소득불평등구조의 세대 간 이전은 주로 교육을 매개로 이루어진다는 점이 분석 결과 확인되었다. 전병유 외(2007)에 따르면, 첫째 자녀가 재학 중인 학교가 초등학교인 가구에 비해 중학교인 가구에서 그리고 고등학교인 가구에서 총지출이 증가함에 따라 사교육비 지출 비중이 보다 가파르게 그리고 보다 지속적으로 증가하는 것으로 나타나고 있다. 이는 사교육비가 대학입학시험에서의 결과에 영향을 주기 때문에, 특히 대학서열의 상위 순위에서 노동시장에서의 성과와 긍정적 상관관계를 보여주기 때문인 것으로 분석된다(장수명, 2002).[79] Chae 외(2005)와 Jang 외(2011)는 이러한 통계분석결과를 우리나라 대학의 학벌과 노동시장에서의 이중구조와 연결시켜 해석하였다. 즉, 노동시장에서의 성과가 학벌에 의해서 결정되고 학벌은 자녀에 대한 집중적인 투자와 엄마가 고학력 전업주부인 경우에 보다 높은 확률로 획득되는 것으로 분석되고 있다. 이렇게 교육을 통하여 소득불평등구조가 세대 간 이전되는 것으로 파악된다.

(2) 재벌문제의 제 측면

한 나라의 일과 거래의 조직화 방식은 한 기업이나 조직에서의 방식뿐만 아니라 기업과 기업, 기업과 교육부문, 기업과 금융부문, 기업과 정부부문, 기업과 시민사회, 시민사회와 정부부문 사이의 거래방식에 의해서 결정된다. 조직과 조직사이의 거래관계가 전문화와 혁신을 촉진하고 기존의 부를 잠식하는 거래비용을 축소시키는 방향으로 이루어지고 있는가가 문제인데, 이 점에서 소위 거래를 관장하는 거버넌스가 중요하다고 할 수 있다(Williamson, 1996). 윌리엄슨에 따르

79 장수명(2002)은 1998-2000년 노동소득패널자료를 이용하여 1-5위 대학 졸업자의 임금프리미엄의 크기를 확인하였는데, 1-5위 대학의 졸업자 중 취업자(34세 이하)의 로그 시간당 임금 프리미엄은 30위권 밖 대학을 비교할 때, 41.5%나 되는 것으로 나타났으며, 반면에 6-10위 대학은 3.2%에 불과하였고 이마저도 통계적으로 유의하지 않은 것으로 분석되었다. Jang 외(2011)은 1998-2008년 자료를 이용하여 장수명의 회귀식에 개인의 수능점수를 포함하여 능력을 통제한 후에도 1-10위 대학의 임금프리미엄이 매우 높게 나타났음을 확인하였다. 또한 이러한 임금프리미엄은 개인이 노동시장에 진입한 이후 시간이 경과하면서 더욱 확대되는 것으로 분석되었다.

면, 기업과 기업, 기업과 금융기관간의 거래를 관장하는 거버넌스는 시장, 혼합조직(hybrid), 수직통합 등 세 가지로 대별되고, 이러한 거버넌스는 거래의 특성 즉, 자산의 특정성, 불확실성, 거래빈도 등에 의해서 결정된다고 주장한다. 이러한 윌리엄슨의 주장은 기업과 정부부문 사이의 거래에도 적용하여 분석될 수 있을 것이다. 그러나 이러한 윌리엄슨의 분석틀이 한국의 사례에 적용되어 분석된 연구결과는 아직 나타나지 않고 있다. 본 절에서는 기업과 기업, 기업과 정부부문 사이의 거래를 재벌문제를 중심으로 기존 연구를 검토하는데 한정한다.

재벌의 문제는 한국경제에 관한 연구에 있어서 핵심적인 주제이다. 우리나라 경제에서 무역이 차지하는 만큼 재벌이 차지하는 비중과 영향력이 크기 때문이다. 재벌에 대한 대중적인 관심사는 주로 황제경영과 세습에 초점이 맞추어져 있지만[80] 재벌에 관한 연구는 여러 분야의 영역으로 나누어질 수 있다. 재벌의 형성 원인과 과정, 재벌이 고도성장에 미치는 영향, 재벌의 효율성 여부, 재벌과 시장(최종소비시장, 노동시장, 금융시장)과의 관계, 재벌과 중소기업과의 관계, 재벌의 소유구조 및 지배구조, 재벌의 외부효과 등 다양하다.

재벌의 형성 원인과 과정을 살펴보면, 한국에서의 재벌은 정부 주도의 선별적 산업정책과 수출 주도 전략에 입각한 압축적 고도성장 과정에서 형성된 체제라고 할 수 있다. 군사정부는 은행을 국유화하고 상업차관의 지불보증과 정책금융을 통해 재벌에게 막대한 특혜

80 예를 들어, 김기원(2003)은 "재벌체제는 '가족경영+다각화된 독점'체제로서 압축적 공업화를 추진한 후진국에서 흔히 볼 수 있는 현상이고 독점적 자본의 하나인 콘체른의 후진국적 형태"라고 하면서 "재벌체제는 재벌 내부적으로는 가족경영에 의한 총수의 왕조적 독재체제(이른바 황제경영)가 자리잡고 있고, 재벌 외부적으로는 다각화된 독점에 의해 재벌이 국민경제를 지배하는 이중적 독재체제"라고 규정한다(p. 48).

를 주었고 국가-재벌의 발전지배연합이 경제성장을 선도하였다. 그런데 국가자본이 부채의 형태로 재벌에 투자되었기 때문에 투자성과는 재벌에게 귀속되었고 '선성장 후분배'는 결국 허구적 구호로 끝나버렸다. 그러므로 한국의 재벌은 공적 투자와 사적 소유가 결합된 원천적 모순을 안고 있었다(조영철, 2003). 정부와 재벌이 결정한 투자실패의 책임은 인플레이션정책을 통하여 국민들이 부담하였다(전병유, 1999). 점에 비추어볼 때, 오늘날 재벌의 자산은 재벌과 직접적으로 관련된 이해관계자들의 노력에 의해서만 형성된 것이 아니라 국민들의 부담에 의해서도 이루어졌다는 점이 강조될 필요가 있다. 또한 강철규(1995)는 개발연대에 정부가 저금리, 저임금, 조세감면 등 요소가격의 통제를 통하여 기업의 상대적 부가가치마진율을 높여주었기 때문에 기업들이 발전할 수 있었는데, 이러한 혜택을 받는 기업을 정부가 선택하여 독점이익, 진입장벽 설치, 부동산 투기 등 부가가치 밴드의 통제정책을 아울러 실시하여 대기업이 성장할 수 있었음을 실증적으로 분석하였다.

정부와 재벌과의 관계는 1960-70년대까지는 정부의 주도하에 이루어졌지만 중화학공업화정책이 완료된 1980년대 중반이후부터 역전되었다고 분석된다. 박영구(2005)는 1970년대 중반에 본격화된 중화학공업화정책의 추진으로 재벌 대기업을 중심으로 생산력이 비약적으로 발전되고 시장규모가 급속히 확대되면서, 재벌 대기업들이 기술, 정보 등 모든 면에서 정부를 압도하는 전환점이 되었다고 주장한다. 정부에 대한 재벌의 독립성은 기업의 자금조달방식이 금융자율화로 정부금융위주에서 일반금융으로 변하게 되면서 더욱 높아졌고 반면에 민간투자자와 재벌 간의 대리인관계가 전면에 등장하게 되었다

(조영철, 2003).

다음으로 재벌이 고도성장에 미치는 영향 및 재벌의 효율성 여부 등에 관한 것이다. 재벌이 고도성장에 긍정적으로 기여하였다는 점에서 많은 학자들이 동의하고 있다. 한국 경제성장방식에 대표적인 비판적 학자라고 할 수 있는 김기원(2003)은 재벌의 성장기여적 측면을 다음과 같이 서술한다. 재벌체제가 발전한 기본요인은 압축적 자본주의화이고, 재벌의 통합경영이 발전한 것은 시장의 미발달에 기인한다. 자본시장과 노동시장이 미발달한 상황에서 시장에 전적으로 의존하기보다는 계열사 사이의 내부자본시장과 내부노동시장을 통해 시장을 대체·보완하는 것이 더 효율적이었던 것이다. 재벌의 다각화는 범위의 경제, 산업구조 변화에의 적응, 위험의 분산, 거래비용의 절감을 의도하였다. 국가에 의해 제공된 재벌친화적 환경이 재벌체제를 성립·발전시켰다. 국가는 재벌을 육성하는 산업정책 속에서 재벌에게 특혜만 일방적으로 제공한 것이 아니라 일정한 규율도 요구하였다. 가급적 생산적인 투자로의 자금사용을 강요하고, 외환부족을 타개하기 위한 수출촉진정책에 부응토록 하였다(pp. 49-53).

그러나 재벌의 효율성 여부에 대해서는 의견이 첨예하게 나누어진다. 한국의 재벌은 모방과 따라잡기를 해야 하는 후발국의 입장에서는 매우 효율적인 기업집단방식이고 이러한 효율성은 IMF 외환위기이후에도 지속되고 있다고 보는 관점(장하준·신장섭, 2003; 이근, 2010)이 존재하는 반면 재벌은 시장이 미숙한 단계에서는 효율성이 있었지만 시장이 성숙된 이후에는 비효율성이 높아지게 되었다는 주장이 있다. 김기원(2003)은 1980년대 전반을 경과하면서 재벌그룹의 통합다각화경영은 대체로 그 부정성이 긍정성을 압도하는 선단문어발경영으로 변질되기 시작하였다고 주장한다. 통합경영을 정당화하였던 시장의 불완전성이 점차적으로 개선되어 갔다. 우선 직·간접금융시장이 양적·질적으로 발전하였고, 기업 간 시장거래도 활성화되었으며, 정보화와 글로벌화가 여기에 촉매역할을 수행하였다. 따라서 개별기업이 독자적으로 시장에서 평가받고 시장을 통해 필요 자금과 물자를 조달할 수 있는 가능성은 확대되었는데, 선단경영은 이런 시장발전에 걸림돌로 작용하였다는 것이다. 그는 또한 산업구조가 중화학공업에서 지식정보산업으로 이행하고 모방학습만으로는 불충분해짐에 따라 자본과 노동도 안정성(commitment)보다 유연성(flexibility)쪽의 중요성이 증대하고 있다면서 재벌체제의 비유연성을 지적한다.

홍장표(2001)는 기업간 거래시스템에 관한 거래비용이론 등을 이용하여 재벌기업의 조직에 관한 설명을 제공하고 있다. 그에 따르면, 재벌기업의 조직은 수직적·위계적이며, 조직내부와 외부의 구분이 뚜렷하다. 거래비용을 줄이기 위해 수직적 통합이 중시되며 정보는 조직내의 최상층에 집중된다. 이에 따라 의사결정이 신속하지만, 수평적 정보전달과 상호작용은 취약하다. 재벌기업의 총수체제에 의한 가족경영은 가족집단의 이익과 가산보전을 최우선으로 한다. 그는 혈연·동족에 한정되는 협소한 신뢰관계 때문에 재벌내에서 거래 전체에서의 기회주의적 행위가 제대로 통제되지 않는다고 주장한다.

이러한 재벌체제의 효율성을 둘러싼 논란은 객관적인 실증분석의 결과에 기초하여 이루어지는 것이 아니어서 생산적이지 못한 측면이 많다. 또한 이러한 논란이 재벌의 내부적 체제가 환경의 변화에 따라 변화하여 왔다는 점, 즉 소위 재벌의 진화 측면을 간과한 측면이 크다고 할 수 있다. 다시 말해 1970-80년대의 재벌과 오늘날의 재벌체제가 변하지 않은 점과 변한 측면이 존재할 터인데, 그러한 진화의 내용이 무엇인지에 대해서는 연구가 매우 미흡한 것으로 보인다. 이러한 점에서 재벌의 내부거래 기제는 학자들에게는 아직 블랙박스라고 할 수 있다.

다음으로 재벌과 시장과의 관계이다. 일반적으로 우리나라 시장에서의 재벌은 독과점적 지위를 지니고 있다고 알려져 있다. 보다 구체적으로 재벌이 최종소비시장, 노동시장, 금융시장 등에서 구조적으로 어떠한 역할을 하고 있는지, 그리고 재벌 체제가 이러한 시장의 작동에 어떤 방식으로 외부효과를 창출하고 있는지가 궁금한데, 이러한 문제의식을 지닌 연구는 아직 많지 않은 것으로 보인다. 특히 1990년대 이후에 재벌기업의 자본조달 원천이 직접금융에서 간접금융으로 크게 변하면서 주식시장이 재벌기업 경영자에 대한 규율기능 등을 제대로 발휘하고 있는지에 대한 실증적인 분석은 별로 보이지 않고 있으며 이제민(1998)의 다음과 같은 인식을 공유하는 정도라고 할 수 있다. “1990년대 중반까지 대부분의 금융기관은 민영화되었으나 관료에 의하여 통제되었다. 이 관료들의 기득권은 별로 약화되지 않았다. 반면에 재벌에 의하여 장악되고 있는 시장에 대한 정부 감독은 매우 취약하였다.” 또한 한국의 재벌이 세계시장에서 경쟁력을 갖출 수 있었던 이유는 독과점적 지위를 행사하고 있는 국내시장을 제품테스트시장으로 저렴하게 활용하였다는 일각의 주장에 대한 실증적 분석도 흥미로울 것이다.

다음으로 재벌과 중소기업과의 관계에 대한 연구이다. 이 주제에 대하여 거래비용이론, 사회적 네트워크 접근, 기업역량 접근 등 최근에 발전해온 신제도경제학과 경제사회학이론을 도입한 홍장표(2001)

의 연구에 따르면, 한국의 기업간 거래시스템은 자체 생산에 대한 의존도가 높고 배타적 거래관계(exclusive contractual relationship)가 발달되어 있다고 평가한다. 그는 기존의 이론을 바탕으로 국가별 산업조직과 거래시스템의 차이가 기술능력과 산업경쟁력의 격차를 가져온 중요한 원인이라고 주장하고 한국에서의 배타적 거래관계가 발전해온 이유를 다음과 같이 설명한다. 후발국 한국의 기술능력 발전은 해외로부터 기술도입에서 출발하며, 도입된 기술을 얼마나 효과적으로 학습하느냐에 좌우된다. 이런 이유 때문에 성공적인 기술학습을 위해서는 학습자가 소화해낼 수 있는 흡수능력이 중요하고 이 흡수능력을 어떻게 확보하는가가 중요하다. 우리나라의 경우 완성품 조립기업과 부품기업이 긴밀하고 배타적인 거래관계를 맺고 있는데, 해외기술의 학습에 그와 같은 조직적 연계망이 활용되었다. 기업 간 협력과 정보공유가 촉진되는 배타적 거래관계를 통해 구매기업과 공급기업 간 '조직적 기술학습(organizational learning)'이 이루어졌다는 것이다. 암묵적 지식과 그에 따른 기술이전의 어려움을 이처럼 강한 연계망과 조직적 기술학습으로 대응하는 한편, 배타적 거래관계 속에서 기술유출의 위험을 줄였다는 주장이다. 그러나 그는 수직적 통합과 배타적 거래관계는 기술학습에서 장점을 보이나, 유연성과 개방성의 결여로 혁신과정에서는 적합하지 않다고 판단한다.

홍장표(2011)는 대기업의 독점적 시장지배와 불공정 하도급거래가 중소기업의 이윤율하락과 경영난을 초래하고 기업규모간 격차를 낳은 근본 원인으로 보기는 어렵다고 주장한다. 그는 그러나 대기업의 이윤수탈과 부담전가 행위가 기업 간 격차를 확대시키고 중소기업의 기술 투자유인을 위축시키는 요인으로 작용하고 있다고 주장하면서, 하도급거래를 공정하게 하고 대·중소기업간 상생협력 하도록 하는 것이 중소기업의 기술투자유인을 회복시킨다는 차원에서 그 의미가 있다는 점을 강조한다.[81]

다음으로 재벌의 소유구조 및 지배구조에 대하여 살펴보자. 이 문제에 대하여 오랫동안 천착해온 김진방(2000, 2003, 2004)은 한국의 재벌기업에서의 소유와 지배구조의 괴리를 지적해온 대표적인 학자이다. 그는 한국 재벌이 적은 소유로 많은 기업을 절대적으로 지배한다고 주장한다. 1997년 말 현재 5대 재벌의 계열사 200여개에 대하여 총수는 9.9%의 소유로 35.8%의 의결권을 행사하고 있다고 분석한다(김진방, 2003). 그는 대리인이론에 근거하여 이러한 소유와 지배구조의 괴리가 대리인비용을 높이는 원천이라고 주장한다. 즉, 지배주주는 기업가치보다 사적 이익을 선호하고, 이를 예견하는 투자자는 기업 가치를 낮게 평가한다는 것이다. 외환위기 이후에 재벌은 주식발생을 늘리고 차입을 줄였지만 내부지분율은 줄어들지 않았다는 것이 그의 분석 결과이다. 그 이유는 1999년 말 발행된 많은 주식을 계열사가 인수하였기 때문이다. 5대 재벌 내부지분율은 1997년에 37.0%에서 1999년 34.4%로 낮아졌지만 2001년에 37.5%로 다시 높아진 것으로 분석결과 드러났다. 한국에서 기업의 소유구조와 지배구조의 괴리가 줄어든다면 기업의 성과는 높아질 것인가? 이에 대한 실증분석은 Black 외(2006)에 의해서 시도되었다. 한국증권거래소에 상장된 기업 중 515개

---

81 그는 대기업-고기술 자본집약적 부문/중소기업-저기술 노동집약적인 부문으로의 양극화 성장체제의 한계가 드러난 현 시점에서 중소기업간 수평적 네트워크와 자립적 성장경로를 추구하는 방향을 모색할 필요가 있다고 주장한다. 협동화사업, 협업기업 등 수평적인 협력 네트워크 구축을 통한 자립적 성장경로와 그 생태계를 조성하는 방안이 검토될 필요가 있다는 것이다.

기업을 대상으로 장하성 교수와 공동으로 분석한 결과에 따르면, 소액주주권, 이사회에서의 외부이사의 참여도 등 지배구조가 보다 투명하고 소유구조에 일치할수록 기업의 성과는 높게 나타난 것으로 분석되었다.

그러나 이러한 지배구조의 개선은 소유구조의 개선과는 구분되어야 한다는 것이 적지 않은 학자들의 주장이다. 예를 들면, 홍장표(2006)는 김진방의 주장과 같이 외환위기 이후 추진된 재벌개혁이 기업지배구조 개선을 중심으로 진행되었고 소유구조까지 개혁하는데 이르지 못하였다고 주장한다. 재벌의 지배구조 개선으로 주주의 발언권은 강화되었지만 소유구조에서는 출자총액제한제도의 완화로 재벌의 내부지분율이 더욱 높아져 총수의 지배력은 오히려 강화되었다는 것이다.

이러한 주장은 자연스럽게 재벌의 외부효과 주장으로 이어진다. 정부-재벌의 수직적 발전지배연합 관계가 약화되고 재벌이 국가의 규율로부터 점차 독립하기 시작하면서 재벌기업들은 거대한 사회경제적 세력으로 성장하였다(조영철, 2003). 김기원(2003)은 이에 대하여 구체적으로 다음과 같이 서술한다. "재벌체제는 시장의 미발달과 실패에 대한 대응으로서의 성격도 갖고 있지만, 이는 역으로 시장의 정상적 발전을 저해하고 있기도 하다. 재벌내부의 자본·노동시장으로 인해 외부의 자본·노동시장 발전이 억압당하였던 것이다. 그리고 재벌의 독점이윤과 그에 편승한 재벌기업 근로자의 상대적 고임금체제로 중소기업이 크게 압박받고 있는데다, 총수일가의 간섭으로 하청기업 간의 공정한 경쟁조차 보장받지 못하는 경우가 적지 않다. 공기업개혁이나 은행의 소유구조개혁을 가로막고 있는 결정적 걸림돌도 다름 아닌 재벌체제이다. 정치·공기업과의 유착관계에서 점차 재벌이 치르는 대가에 비해 제공받는 이득의 중요성이 감소되어 갔음에도 여전히 재벌체제는 그런 유착관계를 지속시키고 있고 그리하여 정계·관계의 선진화를 제약하였다. 나아가 재벌체제는 언론계·학계·법조계 등 사회전반을 오염시킴으로써 근대시민사회의 발전을 저해하고 있다." 반면에 재벌집단이 정의 외부효과를 발생시키고 있다는 분석이나 주장은 상대적으로 학계에서 크게 두드러진 연구사례가 나타나지 않고 있다.

5

제도환경과 조직의 조응성과 적응

1. 제도적 상보성과 경로의존성

거대한 재벌집단과 다수의 소규모 기업의 공존, 건실한 중견기업의 부족, 노동시장의 이중구조화, 강력한 학벌체제의 지속 등 한국의 사회경제적 특성은 한국의 공식적·비공식적 제도환경과 어떻게 조응하고 있는가? 한 나라에서의 특정한 조직형태나 기업 간 및 부문간 거래방식은 각종 제도에 의해서 뒷받침되고 있으며, 문화와 관습, 그리고 사람들의 공유된 의식을 통하여 유지된다. 만약 이러한 공식적·비공식적 제도환경과 충돌되고 모순된다면 그러한 조직형태나 거래방식은 지속되기 어렵다(Aoki, 1991, 2007; Amable, 2000; Hall과 Soskice, 2001). 이러한 조직과 제도의 조응성과 여러 제도간의 상보성이 경로의존성을 만들어낸다. 특정한 조직형태가 사회적으로 최적이 아니고 보다 우월한 형태가 현실적으로 가능하다고 할지라도 이러한 조직형태가 지속되는 이유가 바로 경로의존성 때문이다. 그러므로 경로가 어떻게 타파되는지에 관한 연구도 중요할 것이다(Thelen, 2003).

특히 고도성장기간 동안에 채택된 정부주도적·재벌 편향적·대표주자 육성적·과잉경쟁적 성장방식이 우리 사회구조 및 공유된 개인의 믿음과 의식에 어떠한 영향을 미치게 되었는지를 분석하는 일은 문제해결의 고리를 찾는데 매우 유용할 것이다. 이러한 성장방식의 채택결과, 우리사회의 전통적 믿음과 의식의 어떠한 부분이 약화 혹은 강화되었는지, 그리고 고도성장과정을 통하여 새롭게 형성된 믿음과 의식은 무엇인지에 대한 문제의식은 중요해 보인다. 또한 IMF외환위기 극복과정에서 새롭게 채택된 제도의 변화 즉, 노동시장에서의 이동성은 높아지지 않은 채, 노동시장의 유연성만 높이면서 초래된 개인의 위험도 증가가 사람들의 의식과 행태에 어떠한 영향을 미쳤는가도 중요한 관심사항이라고 할 수 있다. 이러한 문제의식에 입각한 기존 연구는 많아 보이지 않는데 두드러진 몇 가지의 연구결과만을 요약,소개해 보자.

한국의 세대 간 경제적 이동성을 분석한 김희삼(2009)은 우리나라의 세대 간 경제적 이동성이 높았던 비결은 고도성장과 산업구조의 급변으로 더 많은 상위 직종의 일자리가 만들어졌고, 부모의 사회경제적 지위가 낮아도 교육을 통해 이런 일자리에 대한 접근이 가능했다는 데 있다고 본다. 즉, 빈농이 다수였던 산업화 이전 세대보다 그 다음 세대에서는 급속한 경제발전으로 인해 2·3차 산업에서 더 나은 취업기회가 양산되었다. 그는 그러나 앞으로는 세대 간 경제적 이동성이 약화될 우려가 있다고 지적한다. 고도성장이 종료되고 잠재성장률이 하락했을 뿐 아니라 성장이 그만한 고용창출을 동반하지 않는 국면에 접어들면서 전체 일자리 수의 증가 자체가 정체되고 있는 상황에 와 있기 때문이다. 더욱이 사교육시장의 심화에 따라 부모의 경제력이 자녀의 교육, 특히 교육의 질에 미치는 영향이 증가하여 고소득층 자녀의 명문대학 진학률이 상승하였고, 부모가 대체로 가난했던 이전 세대에 비해 다음 세대는 부동산 등 자산가격의 급등으로 물적 자산의 직접적인 증여나 상속을 통한 경제력 대물림도 더 크게 나타날 가능성이 있기 때문이다. 노동패널자료를 이용하여 오늘날 개인의 지위획득과정을 분석한 결과를 보면, 부친의 학력→ 본인의 학력→ 본인의 첫직장→ 본인의 현재직장으로 이어지는 경로가 가장 주된 세습-성취경로임을 보여주고 있다(방하남 2007). 아울러 세대간 세습과정에서는 부친의 직업보다 부친의 학력이 미치는 영향이 훨씬 크며 세대 내 성취과정에서는 가족배경의 영향이 직접적으로 본인의 지위획득에 영향을 미치기보다는 본인의 학력을 매개로 해서 이루어진다는 분석결과를 보고하고 있다.

조영철(2007)은 금융세계화, 시장개방에 의한 경쟁 격화, 노령화, 지식기반경제와 서비스경제로의 이행에 따른 구조조정 등으로 인해서 새로운 사회위험이 전 세계적으로 확산되고 있다고 주장한다. 특히 우리나라의 경우 새로운 사회위험이 급증한 반면, 위험을 사회적으로 분담하는 위험의 사회화 기능은 약화되었다고 분석한다.[82] 적지 않은 심리학자들은 우리나라의 자살율 1위와 최저출산율을 이러한 위험에 대한 개인의 극한적 대응방식으로 설명한다. 조영철(2007)은 유연성과 안정성의 조화를 이루는 유연안정성(flexicurity)체제를 노동시장, 금융, 거시경제와 사회정책 분야 등 경제사회 전반에 확산시킬 수

82 OECD의 통계연보(2010)에 의하면, 2005년 기준 재정지출 중에서 복지와 관련한 사회적 공공지출은 GDP 대비 6.9%로 조사대상 35개국 중에서 최하위를 기록했다. 이는 OECD 평균인 20.6%의 3분의 1수준에 불과하다.

있는 정책 개혁이 필요하다고 주장한다.

2. 기술 및 시장 환경의 변화에 대한 기존 제도 환경 및 조직들의 적응문제

자본주의의 황금기라고 할 수 있는 1960-70년대에 비하여 1990년대 이후 현대는 불확실성이 높은 시대이다. 경기변동에 따른 불확실성일 수도 있고, 기술 및 제도의 변화에 따른 불확실성일 수도 있는데 이러한 불확실성에 대응하는 조직·거래관계·사회시스템의 적응능력은 조직형태·거래방식·사회마다 다르다고 할 수 있다. 윌리엄슨은 시장적 거래관계, 혼합조직, 수직적 통합의 적응능력은 경기변동적 불확실성과 기술 및 제도적 불확실성에 따라 서로 다르다는 점을 설명한다(Williamson, 1996). 국가적 관점에서 사회복지체제를 구축하는 것은 이러한 불확실성의 증가에 따른 개인의 위험을 사회적으로 대응하는 것으로 볼 수 있다. 여기에서 사회복지체제는 단순히 총량적인 사회복지비 지출에 한정된 것이 아니라 비용의 조달과 지출 방식을 통해 불확실성에 대한 개인 및 집단, 지역사회의 대응능력을 제고한다는 관점에서 해석할 수 있다.

또 하나 고려해야할 점은 선진기술의 모방단계에서 따라잡기전략에 적합한 조직 및 제도 환경과 지식 및 기술의 창조단계에 적합한 조직 및 제도 환경의 차이를 분석하는 일이다. 그러나 세계화 및 정보통신혁명의 진척에 따른 시장과 기술의 불확실성이 높아지고 있는 추세하에서 우리나라의 제도 및 조직의 유연성을 분석한 연구는 많지 않은 것으로 보인다.

홍장표(2001)는 한국의 산업은 기술학습단계를 지나 기술정보의 창출과 그 확산이 중시되는 혁신단계로 이행하고 있다고 진단하고, 자동차, 철강, 조선 등은 점진적 혁신과 체계적 혁신, 정보통신산업에서는 근본적 혁신과 독자적 혁신이 요구된다고 주장한다. 이근외(2001)는 진화경제학적 접근에 입각하여 기술적 불확실성이 높아지는 지식기반경제시대에 인지실패나 전략적 보완성과 같은 새로운 유형의 시장실패에 대한 정부 개입의 근거를 제시하고 우리나라의 경우에도 시장보호를 위한 개입보다는 혁신역량을 강화시키기 위한 정부의 산업정책이 중요하다는 점을 주장한다.

마지막으로 우리 경제에서의 서비스업 비중 증가와 서비스업의 생산성 격차문제에 대하여 언급하기로 하자. 1990년대 이래 한국경제는 고용과 생산에서 서비스업의 비중이 크게 증가하고 있고 그 속도는 OECD 국가 중 가장 빠르다. 서비스업 고용이 전체 고용에서 차지하는 비중은 1980년 37.0%에서 2005년 65.2%로 증가하였지만 아직은 서비스산업의 고용 및 생산비중이 OECD 중에서 낮은 편이다. OECD 국가들의 서비스업 GDP 평균 비중이 2003년에 70%수준인 반면에 한국의 GDP비중은 57.2%이다. 더욱 큰 문제는 서비스산업과 제조업의 생산성 격차가 OECD 중 가장 크다는 점에 있다. 우리나라의 제조업 생산성 지수는 25개 OECD 국들의 생산성지수 단순평균치의 83% 수준인 반면에 서비스업 생산성 지수는 59% 수준에 불과하다(허재준 외, 2007). 이종화(2005)는 서비스부문의 성장 및 생산성의 증가가 이루어지지 않으면 한국 경제 성장의 둔화는 불가피하다고 진단하면서, 고용흡수가 높고 생산성이 낮은 음식, 숙박, 부동산업의 비중이 높은데 이 부문의 생산성을 제고하는 것이 필요하다고 주장한다. 허재준 외(2007)는 각 산업에서 서비스직능을 가진 근로자 비중의 증가와 생산과정에서 중간재로 사용되는 서비스재의 증가에 주목하며 금융, 보험, 사업서비스와 같은 생산자서비스와 운송, 보관, 통신 등 물류서비스 등의 전문성의 부족 등으로 제조업과의 충분한 전후방 연방효과를 올릴만한 시장이 형성되지 않아 악순환 상태에 놓이게 되었다고 진단한다.

이러한 점에서 지식기반사회에서 서비스산업이 담당 할 수 있는 혁신적 특성에 대한 이해를 높혀 제도 환경을 개선하고 정부의 지원을 확대할 필요가 있다. 지식과 기술의 생산과 거래는 전통적인 재화와 서비스의 생산과 거래와는 다른 특징을 지니고 있다. 지식 및 기술의 생산과 거래를 위한 조직형태를 집중 연구하여 잠재적 거래비용을 최소화하는데 기여하는 산업 및 시장 정책을 정립하여 지식기반 서비스산업의 시장이 확대될 수 있도록 유도할 필요가 있다. 1990년대 이후 금융, 보험, 사업서비스, 보관, 통신, 도소매업 등의 유통서비스에 ICT 장비가 도입되는 한편, 규제가 완화되고 경쟁이 심화됨에 따라 생산성이 획기적으로 제고되어 지식기반 서비스산업이 성장 동력으로 작용하도록 하였던 미국의 제도 개선 사례가 참고가 될 수 있을 것이다. 서비스부문의 혁신은 제조업부문에서의 "hard"기술보다 모방하기가 용이하지 않고, 인적 자원, 조직의 변화, 기타 무형 자산 부문에 대한 투자는 개별 기업에 특정적인(firm-specific) 성격을 지니는 경향이 있다. 또한 서비스 활동은 제조업생산부문보다 덜 표준화되고 고객특정적인(customer-specific) 성격을 지니는 경향이 있다. 소비자와의 접촉활동에 보다 의존하는 경향이 있으며 국가적·문화적·제도 환경에 깊이 체화되기 쉽다. 이러한 이유 때문에 서비스부문에서의 기업 간 그리고 국가 간 스필오버(spillover)는 더 어렵게 된다(Ark 외, 2008). 서비스부문의 혁신은 결국 선진 기업으로부터 단순히 모방하는 방식으로는 달성하기 어렵고 그 나라 고유의 지식 및 기술 창조역량의 제고를 통해서 달성되는 경향이 강하다는 것이다.

그러므로 지식과 기술의 창조역량을 강화하기 위해서는 대학교육을 보다 강화할 필요가 있다는 주장에 관심을 기울일 필요가 있다. 아지온과 호위트(2006)는 유럽이 1995-2006년 동안 미국보다 저축율이 높고 노동대비 자본의 심화정도도 높으며, R&D 투자액도 많았으나 미국보다 생산성이 낮은 이유는 대학을 졸업한 성인의 비율이 미국이 유럽보다 더 높았고 좋은 품질을 지닌 대학이 미국에 훨씬 많았다는 점에 있다는 것을 지적한다. 이들은 또 고등교육에 대한 투자가 한 나라의 첨단 혁신역량에 보다 큰 영향을 주는 반면에 초중등교육은 기존에 존재하는 기술을 이행하는 능력을 향상하는데 보다 영향을 준다고 주장한다. 이러한 점에서 한 나라가 현존하는 세계기술 프론티어에 가까이 접근할수록 기술 및 조직혁신을 수행할 경제주체를 배출할 고등교육이 보다 중요해진다는 것이다.

6

종합평가와 향후 연구방향

이상에서 한국형 발전모델에 관한 국내연구들을 고도성장 달성의 원인과 관련된 연구들과 한국의 사회경제구조 특징을 다룬 연구들을 중심으로 살펴보았다. 우리나라가 식민지 경험을 가진 다른 개도국들에 비하여 고도성장을 달성할 수 있었던 전략적·정책적 요인에 대해서는 상당한 연구가 이루어졌음이 확인되었다. 이러한 연구들이 시사하는 것은 정부의 시장 창출 및 보호정책이 매우 중요하다는 점이다. 반면에 고도성장 달성의 미시경제학적 기초를 이루는 제도적 요인에 대한 연구와 전략적 요인과 제도 환경적 요인 사이의 조응성에 대한 연구 등은 아직은 미흡한 상태라고 볼 수 있다. 이 분야에서 우리는 보통 사람들의 기회의 균등화를 촉진하는 소유권의 재배분, 경쟁시스템, 조정기제 등을 성장을 촉진하는 중요한 제도적 요인으로 제시하였다. 이러한 세 가지 요인을 중심으로 향후에 보다 깊이 있는 연구가 이루어질 필요가 있다.

첫째, 기존 연구에 의하면 독재 권력은 약탈적이고 부패하기 마련인데, 한국의 독재 권력이 제3세계의 독재국가에 비하여 상대적으로 부패정도가 심하지 않게 된 이유와 메카니즘에 대한 분석이 필요하다. 이는 세계은행을 비롯한 세계원조기구들의 공통적인 관심사라고 할 수 있다. 이와 관련하여 북한의 체제위협 또는 체제 간 경쟁이 중요한 제어기능을 한 것이 아닌가 하는 추론을 제기하였는데 이를 포함하여 보다 깊이 있는 연구가 필요하다. 둘째, 농지개혁이 소유권 배분의 혁명이었고, 이러한 급진적 제도개혁이 한국인에게 빈곤의 덫으로부터 벗어나도록 만든 유인을 형성하였다고 주장과 관련하여 농지개혁을 통한 계급구조의 재편이 한국자본주의적 시장경제의 확장과 성장 촉진에 얼마나 어떻게 기여하였는지를 실증적으로 분석하는 일도 흥미로울 것이다.

셋째, 외환위기 이후 한국 경제의 성장 요인에 대한 분석이 아직 미흡한 것으로 보인다. 우리나라는 1995년 1만 달러 소득에서 2007년 2만 달러 소득으로 진입하였다. 재벌에 대한 정부의 주도성이 약화된 민주화시기 이후에 이러한 성장이 어떻게 이루어졌는가? 이 시기 성장의 전략적 요인과 제도적 요인은 그 전에 비하여 변화하였는가? 변화하였다면 무엇이 얼마나 변화하였는가를 분석하는 것이 필요할 것이다. 넷째, 이러한 제도적 요인이 어떤 방식으로, 어떠한 경로를 통해서 변화하였는가에 대한 분석도 제도 변화의 동학에 대한 연구의 측면에서 매우 흥미로운 주제라고 할 수 있다.

다음으로 한국형 사회경제구조의 특징에 대한 기존 연구를 통하여 오늘날 우리 사회경제구조는 초기에 채택된 고도성장의 방식과 IMF 외환위기 극복과정에서 채택된 방식 모두에 의해서 영향을 받아 형성된 것으로 확인할 수 있었다. 여기서는 양극화와 재벌의 문제에 한정하여 이를 검토하였는데, 재벌-중소기업의 분절적이고 배제적인 노동시장구조, 세계화 및 기술변화에 대한 경제구조 및 제도의 적응능력의 미흡, 새로운 기득권 세력의 형성과 세대 간 이전 등에 의하여 양극화가 심화되고 있음이 기존 연구결과 확인되었다. 특히 우리나라와 같이 재벌–중소기업의 분절적이고 배제적인 노동시장구조를 가진 상황 하에서는 노동자 간의 연대 및 사회적 신뢰가 매우 중요한 실천적 과제라는 점을 시사해준다.

재벌의 문제는 오늘날 우리 사회경제의 지속적인 발전을 위해서 해결해야할 핵심적 과제라고 할 수 있다. 재벌의 문제는 국내 시장에서의 독과점적 지위와 세계시장에서의 경쟁적 지위라고 하는 이중적 측면, 성장과정에서 정부 및 국민들로부터 적지 않은 지원을 받아온 '공적인' 기업이라는 측면 등이 고려될 필요가 있는데, 기존의 연구는 이러한 다 차원적인 분석이 미흡한 것으로 보인다. 그동안 재벌에 관한 연구가 주로 소유구조 및 지배구조, 그리고 이의 효율성 여부에 초점이 맞추어져 왔는데, 재벌과 시장과의 관계, 재벌과 중소기업과의 관계, 재벌의 외부효과 등으로 연구가 확대될 필요가 있다. 최근 정관계에 대한 삼성을 비롯한 대기업들의 유착행위, 그리고 세습을 통한 소유주들의 지속적인 지대 추구적 행위를 재벌과 시장과의 관계, 재벌의 외부효과, 그리고 정부주도경제성장방식의 경로의존성 등의 측면에서 새롭게 조명하는 것이 필요한 것으로 보인다. 그리고 재벌의 중소기업에 대한 수탈의 문제가 언론을 통해 크게 지적되어 왔지만 이에 대한 깊이 있는 연구를 찾아보기 어려웠다는 점도 지적할 만하다.

마지막으로 본고는 기술 및 시장 환경의 변화에 대한 우리사회경제구조의 적응능력이 미흡하다는 점, 그리고 불확실성의 증가에 따라 개인들이 위험에 더 많이 노출되었고 위험회피 성향이 증가하였다는 점 등이 우리 사회의 중요한 문제점으로 제기되고 있다는 것을 지적하였다. 이러한 관점에서 일자리, 권한, 성과보수의 배분, 기업 간 거래, 기업부문과 교육부문의 거래, 기업부문과 금융부문의 거래, 기업부문과 정부부문의 거래, 기업부문과 시민사회부문의 거래, 시민사회와 정부의 거래관계의 특징을 외국과 비교하여 분석한다면 우리 사회의 발전방향에 대하여 상당한 함의를 도출할 수 있을 것으로 보인다. 이러한 분석결과를 토대로 한국인의 의식과 행동을 보다 체계적으로 이해할 수 있을 것이며, 이를 통해 선순환 구조로의 전환을 위한 전략적 요인들을 보다 효과적으로 도출할 수 있을 것으로 기대된다.

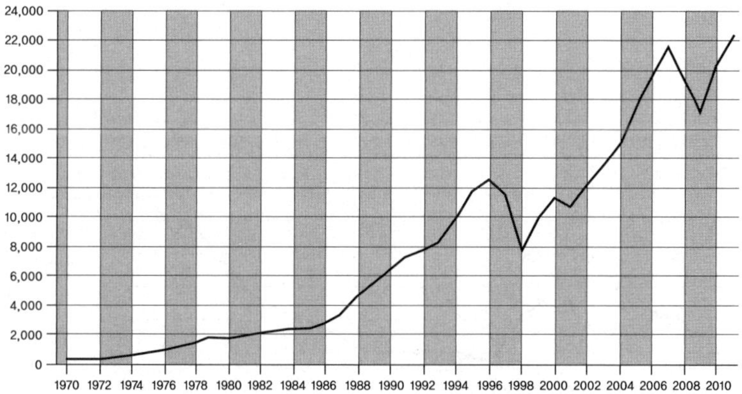

출처: 한국은행

그림 3 1인당 국민소득의 추이(1970-2011, 달러)

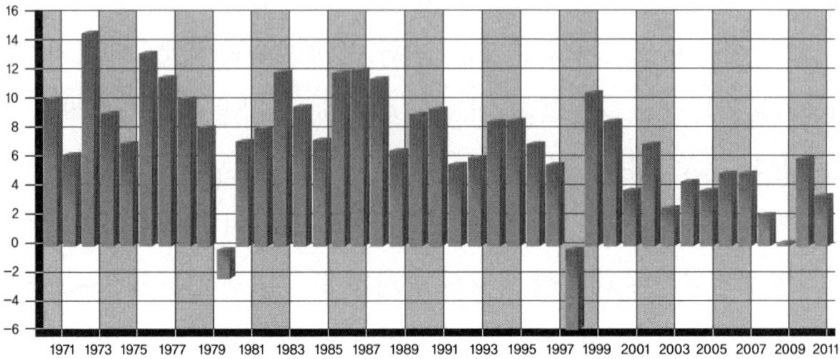

출처: 한국은행

그림 4 연간 경제성장율 추이(1970-2011, %)

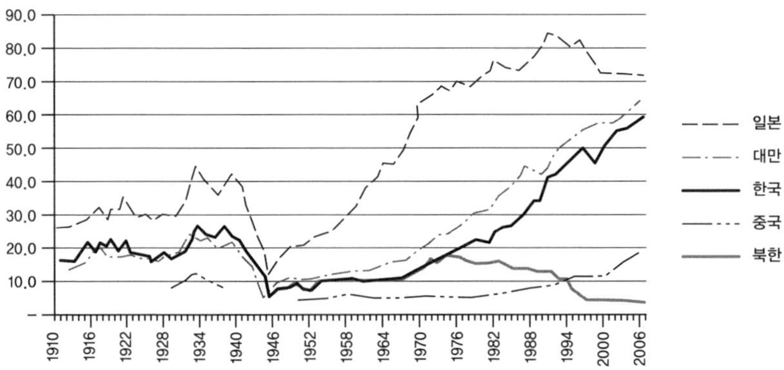

자료: Maddison(2009), 김낙년(2009)에서 재인용

그림 5 Maddison(2009)의 1인당 GDP 비교(미국=100)

4

Dynamic Korea

한국경제사회, 한국인, 한국교육

한국형 모델의 이론적인 구성요소들

우리 사회의 학벌 문제는 사회 및 경제와 교육을 관통하는 핵심적인 고리이다. 한국 사회의 학벌구조는 서울대학교를 정점으로 하는 고착화된 대학의 서열을 기반으로 하며, 대학의 서열화는 중등교육을 입시경쟁의 전쟁터에 불과하도록 만들고 있다. 우리 사회에서 학벌은 권력, 돈, 명예를 집단사이에 나누는 가장 중요한 장치이다. 특정인이 고졸자인가 아니면 대졸자인가, 그리고 대졸자이면 어느 대학 졸업자인가가 일생을 통해 그 사람이 누릴 권력, 돈, 명예를 압도적으로 결정하게 된다. 특정 사회구성원의 졸업장은 교육중의 수업의 질이나 양, 그리고 졸업 후 직장에서의 실적과 무관하게, 이 구성원이 사회에서 차지할 지위를 결정하게 된다.

불가역적이고 고착화된 대학 서열 속에서 각 대학은 그 서열에 해당되는 특권을 누린다. 그리고 이런 특권은 특정대학의 졸업생들로 구성된 족벌, 측 학벌을 통해 유지되고 재생산된다. 이런 특권은 거의 전인적인 것이어서, 단순히 소득의 차이를 낳는데 그치지 않으며, 신분을 결정하는 장치이다. 10대 후반에 쟁취하는 졸업장은 한국사회의 신분 혹은 계급을 재생산하는 사회 형태 혹은 기호라는 것이다.

전반적으로 보면 학력/학벌에 의존한 이런 사회경제적 불평등과 차등이 대학의 서열에 의해 뒷받침되고, 이런 대학 서열이 입시경쟁을 통해 유지되며, 입시경쟁에 유리한 구도를 만들기 위해 중/고등교육이 존재한다. 이 같이 사회의 불평등, 대학의 서열, 그리고 처절한 입시경쟁이 엇물려 서로를 재생산하고 있다.

한국 사회의 학벌구조와 이로 인해 빚어지는 입시경쟁은 중고등학교를 입시를 위한 병영으로 만들었으며, 중고등학교에서 지적인 감수성을 상실케 하여 대학 교육마저 황폐화시키고 있다. 사교육비의 폭발적인 증가, 강남 지역의 아파트 가격 폭등, 기러기 아빠의 증가, 성적비관형 자살, 그리고 출산기피나 인구감소 등도 모두 한국 사회의 학벌구조와 상당한 관련이 있다.

해방이후로 학력/학벌로 인한 사회의 불평등은 더욱 심화되었고, 대학교의 서열은 더욱 고착화되었으며, 입시경쟁은 더욱 치열해졌다. 이 과정에서 각 대학교가 그나마 유지해 오던 전통이나 분야별 특색은 지난 20여 년 사이에 완전히 서열체계에 흡수되었다. 이같이 한국사회의 학벌구조는 단순 재생산이 아니라 확대 재생산의 길을 걸어 왔다.

이런 어두운 그림자에도 불구하고 한국의 경제성장이 상당부분 한국인의 교육열에 의존하고 있다는 주장이 만만치 않다. 한국이 동아시아의 기적이라고 볼릴만큼 높은 경제성장을 이룩한 것은 주지의 사실이다. 그런데 자원이 부족한 한국이 이같이 높은 성장률에 공헌한 요인으로 토지개혁으로 인한 평등성의 확보와 함께 높은 교육수준이 손꼽히고 있다.

그렇기 때문에 한국사회의 빛과 그림자를 설명하는데 교육이 열쇠가 될 수 있다. 한국이 학벌사회라는 규정은 한국의 교육, 경제 그리고 사회의 재생산구조를 새롭게 밝혀내는 화두가 될 수 있다. 이제 학벌사회에 얽혀 있는 요인들을 풀어내어 설명의 고리들을 찾아보자.

1

지대추구

경제학에서는 교육을 소비로 생각하기도 하고 인적자원을 육성하는 투자로 생각하기도 한다. 교육을 소비로 보는 관점에서는 사람들이 지식습득을 즐긴다고 보는데, 이는 한국사회와 거리가 있다. 그렇다고 인적자원을 육성해 생산성을 증대시킨다는 베커(G. Becker)의 인적자본이론도 받아들이기가 쉽지 않다(Becker, 1975; Rosen, 1987). 대학교육의 내용과 노동시장에서 요구되는 지식 사이에 상당한 괴리가 있기 때문이다. 개인차원에서의 생산성이나 실적이 아니라 교육수준이나 출신대학으로 노동자와 직장인을 평가한다는 점은 또 다른 근거이다.

한국사회에서 교육은 지적인 능력이나 생산성을 증대시킨다기보다 지대를 낳고 신분을 형성한다. 이런 의미에서 입시교육과 학벌사회로 규정되는 한국은 지대추구사회이며 한국의 입시경쟁은 지대추구행위로 간주할 수 있다. 특정 대학의 졸업장에 근거해 학벌이라는 독점적인 집단이 형성된다. 학벌은 능력이나 노력과 무관하게 대학을 졸업하지 않은 사람이나 특정 대학의 특정 전공의 졸업장을 가지고 있지 않은 사람을 배제하므로 경쟁을 억압한다. 반면 학벌이 불확실성이나 운을 줄여주며 집단이나 사회관계를 통해 가치를 분배한다고 말할 수 있다.

학벌은 학벌소지자에게 차등적인 임금을 낳는다. 나아가 이런 학벌소지자들이 고용된 기업에 차등적인 이윤을 낳는다. 이 점에서 입시는 동양사회에서 흔히 발견되는 과거시험의 연장이라고 볼 수도 있다. 따라서 지대추구에 관한 이론을 논의할 필요가 있다. 이 이론의 근거로 털록(G. Tullock), 부캐넌(J. Buchanan), 그리고 크뤼거(A. Krueger) 등을 들 수 있다(Krueger, 1974; Tullock, 1988). 서양에서는 중상주의가 이와 유사한 사례이다.

그런데 이 이론은 시장을 기준으로 놓고 지대추구의 비생산성이나 비효율성만을 강조하므로 한국사회를 설명하는데 있어 부족함이 있다. 해방이후 한국사회에서 학벌을 위시한 여러 집단들이 확대 재생산되었다면, 이를 단순히 시장에서 벗어나는 비정상적인 상황으로만 간주하는데 무리가 있다. 우리의 과제는 학벌의 존재이유와 이에 근거한 한국사회의 재생산원리를 밝혀내는데 있다.

또한 한국사회에는 학벌, 지연, 혈연 등 집단을 통한 자기확인과 이익추구가 흔하다. 그런데 이 이론은 집단차원의 지대추구와 집단사이의 경쟁을 강조하지 않는 것으로 보인다. 일단 시험을 거쳐 학벌이 형성된 후에도 학벌소유자들 사이에 보다 좁은 범위에서, 그러나 더욱 치열한 경쟁이 벌어진다는 점도 충분히 고려하지 않는 것으로 보인다.

나아가 지대추구이론은 단순히 주어진 가치나 잉여의 재분배에 초점을 맞추는데, 한국사회의 학벌이 집단차원에서 유인이나 동기를 부여해 적극적으로 가치나 잉여를 창출했을 가능성이 있다. 달리 말해, 유인이나 목표가 개인차원이 아니라 집단차원에서 부여될 때 더 많은 노동과 더 높은 생산성을 끌어낸다고 볼 수 있다(Brewer & Gardner, 1996; Shamir et al., 1993; Howel & Shamir, 2005).[83]

부정적인 측면과 긍정적인 측면에 있어 한국의 학벌은 한국의 재벌과 비슷하다. 재벌에 대해서도 비전문다각화 등으로 인한 비효율성과 도덕적 해이가 문제점으로 지적된다. 그렇지만 동시에 재벌이 개별 기업이 안고 있는 불확실성을 줄여준다는 주장도 가능하다. 학벌도 지대추구를 낳으면서 개인에게 집단에 대한 소속감을 통하여 안정감을 준다.

---

83 우리나라의 출산율은 2008년 1.19명으로 떨어져 OECD 국가 (평균 1.71명) 중 최하위였다. 반면에 우리나라의 인구 10만명 당 자살률은 21.5명으로 OECD 평균 11.7명의 두 배 가까이 됐다. 또한 연평균근로시간은 2008년 2천256시간으로 OECD 국가 중에 최장시간 국가였다. OECD 평균은 1천764시간으로 연평균 근로가 2천 시간을 넘는 국가는 우리나라와 그리스(2천120시간) 뿐이었다.

2

신분증명서

한국대학의 졸업장은 신분증명서(credential, sheepskin)에 가깝다. 대학졸업장이 지니는 신분증명서의 역할은 보울즈 및 긴티스(Bowles & Gintis, 2002)와 사회학자 콜린스(R. Collins, 1979)가 지적한 바 있다. 한국에서는 대학졸업장에 근거한 학벌은 보다 높은 임금뿐만 아니라 보다 높은 지위를 낳는다. 그러므로 학벌의 가치는 생산성을 넘어서는 임금이나 임금과는 별도의 신분이나 지위의 상승으로 나타난다.

이 때문에 한국사회의 교육은 입시경쟁을 유일한 과제로 삼으며, 입시경쟁은 보다 높은 서열의 대학에 진학하는 것을 유일한 목표로 삼고 있다. 대학에 진학하고 졸업하면, 특정 대학의 졸업자로서 그에 상응하는 특권이나 대접을 받게 된다. 전공이 무의미하지는 않지만, 입학성적의 대리변수로 기능하는 경우가 대부분이다. 가령, 법대가 상대보다 우월하다는 등 전공의 우월을 따지는 행태는 이런 관점에서 이해해야 한다.

이에 따라 한국사회에서 학벌에 대한 지불의사(willingness to pay)와 수락의사(willingness to accept)는 해당 학벌소지자의 임금보다 높을 것으로 예상된다. 즉, 학벌의 가치=생산성을 넘는 임금+지위의 가치이다. 또한 학벌의 가치는 해당 학벌에 대한 지불의사뿐만 아니라 수락의사로도 파악해야 한다. 지불의사는 학벌을 얻기 위해 지불의사가 있는 화폐액수이고, 수락 의사는 이미 얻은 학벌을 포기하기 위해 받을 액수이다. 기득권으로서의 학벌을 포기하기가 상당히 어려울 것이라는 추정에 근거해 후자가 더 높을 것이라고 예상하는 것이다.

신고전학파 경제학에 의하면 지불의사와 수락의사는 동일하다. 이에 비해 행동경제학에 의하면 준거의존성과 현상편의로 인해 이 두 가지는 다르며, 수락의사가 지불의사보다 일반적으로 높게 나타난다(Kahneman, 2003; Bateman. et al., 2005). 이에 따라 양자 모두를 측정할 필요가 있다.

결과적으로 임금<지불의사<수락의사가 우리의 가설이 된다. 이를 형식화하면 다음과 같다. 1)에서 임금의 할인된 합계보다 높은 액수가 나오고, 2)가 1)보다 더 높을 것으로 예상한다.

V(H)=(W−MPP)+(WTP−W), V(H)=(W−MPP)+(WTA−W)

V(H): 학벌의 가치, W: 임금, MPP: 노동의 한계생산성, WTP: 지불의사, WTA: 수락의사

가설

Ho: W < WTP   Ha: W = WTP

Ho: W < WTA   Ha: W = WTA

이에 대한 설문은 다음과 같다.

1) A 대학 졸업장을 준다면 얼마까지 지불할 용의가 있는가?

2) A 대학 졸업장을 포기하려면 얼마를 받아야 하는가?

3

점수와 수량적 지표

한국에서는 사람들의 능력이 표준화된 기준에 따라 수량화되는 경향이 강하다. 학생의 지적인 능력이나 경제주체의 생산력을 획일화된 하나의 기준으로 점수화해 비교하는 경향이 높기 때문이다. 학생들의 수능점수나 입시성적이 단적인 예이며, 직장에서의 고과나 교수들에 대한 업적평가 등도 이에 해당된다.

표준화된 평가기준은 흔히 공인된 평가기관을 필요로 한다. 이는 한국사회에서 평가의 기준이 다양하게 공존하기 힘들다는 것을 의미한다. KS마크, 모범택시, 모범식당, 내신과 수능점수, 학사/박사/의사, 변호사, 의사 등 한국에서 정부나 기관의 인증이 중요해지는 이유는 여기에 있다.[84]

인간의 능력을 점수로 환원하는 것과 모든 것을 가격이나 임금으로 전환하는 것은 하나의 기준으로 수량화한다는 점에서 비슷하

---

84 KS(Korean Standard) 표시는 경제성장과정에서 제품의 품질을 증대시키기 위한 정부개입의 사례이다. 그런데 KS표시가 한국인에게 '경기고등학교'와 '서울대학교'의 약자로 회자되었던 사실은 한국사회에서 재벌과 학벌의 묘한 상응성을 보여주고 있다.

다. 그러므로 인간의 능력이나 기관의 실적을 수량화된 지표로 만들려는 노력은 부분적으로 시장경제에 부합한다. 그리고 이들은 모두 여러 속성이나 능력들을 하나의 지표로 환원하거나 환산한다는 점에서 통약(commensuration)을 요구한다(Espeland & Stevens, 1998; Podolny & Hill-Popper, 2004).

점수나 지표, 그리고 가격은 모든 사람들을 동일한 평가의 장으로 끌어들인다는 점에서 최소한의 평등을 내포한다. 입시의 장은 신분이나 계층에 관계없이 모든 사람들의 능력을 점수로 전환하고, 가격도 돈의 출처와 상관 없이 모든 것을 시장으로 끌어들인다는 점에서 평등성을 내포한다.

그러나 사람들의 개성이나 이들이 지닌 능력의 다양한 차원(dimensions)을 고려하지 않고 하나의 잣대나 척도로 평가한다는 것의 문제들도 간과할 수 없다. 특히, 외형적이거나 관찰이 가능하고(observable) 수량화할 수 있는(quantifiable) 능력만을 지표로 포착하기 때문에 전체적인 인간의 능력을 제대로 파악하지 못할 가능성이 높다. 이 점은 교육학뿐만 아니라 경제학에도 익히 알려져 있다. 이와 관련된 주요 논자로는 홈스트롬(B. Holmstrom)이나 밀그롬(R. Milgrom)을 들 수 있다(Holmstrom & Milgrom, 1991).

이런 일방적인 평가도 문제이지만 이런 평가가 학생이나 경제주체의 능력을 편향되게 만든다는 것이 더 큰 문제이다. 점수와 대학의 서열, 수출액과 일인당소득, 집의 건평과 건물의 층수와 갯수, 자동차의 배기량 등 수량적인 지표가 설정되면, 이를 목표로 삼아 누구든 내용이나 질보다 수량이나 크기에 집착하게 되기 때문이다.

이에 따라 학생이나 시민의 능력이 기형적으로 특정의 측면으로만 발전하면서 진정한 지적인 능력이나 생산능력 혹은 자아를 실현하는 능력은 억압된다. 이 점에서도 가격에 의존하는 시장과 점수에 의존하는 입시의 장은 유사하다. 신장이나 규격화된 용모에 대한 사람들이 집착도 이와 다르지 않다.

그러나 한편으로는 하나의 차원으로 수량화된 단순한 지표가 한국사회에 확실한 목표를 제시하는데 공헌했다는 점도 중요하다. 수량화된 지표는 개인차원에서보다 학교나 기업, 그리고 국가 등 집단차원에서 더 유효하다. 특정 고등학교의 일류대학 진학자 숫자, 특정 기업의 수출목표, 한국의 성장률 등이 그런 예이다.

특히, 경제성장과정에서 이런 지표와 목표달성에 대한 포상이 홍보의 차원을 넘어서 해당 집단의 구성원들에게 동기를 부여했다. 이런 수량화된 목표가 집단차원에서의 능력을 크게 만드는데 기여하지 못했을 지는 모르지만 적어도 사람들이 더 노력하도록 만들었을 가능성이 높다. 한국의 경제성장을 설명하는 이론으로 동원(mobilization)의 논리나 기업이론에서 등장하는 노동/노력추출(labor/effort extraction)의 논리는 이러한 점에 논의의 초점을 두고 있다고 볼 수 있다.

4

서열과 순위경쟁

한국교육과 대학에서 서열이 중요하듯 내부노동시장에서는 직위에 대한 경쟁이 지배적이다. 사회 전체적으로 한국사회에서는 위계나 서열, 집단, 인간관계가 매우 중요한 고려 사항이므로 한국인에게 일상생활 속에서 주변을 의식하고 주위사람들과 자신을 비교하는 일이 흔하다. 학교에서의 등수, 대학입시에서의 석차, 대학의 서열, 사회에서 공직과 직위, 조직에서 수장이나 좌장의 자리, 올림픽의 금메달에 대한 집착이 이를 보여준다.

국내외 대학, 수출과 국민소득, 경제규모, 그리고 수명, 교통사고, 자살률 등에 있어서도 세계에서 몇 위인가가 한국인에게 중요한 관심거리이다. 순위나 자리는 비교에 의존하는 상대적이고 불연속적인 수량으로서 절대적이고 연속적인 점수나 임금이나 이윤 등과 구분된다.

한국의 경제성장에 공무원이 심판관이 되는 순위경쟁이 주효했다는 점은 세계은행이 「기적」을 통해 이미 시사한 바 있다. 이를 통해 산업화 초기에 흔히 요구되는 노동동원도 쉽게 이루어질 수 있었다고 추정

할 수 있다.[85]

이는 한국사회의 경쟁이 돈이나 소득보다 자리나 권력을 목표로 삼는다는 것을 시사한다. 그리고 이는 공동체적인 사회에서 위계나 권위의 역할이 사회를 유지하는데 핵심적이라는 통념과 한국사회에 고유한 고착된 서열이 있다는 점과도 합치된다. 동시에 한국인들이 일등을 선별하는 일에 본능적으로 집착하며, 한국사회의 각종 조직이나 모임에서 수장이나 좌장이 중요하다는 점과 통한다. 선배와 후배, 선생과 학생이나 후생(後生), 형제, 장유(長幼) 등은 이런 상황의 연장이다.

연속적인 점수나 임금의 변동은 경제학에서 강조하는 한계생산성의 변동을 제대로 반영한다고 볼 수 있는데 비해 불연속적으로 발생하는 석차나 직위나 직급의 변동은 한계생산성에 의존한다고 보기 어렵다. 물론 승자독식의 유인구조가 경쟁을 촉발시켜 생산성을 향상시킬 수 있다. 한국사회에서의 순위경쟁은 절차상의 합리성을 가지고 있기 때문에 어떤 것을 대상으로 삼든, 얼마나 치열하든 모든 경쟁을 정당화한다. 이 점에서 레이지어(E. Lazear) 로젠(S. Rosen), 홈스트롬 등이 제시한 순위경쟁(tournament)에 관한 논의가 중요하다(Lazear & Rosen, 1981).

그런데 경제학에서 말하는 순위경쟁과 동양이나 한국에서의 순위경쟁은 경쟁주체와 객체의 단위가 다르다는 점에 주목할 필요가 있다. 경제학에서 순위경쟁의 주체는 개인인데 비해, 동양과 한국에서 경쟁의 단위는 흔히 집단이다. 입시경쟁 및 학벌경쟁을 포함해 한국

85 산업화초기에는 경제활동인구를 형성하는 과정에서 노동에 대한 동원이 수반된다. 그렇다고 이것이 노동이나 자본의 투입량에 의존해 성장이 이루어졌다는 영(A. Young, 1995)이나 크루그만(P. Krugmen, 1994)의 주장을 뒷받침하는 것은 아니다.

에서의 경쟁은 집단이나 조직에 의한 경쟁이거나, 집단에 진입하기 위한 경쟁이거나, 집단들 사이의 경쟁이라는 점에서 강력한 집단주의적 속성을 갖고 있다.

입시경쟁은 학생 한 사람이 아니라 학생과 학부모로 구성된 가족이라는 집단이 개입된 경쟁이며, 경쟁의 좋은 결과는 '가문의 영광'이다. 대학에서 좋은 교육을 받기 위한 경쟁이라기 보다 특정대학에 근거한 학벌집단에 진입하기 위한 경쟁의 속성이 강하다. 한국사회에서는 개인들 사이의 경쟁보다 동창회 등을 통한 학벌집단들 사이의 경쟁이 정치경제사회적으로 보다 큰 의미를 지닌다.

이 같이 주변사람들 속에서의 순위나 지위가 중요하기 때문에 가능한 순위나 지위에 대한 기대나 우려가 한국인에게 자극이나 유인이 된다. 반면에 성적이나 소득 등에 있어 상대적인 지위나 순위에 대한 집착이 역설적으로 한국인을 불행하게 만드는 요인이 될 수도 있다. 순위나 직위에 대한 집착은 능력주의라는 근대성의 표출이기도 하지만 행복과 불행을 나누는 원천이기도 한데 중요한 점은 한국사회에서는 성적이나 소득 등에 있어 사회구성원들 사이에 평등에 대한 강렬한 욕구가 발생한다는 것이다. 인간관계나 공동체를 유지하기 위해 구성원들 사이에 어느 수준 이상의 격차를 서로 인정하기 힘들기 때문이다.

이에 따라 남보다 뒤지는 것만큼이나 남보다 앞서는 것도 한국인이나 동양인에게는 부담으로 남는다. 이 경우 과도하게 높은 순위가 오히려 효용이나 후생을 낮춘다. '사촌이 땅을 사면 배가 아프다'지만 동시에 "모난 돌이 정 맞는다." 는 것이다. 일본이나 한국의 자본주의가 지닌 특징으로 알려진 연공서열은 이런 상황을 반영하고 있다.

5

사회적 비교와 지위재

한국에서는 타인과의 비교와 상대적인 크기가 중요하기 때문에 이런 경제사회의 구조가 인간관계뿐만 아니라 재화들의 구성에도 영향을 미치고 있다. 위계나 서열을 반영하는 지위재(positional good), 각자의 신분을 알리는 신분재나 사치품, 회식 등 여럿이 함께 소비하는 공용재(shared good), 서로 간의 인간관계를 도와주는 관계재 등이 한국에서는 특별히 의미를 갖는다. 이런 것들은 경제학에서 흔히 강조하는 공공재(public good)와 성격이 다르다.

한국에서 집이나 자동차, 의류는 지위재로, 교육은 신분재로 간주할 수 있다. 재화들에 대한 특등품, 일등품, 이등품 혹은 상등품, 중등품, 하등품 등의 구분은 인간의 지위나 석차에 상응하는 재화의 석차이다. 회사나 가정에서 회식을 위한 음식은 집단적이고 관계적이다. 개인별로 나누어져 있지 않고 여럿이 함께 먹는 식사메뉴가 한국사회에 흔한 이유도 여기에 있다. 한국 사람들의 식사에서 주식과 부식은 재화나 물체에도 우열이나 순서가 있고, 동시에 이들이 관계 속에 있음을 잘 보여주고 있다.

나이나 직위에 따라 복장이나 자동차에 대한 태도가 달라지는 것도 이에 해당된다. 이들은 한국사회의 특징을 담고 있기 때문에 시장과 정부의 표준적인 분류에 따른 사적재화와 공공재의 구분에 부합되지 않는다. 한국사회에는 장기적인 인간관계가 중요하므로 특정 상품이나 상표에 대한 충성도 장기적으로 나타나는 경향이 있다.

지위재와 관련된 경제학의 논의는 한국사회의 특성으로 볼때 매우 유용하다. 프랑크(R. Frank, 1984, 1985, 1989, 1995, 1997, 2000, 2005), 페스팅거(L. Festinger, 1954), 듀젠베리(J. Duesenbury), 아커로프(G, Akerlof, 2000), 호프스티드(G. Hofstede, 1988, 2004) 등이 대표적인 문헌으로 볼 수 있다.

이 중에서도 페스팅거의 사회적 비교(social comparison)와 프랑크의 지위재라는 개념이 중요하다. 특히, 프랑크는 개인이 자신의 재화나 소득의 절대량뿐만 아니라 상대적인 크기나 순서를 고려한다고 주장하고 논리적으로 이러한 고려가 왜 중요한가를 효과적으로 밝히고 있다. 같은 맥락에서 신분을 표시하는 재화(status items)도 중요하다.

그런데 이들 문헌은 대부분 주어진 상태나 결과에 대한 비교에 초점을 맞추어 인간의 성취과정이나 사회적 재생산이라는 문제를 다루지 않고 있다. 또한 이들이 논의하는 비교는 개인차원의 비교로서 인간관계자체가 흔히 목적이 되는 한국사회와 동양사회에 맞지 않을 수 있다. 이런 이유로 마르크스(K. Marx), 베블런(T. Veblen), 보들리야르(J. Baudrillard) 등을 함께 고려할 필요가 있다. 특히, 부르디유(P. Bourdieu)가 내세운 사회자본이라는 개념 학벌사회의 입시경쟁의 문제를 다루는데 유용하다(Bourdieu, 1979, 1980, 1986; Drèze & Nunes, 2008).

학벌이 지위재라는 가설을 검토하가 위해 다음과 같은 선택상황을 설문으로 만들어 1)과 2)중에서 어느 것이 더 좋은지 물어볼 수 있다(Solnick & Hemenway, 1998, 2005).

1. 소득

1)사람들의 연봉이 모두 3천만원인 상황에서 자신만이 4천만원인 직장

2) 사람들의 연봉이 모두 6천만원인 상황에서 자신만이 5천만원인 직장

2. 학벌

1) 모두 D등급의 대학을 나온 사람들 속에서 자신만이 C등급을 지닌 경우

2) 모두 A등급의 대학을 나온 사람들 속에서 자신만이 B등급을 지닌 경우

이와 유사한 설문을 자동차, 주거, 의복, 성형수술, 휴가나 여가 등을 대상으로 확대해 볼 수 있다. 이들 중에서도 학벌에서 많은 사람들이 1)을 선택해, 가장 지위재의 성격이 높으리라고 예상할 수 있다.

6

관계의존적인 지배구조와 사회자본

한국사회는 인간관계에 대한 의존성이 높다. 서양과 동양, 서양인과 동양인을 문화역사적으로 대비하는 경우 한국인이나 한국사회의 성격을 쉽게 드러낼 수 있다. 근대 서양이 개인주의를 특징으로 삼는다면, 동양사회는 인간의 상호의존적인 인간관계나 사회관계(social relations)를 강조한다. 한국사회에서 인간관계나 사회관계가 중요하다는 증거로 일상적인 언어에 외견상 한 인간이나 개체를 지칭하면서도 관계를 내포한 단어들이 많다는 것을 들 수 있다.

'학부형'이나 '제자'라는 말은 일차적으로 구체적인 인간을 나타내지만 이미 부모와 자식의 관계, 사제관계, 형제관계와 선후배관계 등을 단어 속에서 암묵적으로 내포하고 있다. 서양에서는 사람들이 자신만의 고유명사로 불리는데 비해 한국에서는 사회관계를 통해 다른 사람을 표현한다. 'John'이나 'Mary'가 아니라 철수의 엄마, 장군의 아들, 영희의 선생님, 길동의 형으로 불린다는 것이다. 한국사회에서는 인간관계나 사회관계가 중시되므로 일상생활에서의 언어나 특정 재화 등과 같이 구체적인 사물도 관계적으로 표현된다.

일반적으로 근대서양에서는 개인이 중요할 뿐만 아니라 이들 개인들이 동등하다고 본다. 인간들이 동등하다고 보기 때문에 이들이 맺는 교환관계 등 사회관계도 동등성을 상정한다, 이에 비해 한국의 인간관계는 위계적이다. 형과 동생, 선배와 후배라는 용어는 호칭으로 사용될 정도로 특정의 구체적인 사람을 지칭하는데, 이 안에 이미 위계적인 인간관계가 내포되어 있다.

형제관계와 선후배관계에서 처럼 한국인들의 관계는 구체적인 사람들의 인적인 관계이다. 서양의 추상적이고 비인격적인 관계와 다르다는 점에서 한국인들의 관계는 사회관계라기보다 인간관계로 인식된다. 장관. 회장, 사장, 장관, 부장, 과장 등 공식적이고 추상적인 직책과 직책의 구체적인 소유자가 혼동된다. 이런 직책에 '님'이라는 경칭이 붙고 현직자뿐만 아니라 전직자인 구체적인 사람이 같은 대우를 받는다는 것은 이러한 점에서 시사적이다.

입시경쟁에서 생겨나는 학벌과 이를 구성하는 선후배관계는 공동체사회의 위계적인 인간관계나 사회관계가 한국사회에서 전개된 방식이다. 한국사회에서 집단을 형성하는 지연, 혈연과 달리 선후배관계와 학벌은 교육과 사회참여의 기회균등이라는 근대성을 표방한다.

이에 관련해 동서양에 대한 심리학자들의 논의로 마커스(H. R. Markus)와 기타야마(S. Kitayama, 1991, 2010), 디너(E. Diener), 트리안디스(H. C. Triandis, 1988, 1989, 1998), 니스벳(R. Nisbett, 1999, 2001) 등이 중요하다. 인간관계의 변동과 관련해 탈근대에 관한 리요타르(J. F. Lyotard, 1984[1979]), 맥클로스키(D. McCloskey, 1983). 거겐(K. J. Gergen, 2001)도 참고할 필요가 있다.

이들의 주장은 시장과 기업, 그리고 시장경제와 계획경제라는 이

분법적인 차원에서 논의되는 것이 아니기 때문에 자본주의의 다양한 유형에 대한 근거가 될 수 있다. 또한 한국의 기업이나 조직의 지배구조, 그리고 박정희, 정주영, 이병철 등 경제발전의 수장들을 평가하는 근거로 활용될 수도 있다. 공동체나 지역사회에 대한 논의를 통해 새마을운동 등에 대한 조망을 할 수 있으며 미소금융, 사회적 기업, 지역통화, 복지정책 등에 대한 논리적 근거를 찾을 수도 있을 것이다. 이런 흐름은 소비자나 생산자 등 개인이나 기업 등의 조직의 내부체계나 구조를 대상으로 삼기 때문에, 이들의 내부체계에 대해 무관심한 신고전학파에 대한 비판이기도 하다.

한국의 기업과 한국의 경제사회는 장기적인 관계에 의존하고 있으므로 한국사회에서는 장기적인 사회관계가 중요하다. 1997년 경제위기이후 생긴 많은 변동에도 불구하고, 하도급관행, 평생고용제도나 연공서열제도, 주거래은행, 단골손님 등이 여전히 존재한다는 사실이 이를 분명하게 보여 주고 있다. 장기적인 관계는 조직내부에서뿐만 아니라 조직들 사이에서도 나타난다. 즉, 관료나 기업 등의 내부뿐만 아니라 관료와 기업 사이, 그리고 기업들 사이에서도 유효하게 작용한다는 것이다.

이런 관계는 근본적으로 비공식적이다. 일반적으로 모든 조직의 공식적인 직무체계에서 자생적으로 비공식적인 인간관계가 생겨나지만(Uzzi, 1997; Diefenbach & Sillince, 2011) 한국사회에서는 인간관계가 조직내부에서 자생적으로 생기기보다는 조직외부에 존재하는 지연, 혈연, 학연에 의존해 형성된다는 특징을 지닌다. 그리고 이 중에서도 학벌의 기초단위인 학연이 이러한 연고에 기초한 집단주의의 중심을 이룬다.

여러 인간관계 중에서 한국사회에서 선후배관계가 중요한 이유는 이러한 배경을 이해해야 설명이 가능하다. 미시적인 단위로서 기업이나 관료조직 내에서 인간관계나 구성원들 사이의 화합이 중요한 이유도 유사하다. 이에 따라 연공서열과 같은 공식적인 제도와 순위나 서열과 학벌에 근거한 선후배관계와 같은 비공식적인 인간관계나 사회관계가 결합되거나 혼합되어 조직의 지배구조를 구성해 왔다.

독일과 일본의 관계의존적인 자본주의나 관계(quanxi)를 중시하는 중국의 이행경제도 유사한 모습을 가지고 있다(Boisot & Child, 1996). 한국의 자본주의는 관계의존적이다. 이는 동양에서 개인보다 사회관계를 중시하고 개별 사물의 속성보다는 맥락을 중시한다는 문화심리학의 지적에 부합된다. 알베르(M. Albert), 소스키스(M. Soskice), 웨이드(R. Wade) 등 자본주의의 다양성과 기업의 지배구조들에 대한 비교 연구는 이 때문에 특별한 의미를 갖는다.

이와 관련해 부각시킬 측면은 한국의 학벌소지자들이 한국의 경제성장과정에서 로빈슨 크루소와 같이 홀로가 아니라 기업과 관료조직에 소속되어 활동했다는 점이다. 즉 학벌이 기업과 관료 사이의 연결망으로 작용했다는 것이다. 이 때문에 학벌로부터 발생한 지대나 잉여가 전적으로 학벌소지자의 몫이 된 것이 아니라 부분적으로 이들을 고용한 기업조직에 귀속되었을 것으로 판단할 수 있다.[86]

따라서 학벌은 대학의 순위에 따라 학벌소유자들에게 임금이나

86 잉여개념과 마찬가지로 이 역시 반드시 노동자에 대한 착취를 전제하지 않는다. 학벌은 인적자본이 아니라 사회자본이므로 특정 개인의 소유재산이 아니다. 무엇보다 학벌의 소유자자신이 학벌로부터 얻는 이익을 정당화할 근거가 박약하다. 그래서 기업이 이로부터 이득을 얻더라도 이로부터 통상적인 의미의 착취개념을 적용하기 힘들다.

소득의 차등을 낳았을 뿐만 아니라 기업의 이윤에 차등을 가져왔을 것이라고 추론할 수 있다. 특히, 대기업이나 재벌기업과 중소기업 사이에 이런 이윤차등이 현저했으리라고 추정할 수 있다. 그리고 재벌기업들은 이런 묵시적인 유인으로부터 자극을 받았을 것이다.

학벌이 낳는 인간관계와 집단을 사회적 연결망과 사회자본으로 개념화할 수 있으므로 사회연결망이론은 한국사회를 설명하는데 중요한 의미를 지닌다(Emirbayer & Goodwin, 1994). 부르디유(P. Bourdieu, 1979, 1980, 1986), 코울만(J. Coleman, 1988), 퍼드남(R. Putnam, 1995) 등의 사회자본이론 또한 중요하다. 특히, 사회자본의 집단성을 강조하고 교육자본이나 문화자본을 통상적인 자본과 연결시키는 부르디유가 한국사회에서 설명력을 지닌다.

그런데 사회자본에 관한 서양이론들은 사회자본의 긍정적인 측면을 강조하는 방향으로 경도되어 있다. 아마도 과도한 개인주의의 진행으로 인해 그와 반대방향으로 나가려는 갈망을 담고 있기 때문이라고 생각된다. 반면 한국사회의 학벌은 적어도 현재에 이르러서는 사회경제적으로 여러 가지 부정적인 결과를 낳고 있다. 한국사회의 경우 공동체적이거나 집단적인 요소가 강요하는 속박이 강하므로, 거꾸로 개인주의에 대한 갈망이 드러나고 있다. 한국 사회에서 학벌과 관련된 논의는 이 때문에 조심스럽다. 근대성의 범주에서 벗어나지 않는다는 제약 조건하에서 학벌의 문제를 검토해야 하기 때문이다.

7

집단과 공동체

한국사회에서는 모든 조직이 집단적이고 공동체적이다. 동양에서 위계적인 사회관계는 집단주의(collectivism)와 통하며 서양의 개인주의와 대립된다. 한국인은 소속집단과 자신을 일치시키는 경우가 많다. 심지어 한국인은 개개인으로서가 아니라 각자가 속한 집단을 통해 자신을 확인하고 이를 통해 존재한다고 말할 수도 있다. 한국인은 가족뿐만 아니라 출신학교나 소속기업, 그리고 크게는 국가까지 공식적이거나 비공식적인 집단을 자신의 일부로 생각한다. 이런 이유로 집단의 논리나 목표가 한국인에게 유인이 될 수 있다(Brewer & Gardner, 1996; Shamir et al., 1993; Howel & Shamir, 2005).

이에 따라 한국사회에서는 개인의 효용이나 이익이 아니라 가정, 학벌집단, 기업, 국가 등 소속집단의 효용이나 이익을 극대화한다는 목표가 더 중요할 수 있다. 혹은 실제로는 아니더라도 그렇게 포장하거나 서술하고 이해하는 경우가 많다. 수출액이나 성장률과 같은 집단의 거대한 목표가 개인의 경제적인 유인보다 한국의 수출역군이나 수출전사들에게 더 중요했다는 것이다. 자신의 이윤만을 추구

한다고 자부하고 이를 공개적으로 내세우는 것은 아직도 한국기업에게 어렵다.[87]

산업화나 경제성장과정은 각 개인이 정신적인 가치를 포기하고 물질적인 목표에 매진하게 만드는 세속화의 과정이기도 하다. 그런데 압축적인 성장으로 인해 한국의 경제주체들은 자신만을 위한 돈벌이에 매진하는 경우 유교적인 전통 등이 요구하는 정신적인 가치와의 단절, 이에 따르는 억압, 그로 부터 오는 갈등이나 수치심을 상당기간 겪었을 것으로 보인다.

이런 상황에서는 물질적인 목표를 추구하는 것이 집단전체의 공통목표로 실제 설정되거나, 명목상으로라도 그와 같이 제시되는 경우, 이런 갈등이나 수치심이 최소화 될 수 있다. 이 점에서 행동경제학이나 사회심리학에서 강조하는 규격화(framing)나 사회적 규격화(social framing)가 중요하다(Kahneman & Tversky, 1984; Anderson, 1993, pp. 22-26; Sunstein, 2003). 물질적인 것이라도 자신이 아니라 가정, 기업, 국가 등 집단을 위하는 것이라면 쉽게 내면화되어 정신적인 부담이 덜할 수 있기 때문이다.

이를 뒤집어 본다면 자신의 활동이 개인의 직위나 소득과 직접 연계된다는 것이 노골적으로 드러나는 경우 오히려 개인에게 부정적인 유인이 될 수 있다. 한국인에게 집단의 이익은 개인의 이익에 추가되는 유인이나 동기라기보다 이와 결합되거나 상충될 가능성이 높다는

---

87 이는 기업의 유일한 목표가 이윤추구라는 프리드만(M. Friedman)의 주장이 적어도 명목적으로는 한국의 현실에서 상당히 벗어나 있다는 의미가 된다. 또한 국제적으로 알려진 운동선수, 연예인, 학자, 요리사 등 전문인들에 대한 국민적인 성원은 대리만족만을 준다는 측면도 중요하지만 집단적인 인센티브를 통한 경제성장과도 깊은 관련이 있다.

것이다. 그러므로 한국의 경제성장과정에서 개인적인 유인과 집단적인 동기가 어떤 관계에 있었는지, 특히 이들이 어떻게 서로 상충되거나(crowding out) 서로를 견인해 왔는지를 검토해야 한다.

이에 관련해서도 마커스와 키따야마, 니스벳. 트리안디스, 호프스티드 등 동서양에 대한 심리학자나 경영학자의 논의가 중요하다. 이들에 의하면 한국인을 포함한 동양인은 위계적이고, 관계적이며, 집단적이므로 위계적인 인간관계 속에서 집단적인 목표를 놓고 활동할 때 한국인은 가장 생산적이라는 가설을 도출할 수 있다.

한국사회가 집단적이어서 유인이나 동기도 사회적이거나 집단적이라면, 집단에 대한 소속감이 동인이나 유인이 되어 가치가 창출된다고 생각할 수 있다. 집단속에서 새로운 생산성이 생긴다면, 학벌이나 재벌 혹은 기업집단이 단순히 주어진 가치나 잉여를 이전하는 지대추구에 그치는 것이 아니라 보다 적극적으로 가치나 잉여를 창출했을 가능성도 고려해야 한다.[88]

보다 구체적으로 한국인은 개인자체가 아니라 특정 가문, 특정 학교, 특정 기업, 그리고 크게는 한국이라는 국가 등과 같은 특정집단과 관련된 역할을 통해 이와 관련된 목표치나 지표가 중요했다. 개인의 경제사회적인 유인이 아니라 집단전체에 부과된 거창한 목표들이 한국의 입시전사들이나 수출전사들에게 주효했을 것이다. 더구나 이런 목표들은 속물적이라는 비난에 대한 좋은 핑계거리가 될 수

---

88 여기서 잉여는 마르크스의 잉여가치(der Mehrwert; surplus value), 스라파의 잉여(생산물)(surplus), 신고전학파의 소비자 잉여나 생산자 잉여(surplus)를 포괄한다. 또한 여기서 가치나 잉여는 경제적이거나 물질적인 차원에 머물기 때문에 학벌이나 자연 혹은 혈연에 의한 집단이 정신적인 가치를 고양시킨다는 의미로 해석되지 않아야 한다.

있었다고 판단할 수 있다. 집단이든 개인이든 절대적인 숫자가 아니라 순위나 등수로 제시될 때 경제주체들에게 큰 영향을 미쳤다고 보아야 한다.

수출액 달성, 수출목표달성에 따른 기업별 포상, 수출액에 있어서의 세계 순위, 일인당 국민소득, 국민총생산 등 국민경제 전체적인 목표들을 통해 집단적인 동원이 가능했고 이러한 집단적 인센티브가 노동자의 근면을 끌어내고 생산성을 높이는데 유효했다는 것이다. 같은 이유로 학교에서의 등수와 특정 대학의 합격자수, 그리고 대학에서의 수석여부가 학교집단의 목표로 설정되고 이는 곧 개별학생들의 주요 목표로 체화 되었다. 스포츠 선수들에게 올림픽에서 메달권인가 혹은 금메달인가가 중요한 것도 같은 맥락에서 이해할 수 있으며 또한 장관, 차관, 국장, 과장이나 사장, 부장, 차장, 과장 등의 직위가 많은 직장인들의 중요한 인생의 목표로 설정된 것도 유사한 메커니즘으로 설명될 수 있다.

결국 유인이나 목표가 개인차원이 아니라 소속집단차원에서 부여될 때, 또는 실제로 그렇지 않더라도 집단차원의 유인이나 목표로 제시되고 포장될 때 더 큰 노력과 생산성을 낳는다는 것이다. 이러한 설명은 신고전학파와 달리 제시되는 방식이나 맥락(context)이 인식과 선택에 영향을 미친다는 행동경제학의 주장에 근거하여 가능하다(Kahneman, 2003).

예컨대, 1997년 IMF 외환위기를 극복하기 위한 '금모으기'는 각 개인의 실업이나 빈곤을 완화하려는 노력이 아니라 나라의 경제위기를 극복하는 애국운동으로 제시되었다. 그리고 금모으기운동을 이 같이 각색하는 데는 정부뿐만 아니라 언론기관의 협조도 중요했다. 이

같이 이 운동에 대한 서술이나 이해의 맥락은 개인수준이 아니라 정치경제적으로 규정되었다.

한국경제의 성장과정에서는 흔히 수출액 등 유인이나 목표가 집단 차원에서 설정되고 이에 대한 서술이나 이해가 정치경제적으로 규정되는 경우가 많았다.[89] 집단과 개인간의 관계에서 실질적, 내적으로는 개인의 이익에 부응하지만 명목상, 또는 혹은 공개적으로는 집단의 이익에 부응하는 것으로 기술되고 이해되는 경우도 있고 실질적으로는 집단의 이익에 부응하지만 명목상 개인의 이익에 부응하는 것으로 제시되고 이해되는 경우도 있다.

실질과 명목 혹은 내용과 외양이 다르고 개인과 집단의 중보성이 혼재하는 이런 상황은 한국사회가 집단을 강조하면서도 그동안 서구의 영향으로 집단과 개인의 갈등이 지속되고 있기 때문에 발생한다.

집단이 중요하다는 것은 집단의 내부인인가 외부인인가 혹은 집단에 포함되는가 아니면 배제되는가가 중요하다는 의미이다. 이는 불연속이나 단절과 통한다. 따라서 이는 가격과 같이 연속적인 수량에 의존하는 시장으로 설명하기는 어렵다는 이야기가 된다. 집단주의가 지배하는 경우 집단 내의 발언인가 집단으로부터의 이탈인가(voice/exit)의 문제에서 집단내의 발언에 더 무게가 실리게 되며 이런 상황에서는 왕따나 낙인이 중요한 사회문제로 등장하게 된다.

위계적인 집단이 지배하는 사회에서는 맥락을 중시하는 총체적인

---

89 이에 비해 신고전학파뿐만 아니라 이를 비판하는 행동경제학도 방법론적인 개체주의에 경도되어 있다(홍 훈, 2012). 이런 이유로 양자 모두 목표나 유인, 그리고 인식이나 인지를 개체나 개인차원에서 설정한다. 이 점에서는 다 같이 행동경제학자이지만 심리학자인 카네만보다 법학자인 선스타인(C. Sunstein, 2003)의 논리가 바람직하다.

인식이 두드러진다. 한국사회에서는 집단이나 전체가 중요하므로 한국인들은 주위사람들의 눈치를 보는 경향이 강하다. 이런 특징은 사물의 맥락을 강조하고 총체적인 인식이나 인지를 지향하게 만든다.

일상생활 중에서 예를 들면, 한국인의 "현 위치" 혹은 현재위치(現在位置)와 미국인의 "You are here"의 차이를 들 수 있다. 후자는 개인이 어디에 있음을 강조한다면, 전자는 개인을 포함해 전체를 조망한다. 여기서 위치는 상황뿐만 아니라 지위와도 통한다. 이와 관련해서는 니스벳(R. Nisbett), 세일러(R. Thaler), 선스타인(C. Sunstein), 기게렌저(G. Gigerenzer), 사이먼슨(I. Simonson) 등이 중요하다.

또한 한국사회에서는 집단들 사이의 위계가 중요하며 이를 정당화하기 위한 이념도 존재한다. 이와 관련해 인지심리학이 아니라 사회심리학 및 정치심리학의 최근 흐름으로 사회적 지배이론(social dominance theory)과 체제 정당화이론(system justification theory)에 주목할 필요가 있다. 각기 시다니우스(J. Sidanius)와 조스트(J. Jost)가 주도하는 이들은 집단이나 계층에 근거한 위계적인 사회관계가 존재한다는 점과 이를 정당화하기 위한 이념이 작동하고 있다는 점에 초점을 맞춘다. 타이펠(H. Tajfel, 1979)의 사회적 정체성 이론(social identity theory)도 고려할 필요가 있다. 경제학자로서는 아카로프(G. Akerlof, 2000)가 이런 생각에 가장 가까이 가 있다.

이들에게는 모든 것이 사회적이므로, 맥락도 사회적이다. 또한 위계를 강화시키는 사회적 제도와 위계를 약화시키는 사회적 제도가 공존하고 있다는 점도 인정한다. 그리고 사회화나 제도들이 지배계층인가 피지배계층인가에 따라 비대칭적으로 나타난다는 점을 강조한다. 지배집단 내에서는 소속집단에 대한 맹목적인 추종이 지배적인

데 비해, 피지배집단에서는 소속집단에 대한 폄하나 이탈을 강하게 추구하는 경향이 나타난다.

8

엘리트주의

한국사회에는 권위주의와 엘리트주의가 두드러진다. 한국의 경제성장과정에서도 지도자와 엘리트의 역할을 강조하는 견해들이 많다. 이를 검토하기 위해서는 정치 지도자와 청와대 및 경제기획원의 경제관료가 발휘한 역할 및 재벌기업의 지도자인 총수와 이들을 뒷받침하는 기업 임원들의 역할을 보다 체계적으로 음미해 보아야 한다. 이 과정에서 권위주의와 엘리트주의의 관련성이 특히 중요한 문제로 부각된다.

한국에서 정치적 지도자는 쿠데타나 선거를 통해 그 자리를 획득했지만 경제관료는 정치적인 임명이나 고등고시를 통해 선정되었다. 기업의 총수들은 창업이라는 복잡한 인생경로를 통해 등장했으며 기업의 참모들은 총수의 개인적인 발탁이나 공채를 통해 선발되었다.

경제관료나 기업참모 등은 직위나 호봉으로 규정된 조직의 틀 안에 있으면서도 선후배관계라는 비공식적인 관계에 의존한다. 이에 비해 정치적 지도자나 재벌총수들은 이런 공식적 조직이나 비공식적인 틀을 뛰어넘는다. 쿠데타를 통해 등극한 정치지도자와 창업이라는 복잡한 탄생의 과정을 통해 등장한 재벌총수는 한국사회에서 유사한 사회적 맥락하에 있다. 경제성장과정의 핵심적인 정치지도자 박정희가 선거, 임명, 고시 및 공채가 아니라 쿠데타를 통해 권력을 장악했다는 점을 주목할 필요가 있다.

일반적으로 한국의 지도자나 엘리트들은 카리스마적이거나 권위적이다(홍 하상, 2004 참조). 이런 권위주의는 앞서 지적한 한국사회의 집단성이나 서열의식과 연결되어 있는 것으로 보인다. 집단으로 움직이므로 집단 내의 지도자를 추종하도록 조직화하는 것이 일상화 되었고 여러 방식으로 순서나 서열을 구분하고 위계를 따지는 것이 자연스럽게 되었다.

카리스마적인 지도자는 수장이나 좌장을 중시하는 한국사회의 현실에 부합된다. 그렇지만 이들에 대한 선택을 근대적인 절차적 합리성에서 벗어나는 경우, 그리고 표면적으로는 부정된 적이 없는 형식적인 민주주의에서 벗어나는 경우도 적지 않다. 물론 이들에게 혈연이나 지연은 여전히 중요하다.

이에 비해 관료나 참모들의 선택 과정은 절차적 합리성에 의존하고 있으며 근대성을 표방하면서 내용적으로는 학벌이나 학연에 의존한다. 그러나 이들의 내세우는 실력이나 능력은 상당부분 학벌집단의 지대나 특권에 의존하므로 이 과정에는 근대성과 전근대성이 공존하고 있다. 근무시간의 공식적인 절차가 아니라 저녁의 회식과 술자리에 사업성과를 의존했던 사실도 이와 무관하지 않다. 근대성을 공유하지 못하는 카리스마적인 지도자의 존재는 이러한 혼돈스런 상황에서 논리화될 수 있었다고 생각된다.

이러한 현실을 설명하기 위해 봉건적 자본주의와 족벌적인 자본주의라는 틀이 유용할 수 있다. 우찌(W. Ouchi, 1978, 1980)는 미국내 일본기업을 분석하면서 족벌을 핵심적인 지배구조의 개념으로 정립하였고, 부아소(M. Boisot, 1988, 1996)는 중국의 이행경제를 설명하면서 족벌 및 봉건적인 지배구조를 내세웠다. 이 틀이 한국의 재벌경제과 학벌사회에 상당한 시사점을 준다고 본다.

이들은 코즈(R. Coase)와 윌리엄슨(O. Williamson)이 제시한 시장과 위계 혹은 관료조직의 이분법이 동양사회에는 적합치 않다고 주장한 셈이다. 이들에 의하면 시장과 관료조직은 분권화나 집권화의 차이 혹은 수평적인가 수직적인가의 차이를 지니고 있으나, 모두 서양의 합리적인 법적질서, 추상화, 그리고 지식이나 정보의 부호화(codification)를 전제로 한다. 이런 전통이 별로 없는 동양에는 봉건적이거나 족벌적인 지배구조가 지배적이다.

이들이 주장한 족벌지배구조나 봉건적인 지배구조가 한국의 학벌과 친화적이라는 점을 주목할 필요가 있다. 이들에 근거해 한국사회에서 학벌과 재벌을 관통하는 지배구조를 찾을 수 있을 것이다. 한국의 관료조직이 베버적인 의미의 절차적인 합리성이나 도구적인 합리성에 철저하다고 보기 힘들다는 점에서 이런 설명을 중시할 필요가 있다.

이와 관련해 한국의 공무원들이 현재까지 향유하고 있는 특별한 권위와 권력의 원천에 대해 고민할 필요가 있다. 이론적으로는 정치적 지도자나 관료주의에 대한 베버와 파레토의 생각을 검토할 필요가 있으며 이런 관점에서 암스덴(A. Amsden)이나 웨이드(R. Wade) 등의 논의에서 등장하는 개발독재국가의 기본틀에 대해 재검토하는 것이 필

요할 것으로 보인다.[90]

90 최근 들어 슘페터(J. A. Schumpeter)를 중심에 놓고 민주주의와 엘리트주의의 결합가능성을 재론하는 민주적 엘리트주의(democratic elitism)를 검토할 필요도 있다(Higley & Pakulski, 2007; Körösényi, 2009).

9

공식부문과 비공식부문

한국의 사회경제가 지니는 커다란 특징으로 이중구조, 즉 두 가지 체계의 공존을 들 수 있다. 한국경제와 사회는 개항 이래 경제체제나 법규 등 서양에서 받아들인 제도들에 의존해 왔다.[91] 그렇지만 동양적인 인지, 감정, 행위체계 등이 완전히 사라졌다고 보기 힘들다. 따라서 도입된 서양의 제도가 동양적인 것을 몰아냈다기보다 이를 억압해 내면으로 숨게 만들거나 비공식적인 존재로 변화시켰다고 판단된다. 반면 서양의 제도들은 외면에 공식적인 존재로 자리 잡았다.

한국사회에는 근대성과 전근대성, 법규나 규정과 관행, 교과서의 이론과 현실. 규정과 일상적인 처리방식이 갈등하거나 보완적으로 공존해 왔다. 한국어와 외국어, 관혼상제에서 유교와 기독교의 혼재 등

---

91 이 문제는 생각보다 근원적이고 일상적이다. 일본 게이오(慶應)대학에는 연설기념관이 있다. 이것은 일본 근대화의 아버지이자 김옥균(金玉均, 1851-1894)과도 연관이 있는 후쿠자와 유기치(福澤諭吉, 1835-1901)가 '연설'(演說)이라는 단어를 만들고 이 행위를 강조한 것을 기리는 건물이라고 한다. 그 이전에는 연설이라는 행위나 개념이 동양에 없었다는 것이다. 생각해 보면, 자유, 평등, 박애, 정치, 경제, 무차별곡선, 생산함수 등 무수히 많은 행위, 사고, 개념이 이런 식으로 도입되었다고 보아야 한다.

이 이에 대한 증거이다. 일상적으로는 공식적인 낮의 업무와 비공식적인 밤의 회식이나 교섭이 공존해 왔다.

무엇보다 학벌이나 재벌이 이런 근대성과 전근대성의 결합체라고 생각된다. 학벌은 살인적인 경쟁에 의존해 능력주의를 표방하면서도, 집단을 이루어 독점과 지대를 추구한다. 이와 유사하게 재벌은 수출경쟁을 통한 해외시장개척을 표방하면서도, 비관련 다각화, 순환출자, 몰아주기, 협력업체와의 불공정거래, 그리고 총수의 족벌세습을 당연시한다.

사회경제와 관련해서는 에버리트(R. Averitt, 1968, 1987)가 이중적인 경제구조에 대한 논리를 제공하고 있다. 이와 더불어 지하경제에 대한 논의나 공식적인 법이나 규칙과 관습이나 습관에 대한 제도학파의 구분을 중시할 필요가 있다. 또한 한국인이라는 미시적 단위에 중점을 둔다면, 최근의 행동경제학과 심리학이 내세우는 이중과정이론이나 두 체계이론을 활용할 필요가 있다(Stanovich & West, 2000; Kahneman, 2003). 이들에 의하면, 인간은 두 과정이나 두 체계에 따라 움직인다. 제1 체계는 감정, 본능, 습관 등에 의존해, 반자동적으로 움직이며, 묵시적이고, 총체적이며, 의사소통의 맥락에 예민하다. 이에 비해 제2 체계는 계산적이고, 명시적이며, 분석적이고, 보편적이다.[92]

이를 원용하면, 전통적으로 동양에 존재해 왔고 서양의 합리성에 포괄되지 않는 요소들이 비합리성으로 몰려 한국인의 1체계를 이룬다고 해석할 수 있다. 그리고 한국사회의 1체계에는 습관이나 본능 혹

92 주지하듯이, 신고전학파 경제학은 인간의 합리성에 집착해, 제 2체계 하나만을 인정해 왔고, 이 입장을 행동경제학은 비판해 왔다.

은 휴리스틱이외에도 학벌 등의 집단성, 서열체계나 선후배관계에 대한 존경, 권위주의와 위계에 대한 복종 등이 내면화되어 있다고 이해할 수 있다.

10

외적/내적인 유인과 과정상의 효용

물적 자원이 부족한 한국에서는 높은 교육수준이 문맹율을 낮추어 성장을 촉진했다고 말한다. 그런데 한국의 교육발전과 경제성장은 인과관계나 상호작용의 관계에 있을 뿐만 아니라 그 과정에서 상당한 유사성을 지니고 있다. 한국의 입시경쟁은 하고 싶은 공부나 지적인 능력을 키우는 공부가 아니라 보다 높은 서열의 대학을 가기 위한 공부를 조장해 왔다. 이와 유사하게 수출경쟁은 삶을 충실하게 하는 보람 있는 활동이 아니라 보다 많은 수출과 성장과 소득을 목표로 집단 간의 경쟁을 근간으로 하는 노동을 조장했다. 두 가지 모두 경쟁이라기보다 전쟁에 가까울 정도로 처절하고 필사적이다.

공부나 노동의 목표가 활동의 내부에 있지 않고 외부에 있다. 외적인 유인이나 관찰 가능한 재화 혹은 외형적인 목표에 대한 신앙이 외형이나 형식에 대한 집착을 낳았다.[93] 시험의 평가기준이나 수출목표와 같이 이런 목표는 객관적으로 미리 주어져 있으며 선생이나 대

93 한국사회에 관혼상제에 있어서의 허례허식(虛禮虛飾)은 이에 해당된다. 경제성장기에 이와 관련해 주목할 법령이 가정의례준칙이다.

통령은 심사관의 역할을 한다. 선생이 학생에게 공부 잘 했다고 주는 상장은 제3공화국 시절 대통령이 재벌총수에게 수출을 잘했다고 주는 훈장과 동일하다. 그리고 이들 목표를 위해 한국의 학생과 경제인은 불철주야 공부하고 일해 왔다.

공부와 노동의 목표가 내부에 있지 않으므로 한국인의 공부와 노동은 소외되어 있다. 물론 전 세계의 모든 자본주의경제에서 대부분의 활동이 돈벌이를 목표로 삼으므로, 이런 소외가 보편적이라고 항변할 수도 있다. 그러나 서양의 선진국과 비교해 훨씬 더 압축적인 성장과 필사적인 입시경쟁을 경험하고 있는 한반도에서 공부와 노동의 소외가 극에 달했다고 판단된다. 적어도 선진외국에서 우리처럼 소외된 공부를 생각하기는 힘들다.

소외된 공부와 소외된 노동은 삶에 내적인 가치를 부여하지 못하므로 한국의 학생과 노동자에게 보람을 주지 못했다. 다시 말해, 한국인은 높은 성장과 일인당 소득에도 불구하고 그다지 행복하지 못하다.[94] 이는 목표와 결과에 일방적으로 집착해, 과정이나 절차로부터 보람이나 행복을 얻지 못하는 상황에 해당된다. 열심히 공부하고 노동한 결과가 학벌과 경제성장이지만, 목표에 대한 고민이 수반되지 않은 교육과정이나 노동과정이 한국인에게 행복을 주지 못했다.

이런 관점에서 소득이나 임금의 경제적 유인 등 내적인 동기(intrinsic motivation)와 외적인 동기(extrinsic motivation)가 어떤 관계에 있는

94 한국의 공부와 노동에 착취가 개입되었는지에 대해서는 입장에 따라 견해가 달라질 수 있다. 이에 비해 한국인의 공부와 노동이 소외되어 있다는 것은 분명한 것 같다. 소외된 노동에 대한 이론적인 근거는 마르크스이지만, 이것을 지고의 선이나 행복과 연결시킨 선각자는 아리스토텔레스이다(Hong, 2011).

지 규명해야 한다. 그 중에서도 소득 등 외적인 동기가 내적인 동기를 구축할 가능성이 중요하다(Frey, 1994; Iyengar & Lepper, 1999; Bénabou & Tirole, 2003). 더 넓게는 한국인들의 동기들을 포괄적으로 고려해서 경제적 유인의 위치를 설정할 필요가 있다.

높은 교육수준과 경제성장에도 불구하고 한국인이 그다지 행복하지 않다면, 이것은 지표상의 물질적인 풍요와 삶의 질 사이에 상당한 괴리가 있음을 의미한다(Easterlin, 2001). 열심히 하지만 즐겁지 않고 결국 책을 멀리하게 되는 공부가 그 하나이다. 수출목표달성과 소득증대를 목표로 열심히 하지만 보람을 느끼지 못하는 노동이 또 다른 하나이다.

결과에 편집적으로 매달려 과정을 희생시키는 교육과 노동이 소외된 삶을 낳았다. 한국인은 이런 것들이 각자의 정서나 인간성에 가져다주는 억압을 쉽게 처리하지 못할 가능성이 높다. 경제성장에 내포된 이런 억압이 한국인들의 내면을 공허하게 만들었을 것이다. 이는 경제학과 공리주의가 내세우는 결과중시에 대한 비판을 요구한다.

그러므로 한국사회는 교육여건이나 노동조건을 개선해 이들을 질적으로 개선함으로써 진정한 공부와 보람 있는 노동을 회복하는 것을 목표로 삼아야 한다. 이것은 공부시간이나 노동시간을 줄이고 놀이시간이나 여가를 어느 정도 늘리는 것을 전제하지만 이것만으로는 충분하지 않다. 이를 위해서는 결과에 집중해 성적의 격차를 줄이는데 그치지 않고 교육체제자체를 개혁해야 한다. 마찬가지로 임금의 격차나 소득분배의 불평등을 줄이는데 그치지 않고 노동의 질이나 노동과정을 바꾸어야 한다.

동시에 외적인 유인으로 진행된 공부와 노동이 어떻게 이만큼의 인적자원을 형성하고 경제성장을 가져왔는지를 설명해야 한다. 입시 경쟁이나 수출경쟁이 경제성장과정에서 근면성 및 생산성을, 그 이후에 반도체산업 등에서 기술혁신 등을 낳았다는 점을 설명해야 한다.

이를 해명하기 위해서는 외적인 유인과 내적인 동기의 구분과 앞서 7절에서 제시한 개인적인 유인과 집단적인 동기의 구분을 연결시켜 분석해야 한다. 한국인에게 유효한 유인은 외적이고, 집단적이며, 순위로 표현된 것이다. 이에 따라 유인이나 동기의 내적인 성격과 외적인 성격이 개인이 아니라 집단을 기준으로 설정될 수 있다.

여기서 개인적으로는 외적이지만 집단으로는 내적인 유인이나 동기부여가 한국의 경제성장에 기여했다는 가설을 제시할 수 있다. 이는 집단전체에 부과되면 외적인 유인이라도 쉽게 내적인 유인으로 각 개인에게 내면화된다는 것을 의미한다. 또한 집단차원에서 목표가 설정되면 세속적인 일에 지나치게 매달린다는 심리적 갈등이 은폐될 수 있다.

언제나 사회구조는 사회의 구성원에게 내면화되므로 사회의 모습이 사람의 모습이 된다. 한국사회의 특징도 한국인에게 내면화되어 있다. 그렇다면 한국인들은 경제성장과정으로부터 현재까지 외적인 유인, 집단적인 유인, 그리고 순위위주의 유인에 따라 움직였다고 추정할 수 있다.

경제성장에 한국인을 동원하는데 인간관계, 관료나 기업의 조직, 조국의 부름 등 집단의 논리가 주효했다. 또한 집단이든 개인이든 절대적인 숫자가 아니라 순위나 등수로 제시될 때 경제주체들에게 큰 영향을 미쳤다.

과정을 생략하려고 노력한다는 점에서 경제성장뿐만 아니라 교육도 '압축적'이었다. 입시경쟁을 위한 교육만큼이나 수출경쟁을 위한 노동과 생산도 '주입식'이었다. 입시경쟁에서 교사가 학생에게 지식을 주입했다면, 수출경쟁에서는 관료나 기업임원이 기업의 사원들에게 전략을 주입했다. 선생과 관료나 임원의 계도가 한국식 엘리트주의의 내용이다.

한국사회의 모든 집단에는 권위적인 엘리트주의가 지배하고 있다. 집단의 논리는 대부분 수장의 결정에 의존한다. 이것은 집단구성원들의 의견수렴이라는 민주적 절차의 생략을 의미한다. 민주적 절차의 생략은 경제성장이 미시적인 차원에서 조직 내에서 구성원들의 진정한 참여에 의존하지 않았음을 의미한다. 87년의 민주화이후에도 각급 조직에서 이런 권위주의나 엘리트주의는 여전하다. 이런 민주적인 의사결정의 결여도 한국인의 보람된 삶에 저해가 된다.

그렇다면 우리는 어떻게 창의적인 한국인과 한국사회를 만들어 낼 것인가? 외적인 유인보다 내적인 유인에 의존해야 한다. 또한 한국인의 행복이나 불행을 정적으로 파악하기보다 행동이나 행위로서 동적으로 파악해야 한다. 감정이 아니라 행동을 통해 동적인 한국(dynamic Korea)에 맞게 한국인의 자발성과 창조력을 촉진시켜야 한다. 이를 위한 혁신적인 교육조건과 사회체제가 필요하다. 심리학의 연구에 의하면 좋아서 하는 활동과 공부는 행복을 낳을 뿐만 아니라 창조력을 낳는다. 아직 심리학에 머물러 있지만, 이런 주장은 쉽게 발명이나 혁신과도 연결되고 기업가정신이나 교육개혁으로도 이어진다.

이에 대한 논리를 발전시키기 위해서는 감정, 결과, 상태가 아니라 행위(agency)와 이를 위한 역량(capability)을 행복의 중심에 놓는 센

(A. K. Sen, 1987)이나 롤즈(J. Rawls)를 고려할 필요가 있다. 그리고 삶의 지혜에 대한 논의(Baltes & Staudinger, 2000)나 창조성과 관련된 심리학의 연구로 시크센트미하일리(M. Csikszentmihalyi, 1989, 1999), 헤네시와 애머빌(B. Hennessey & T. Amabile, 2010), 룬코(M. Runco, 2004) 등을 검토할 필요가 있다.

5

Dynamic Korea

맺는 말

한국사회를 심층적으로 이해하여 보다 분석적이고 체계적인 이론모형을 제시하고 이를 통해 한국사회의 핵심과제로 제시된 문제들에 대한 새로운 대안을 제시하는 것이 본 연구의 궁극적 목표이다. 이러한 새로운 대안의 모색은 기본적으로 "Dynamic Korea" 로 상징되는 긍정적이고 역동적인 에너지를 효과적으로 추출해서 생산적인 방향으로 유도해 내는 것을 방향으로 한다. 이 책에서는 우리의 과제를 총론적으로 접근하기 위해 한국형 모델이 왜 필요한가를 설명하고 (1장) 한국형 모델에 대한 해외의 시각 (2장) 과 국내의 시각 (3장)을 서술한 후 이러한 시각들을 이론적으로 논의할 수 있도록 한국형 발전모델의 이론틀로서의 설명모형의 가능성을 다양한 이론을 소개하여 접근하였다 (4장). 이제 이러한 논의를 통해 밝힐 수 있는 사실들과 밝혀지지 않은 숙제들을 분류하여 앞으로의 연구과제에 대해 간단히 논의하려 한다.

한국형 모델을 생각할 때 가장 먼저 떠오르는 단어는 '불확실성' 이다. 빠른 경제성장과 급격한 규범의 변화, 그리고 급속한 가족해체 과정을 통해 개인적으로나 사회적으로 높은 불확실성에 노출되어 있는 것이 한국사회의 현상적 특징이다. 이러한 특징은 높은 자살율, 이혼율, 낮은 출산율, 기업 순위의 급격한 변동, 비정규직의 급격한 확대, 영세상인의 몰락, 실업의 확대 및 급속한 노령화, 북한정세의 유동성 및 체제위협 등 다양한 측면을 통해 나타나고 있다. 이러한 불확실성에 대응하는 방법은 필사적인 안전망 확보경쟁으로 나타난다. 위에서 언급한 특징들은 어떤 면에서는 불확실성의 원인으로 나타나기도 하지만 다른 측면으로는 불확실성에 대응하는 사람들의 행동의 결과일 수도 있다. 예컨대 높은 자살율 및 이혼율, 낮은 출산율은 사람들이 급격하게 변화하는 사회에 대해 나름대로 대응하는 한 형태로 볼 수 있으며 비정규직의 급격한 확대는 불확실성에 대해 대응하는 기업의 행동양식으로 이해할 수 있다. 북한의 핵개발과 체제위협은 북한이 불확실성에 대응하는 행동양식이면서 우리 한국인들의 일상생활을 위협하는 불확실성의 큰 원인이기도 하다.

우리는 앞에서 이러한 불확실성에 직면하여 일반 한국인들이 선택하는 첫번째 행동양식으로 교육의 전쟁화 현상을 설명하였다. 교육은 개인 차원에서 볼 때 불확실성하에서 자신의 장기적인 안정성을 지키는 가장 효율적이고 반드시 필요한 투자로 인식되어 왔다. 교육은 개인의 인적 자본을 확대할 뿐 아니라 장기적인 안전을 위해 필요한 힘있는 사람들과의 친구관계를 형성하는 가장 중요한 통로이다. 한국사회에서 사람들 사이의 질서는 전통적으로 교육에 의해 형성되어 왔다. 전통적인 신분사회에서도 교육을 통해 사회적 서열을 정하는 관습은 과거제도를 통해 확연하게 드러나고 있으며 이는 현대의 대학입시, 고시제도 등을 통해 명맥을 이어오고 있다. 교육이 사회적 서열과 연관되어 있다는 것은 필연적으로 교육에 대한 과다한 투자와 집착을 낳는다. 이러한 현상은 대부분의 사회에서 어느 정도 불가피한 것이지만 남들과의 차이에 대해 대단히 민감한 한국사회에서는 지위추구경쟁에 대한 집착이 남다를 수 밖에 없기 때문에 이에 따른 부작용 또한 남다를 수 밖에 없다. 따라서 한국사회에서 교육이 전쟁이 되는 상황을 설명하기 위해서는 왜 한국 사람들이 남들과의 차이에 대해 지나치게 민감한가를 보다 심층적으로 설명해야 한다. 한 가지 가능한 해석은 한국사회에 공동체적 평등주의가 뿌리깊게 자리잡고 있기 때문이라는 것이다. 문제는 이러한 공동체적 평등주의가 왜 서열구조를 고착화시키는 교육제도를 낳았는가

하는 점이다.

큰 틀에서 볼 때 이론적으로는 신자유주의의 확산이 이러한 이율배반에 어떻게 기능하였는가가 중요한 숙제로 부각된다. 흔히 신자유주의가 광범위하게 확산되면서 지나친 경쟁을 유도하였고 이러한 경쟁의 결과로 패자가 양산되고 양극화 현상이 진행되면서 불확실성과 이에 따른 불안을 증폭시켰다고 사람들은 설명한다. 한편으로는 신자유주의에 매몰되어 사람을 상품가치로 비교하고 차등화하고 사회적으로 차별하면서 다른 측면으로는 공동체적 평등주의가 집단적인 힘으로 강력하게 표출되는 현상은 분명히 독특한 한국사회의 모습이다. 남과의 비교가 강력하게 작동하는 사회에서는 패자그룹에 속하는 사람들이 자기 혐오감을 갖게 되고, 무의식적으로 외부적 권위에 쉽게 복종하여 자신들의 계층적 이해관계에 반대되는 투표를 하며, 자신이 속한 계층의 사람들을 혐오하면서 부정하는 심리적 특성을 갖게 되는 것은 많은 심리학 문헌에서 언급하는 주제이다. 문제는 한국의 현실에서 신자유주의가 과연 어느 정도 역할을 하였는가 하는 점이다. 앞으로 필요한 연구과제는 이 점에 모아진다. 첫째, 신자유주의는 한국형 에너지의 발현과정에서 어떠한 역할을 하였는가? 둘째, 신자유주의는 기존의 전통적인 공동체적 평등주의와 구체적으로 어떻게 작용하고 병존하였는가? 셋째, 두 가지의 상호 이질적이고 상호 배반적인 이념들이 어느 경우에 충돌하고 어떤 특정한 경우 어느 가치가 우선하는가? 넷째, 신자유주의는 총체적으로 한국형 모델의 발전과정에서 어떠한 역할을 하였고 어떤 상황에서 긍정적 역할과 부정적 역할을 수행하였는가? 이러한 의문들은 앞으로의 연구에서 밝혀져야 할 중요한 연구과제이다.

두 번째의 연구과제로서 한국형 자본주의에 관한 논의는 주로 재벌체제의 빛과 그림자를 중심으로 이루어져 왔다. 재벌체제의 형성과 발전을 논의할 때 불가피하게 떠오르는 주제는 한국형 발전모델의 원형으로서 '박정희 모형'과 관련한 것이다. 우리가 '박정희 모형'이라고 할 때 여기에는 많은 논의주제가 곁들여 있다. 동아시아의 일반적인 발전모델으로서 발전국가에 관한 논의, 재벌체제의 형성과정에서 두드러지는 중화학 공업 육성정책의 공과, 독재적인 리더쉽, 노동탄압 또는 노동관리, '정주영'으로 상징되는 민간 리더쉽과의 상호작용, 관료집단의 육성과 관리 및 정치와의 상호작용, 한국형 엘리트의 특징 등의 주제들이 관련되어 있다. 한국형 모델의 장기적 발전 전망과 관련하여 이러한 논의는 앞으로 매우 중요한 시사점을 제공하게 될 것으로 보인다.

한국형 에너지의 부정적 측면이 자기비하적인 표현으로 제시된 '냄비근성'의 형성과 발현과정을 이해해야 할 필요성도 주목할 부분이다. "냄비근성"의 근원에 대해서는 여러가지 설명이 가능하겠지만 경쟁에 따른 패배자에게 사회적 낙인을 찍는 한국사회의 풍토와 밀접한 관련이 있다는 것은 분명하다. 패자부활전이 없는 치열한 경쟁에서 패배와 사회적 낙인의 위험에 직면하는 대부분의 한국사람들의 마음에는 자기연민과 분노로 충만해 있고 이러한 분노와 욕구좌절은 개인적으로는 '화병'으로, 사회적으로는 타인에 대한 무자비한 공격성으로 나타난다. 이때 사회적 낙인과 '냄비근성' 중 어느 것이 원인이고 어느 것이 결과인지 불분명하지만 이 둘사이의 미시적 관계와 동태적 과정은 매우 주목할 만한 연구주제이다. 사회적 낙인에 대한 두려움 때문에 타인에 대한 지나친 공격성향으로서 '냄비근성'이 나타날 수도 있고 문화적으로 오랜 역사에 걸쳐 형성된 '냄비근성'이 사회적 낙인을 남발하는 것으로 나타날 수도 있다. '냄비근성'의 근원에 강력한 집단주의적 속성이 존재한다는 것을 염두에 둔다면 이러한 집단주의적 속성이 발현되는 메커니즘에 어떤 의미로든 사회적 낙인을 찍는 풍조가 연관될 수 있기 때문이다. 다시 말해 모든 사람이 부정적 에너지의 발현 메커니즘에서 피해자인 동시에 가해자가 될 수 있다는 것이다. 구체적 사안에 따라 이러한 부정적 에너지의 발현과정이 어떤 방식으로 표출되고 어떠한 과정을 거쳐 소멸되는지를 효과적으로 정리할 수 있다면 어떤 공통의 설명방식을 찾을 수 있을 것이다.

위에서 설명하는 문제들에 대한 충분한 연구가 이루어진다면 한국형 에너지가 '다이나믹 코리아'의 긍정적 기운으로 발산될 수 있도록 유도하는 기본요건을 발견해 낼 수 있을 것이다. 한국사람들의 역사적 유산으로 '붕당정치' 및 당쟁과 같은 분열과 대립을 흔히 이야기하지만 일본이나 독일처럼 전쟁의 참화를 일으켜 다른 민족을 오랜 기간 억압한 역사가 없어 상대적으로 집단적인 죄의식에서 자유롭고, 타민족의 침입을 오랜 기간동안 경험하면서 한민족 공동체에 대한 애국심과 공동체의식이 상대적으로 강하며, 자녀에 대한 강렬한 교육열과 함께 열정적이고 근면한 성격으로 볼 때 '다이나믹 코리아'의 긍정적 에너지가 발현될 수 있는 토양은 상당히 갖추어져 있다고 할 것이다.

다이나믹 코리아의 긍정적 에너지는 어떤 경우에 어떤 경로로 발현되는가를 본격적으로 탐구하기 위해서는 이러한 에너지가 발현되었다고 평가되는 각종 사례들, 예컨대'금모으기 운동', 새마을 운동, 월드컵 응원 등에 대한 철저한 사례분석이 필요할 것이다. 물론 이러한 사례분석은 이제까지의 논의에 기초하여 보다 이론적으로 접근되어야 할 것이다. 사례분석은 결국 그러한 사례들을 관통하는 보편적 원리를 찾아내는데 의미가 있기 때문에 이러한 사례분석을 통해 어떤 시사점을 얻을 수 있는가 하는 문제도 중요한 주어진 과제 중의 하나일 것이다. 다이나믹 코리아로서의 한국형 에너지 발현을 위해서는 무엇보다 불확실성에 따른 사회적 위험을 통합할 수 있는 사회적 안전망 구축이 필요하다. 불확실성과 위험이야말로 개인적으로나 사회적으로 한국사회의 부정적 에너지를 극대화시키는 원흉중의 하나이기 대문이다. 사회적 안전망의 확보를 이런 방향에서 해석한다면 그 필요성은 더욱 커질 것으로 기대된다. 또 하나 중요한 것은 교육현장에서 경쟁원리를 새롭게 해석하고 적용하는 것이다. 로버트 프랭크는 신작 "경쟁의 종말"에서

"지금껏 시장 경제를 지배해온 논리는 애덤 스미스의 '보이지 않는 손'의 원리다. 스미스의 신봉자들은 이 원리를 '시장은 항상 개인의 이기심을 통해 사회 전체의 이익을 최대한 창출한다'로 해석한다. 그리고 어떠한 정부규제도 없는 완전경쟁이 그것을 보장해준다고 주장한다. 자유로운 시장의 힘은 가만히 내버려두면 사회적으로 바람직한 결과를 가져다주기 때문에 규제는 불필요하다는 자유주의자들의 주장은 이 원리에 기초하고 있다. 찰스 다윈은 자유주의자들이 문제 해결 방식으로 제시한 경쟁 과정 그 자체에 숨어있는 문제들에 대해 예리하게 지적하고 있다. 그의 자연선택 이론은 때로 개체와 집단의 이해관계가 일치할 수 있다는 점, 그리고 이런 경우 종종 보이지 않는 손의 원리가 작동할 때와 같은 사회적 결과를 얻을 수 있다는 것을 지적하고 있다. 하지만 때로는 개별 동물의 이해관계가 종족 전체의 이해관계와 크게 상충하는 결과를 초래한다는 사실 역시 인식했다. 수컷 말코손바닥사슴의 사례가 대표적이다. 이들의 뿔은 외부의 적에 맞서는데 필요한 무기라기 보다 번식 경쟁에서 승리하기 위한 무기다. 내부적인 싸움에서는 뿔의 상대적인 크기가 중요하다. 돌연변이를 통해 큰 뿔을 가지게 된 수컷들은 경쟁자와의 경쟁에서 승리할 가능성이 크므로 이런 돌연변이는 빨리 퍼져간다. 이런 돌연변이는 개별 말코손바닥사슴의 번식에 보다 적합하

지만 종족 전체에는 참담한 결과를 가져온다. 뿔이 커지면 숲이 우거진 지역에서 기동력이 떨어지고, 결과적으로 잡아먹힐 가능성이 높아지기 때문이다. 즉, 개체로서의 사슴에게는 큰 뿔이 이득이지만 집단 전체로 볼 때는 작은 뿔이 유리하다. 수컷들의 뿔 경쟁에서는 상대적인 크기가 중요하기 때문에 모든 사슴이 뿔의 크기를 절반으로 줄인다면 개별 사슴들도 손해 보지 않고, 집단에게도 유리하다. 하지만 아무런 규제도 없는 무한경쟁 세계에서 어떤 사슴도 그렇게 할 수 없다. 결국 다윈의 이런 통찰은 자유주의자들의 주장에 담긴 근본적인 문제점을 깨닫게 한다"

라고 말하면서 사회적 낭비는 정부의 비효율적인 씀씀이가 아니라 오히려 민간에서의 과다한, 또는 쓸 데 없는 경쟁에서 온다는 점을 강조하였다. 아담 스미스의 보이지 않는 손의 기본 전제는 한 사람의 소비가 다른 사람의 소비와 무관하다 (즉 외부효과가 없다)는 것이지만 소위 '지출의 폭포수(expenditure cascade)'에 의해 실제로는 다른 사람의 소비생활에 의해 크게 영향받는 것이 현실이고 이에 따라 커다란 낭비가 발생할 수 있다는 것이다. 이는 특히 지위재 (실용성보다는 그 상품을 소비함으로써 얻는 혹은 얻을 수 있다고 믿는 사회적 지위가 실제 구매의 이유인 상품)를 구매할 때 일어난다. 소비생활이 자신의 사회적 지위를 과시하고자 하는 지위 경쟁의 수단으로 작동할 때 낭비가 보편화된다는 것이다. 이를 우리의 학교현장에 원용한다면 학생간 서열에 중점을 둔 평가방식이 모두에게 도움이 되지 않는 경쟁 (예컨대 지나친 선행학습의 악순환)을 유발하고 모든 학생들을 인생의 초기에 지나치게 불필요한 경쟁에 힘을 쏟게 만들면서 학습 자체를 혐오하게 만들어 장기적으로 평생학습을 멀리하게 하는 한편 학창시절을 불행하게 만든다는 결론을 도출할 수 있다. 이를 바꾸기 위해서는 무엇보다 평가에서 서열을 높게 받으려는 유인을 줄여야 한다. 여기에는 크게 다섯 가지 방식이 있다. 첫째, 서열을 판단하기 어렵게 만드는 방법이다. 실질적으로 사람들의 마음 속에 있는 서열을 바꾸기가 어렵기 때문에 고교 내신 및 대입에서의 평가의 방식을 서열을 알 수 없도록 바꾸어 (예컨대 모든 문제를 쉽게 출제해 기본 소양만 있으면 얼마든지 성적을 받을 수 있도록 함) 장기적으로 기존 대학의 서열을 붕괴시키고 대학 입학 후 경쟁을 강화한다는 것이다. 이 방법의 문제는 단기에 상대적으로 우수하다고 판단되는 학생이나 학부모들이 평가의 방식에 큰 불만을 가질 수 있고 서열을 교란시키는 방식만으로는 서열을 높게 받으려는 유인을 없애기 어렵고 오히려 쓸데 없는 경쟁 (예컨대 쉬운 문제를 반복해서 푸는 폐해)을 다시 유발할 수 있다는 것이다. 둘째, 평가의 기준을 다양화하는 방식이다. 평가기관 (예컨대 대학)에서 자신들이 필요한 인재를 다양한 기준을 가지고 뽑도록 하여 학습능력 뿐 아니라 다른 여러 잣대들을 고려할 수 있도록 하는 방식이다. 이 방법의 문제는 평가의 잣대에 따라 새로운 사교육을 유발한다는 것이다. 셋째, 높은 서열의 편익을 줄여나가는 방식이다. 높은 서열의 교육기관 졸업생이 사회적으로 인정받는 직업군에 들어가는 압도적인 확률을 낮추어 나가는 것이다 (예컨대 출신학교별 쿼터 부과). 넷째, 사회적 약자를 배려하는 방식이다. 여기에도 몇 가지 다른 방식이 있다. 대학입학이나 취업시 사회적 약자를 우대하는 방식이 있을 수 있고 경쟁단계별로 패배자를 배려하여 다시 경쟁할 수 있는 입지를 보장하는 방식이 있을 수 있다. 즉 패자부활전을 각 경쟁단계별로 제도화하는 것이다. 다섯 째, 학교현장에서 경쟁보다 협력이 우대받을 수 있는 평가방식을 개발하는 것이다. 남과의 경쟁에서 이긴 사람을 우대하고 표창하는 방식이 아니라 약자를 돕고 약자에게 기회를 제공하는 능력을 보이는 사람들을 우대하는 방식으로 평가방법을 바꾼다는 것이다.

이제까지 학교와 서열화와 관련된 논의들에서 위의 대안들은 대부분 제도화 과정을 거쳤지만 다섯 째 방식에 대해서는 아직 충분한 논의와 대책이 부족한 것으로 보인다. 대학이 사회의 잠재적 지도자들을 양성하는 교육기관이라는 사회적 합의가 존재한다면 지도자가 될 가능성이 높은 학생들을 판별해 내는 사회적 시스템이 작동될 수 있도록 각종 제도를 보완하고 체계화시켜야 할 것이다. 핵심은 지도자는 남을 이길 수 있는 능력을 가진 사람이 아니라 약자를 배려하고 공동체를 아울러 공동체가 달성해야 하는 목표와 비전을 제시하고 이를 이루기 위해 헌신하는 사람이라는 사회적 인식이 광범위하게 확산되는 것이 필요하다는 것이다. 대학 뿐 아니라 초중등 과정에서도 일등을 하는 것이 아니라 지도자가 되는 것이 목표가 될 수 있도록 사회적 분위기를 조정해 나가는 것이 중요하다. 지도자가 되는 것이 목표라면 남을 공격하고 질시하는 태도가 결코 우월전략이 될 수 없기 때문이다.

결국 한국 사회의 빛과 성과의 그늘에서 무섭게 자라나고 있는 부정적 에너지를 효과적으로 제어하기 위해서는 불확실성과 위험을 공유하고 경쟁 대신에 협력과 배려를 하는 것이 우월전략이 되도록 하는 사회적 조정메커니즘이 필요할 것으로 본다. 문제는 이러한 조정메커니즘을 어떤 방식으로 누가, 어떤 우선순위로 작동하도록 할 것이냐 하는 것이다. 이러한 과정에서 필연적으로 제기되는 것이 엘리트와 리더쉽의 문제이다. 초기 변화를 이끌어내는데 각성한 엘리트의 선구적 리더쉽이 필요하다는 점에 동의한다면 이러한 리더쉽이 배양될 수 있는 토양에 대해서도 분석적인 접근이 필요하다. 한국사회의 변화과정을 염두에 둘 때 주의깊게 관찰해야 할 사실은 여성의 역할이 지속적으로 확대되면서 여성문화의 변화를 통한 사회변화가 매우 중요한 역할을 하게 되었다는 점이다. 한국 사회에서 여성의 지도자적 자질은 전방면에서 나타나고 있다. 초중등학교에서 우등생과 반장을 도맡아하고 각종 국가 자격시험에서도 선두주자는 대개 여성이다. 각 정당의 핵심리더도 여성이며 각 가정의 자원배분에서도 여성의 입김이 압도적이다. 여성이 한국사회의 변화주체로 떠오른다는 사실은 역으로 한국사회의 문제를 해결하는데도 여성문화와 여성의 리더쉽이 매우 중요한 역할을 할 수 있다는 점을 시사한다. 한 가지 당혹스런 사실은 현재의 가족제도하에서는 여성 스스로 전업주부가 되는 것을 더 편하게 생각한다는 점이다(중앙일보 설문조사). 맞벌이로 이중의 고통을 겪느니 전업주부로 몸도 편하고 집안에서 실질적 발언권을 갖는 것이 낫다는 것이다. 교육과 관련하여 여성의 치맛바람이 전면에 등장하는 것은 대개 다음과 같은 심리적 작용 때문일 것이다.

> "전업주부로서 나의 정체성은 자식의 생산성에서 나온다. 전업주부로서 내 사회적 지위나 발언권은 본질적으로 없다. 나는 무시당하고 싶지 않다. 내 남편이 나의 성취를 말해줄 수도 있지만 그건 단지 결혼에 따른 운일 뿐이다. 내가 실력으로 다른 여성과 경쟁하는 방법은, 전업주부라는 입장에서, 결국 내 자식 뿐이다. 내 자식이 보여주는 성과는 학교에서의 성취가 가장 극명하다. 내 자식이 지는 것은 내가 경쟁에서 지는 것이다. 아이들의 성취는 부모가 좌우한다고 모두들 생각하는 한 시장에서 평가받는 것은 결국 모든 것이 포함된 엄마로서 나의 경쟁력이다"

이러한 생각은 결혼시장의 위계화로 더욱 확대된다.

> "결혼을 통해 신분이 바뀌는 시대가 가고 있다. 유사한 배경을 가진 사람끼리 결혼하는

것이 대세이고 이는 결국 사회적 신분이 대물림된다는 것을 뜻한다. 이미 있는 사실은 어쩔 수 없고 이 시장에서 유일하게 내가 노력으로 달성할 수 있는 것은 학벌뿐이다. 끼리끼리 만나게 되는데 명문대학을 가야 신분이 확실한 배우자를 만날 수 있다"

는 것이다. 사실 학교사회의 대부분의 문제의 출발은 이러한 여성문화와 여성이 교육과 관련한 전권을 가지도록 진화한 한국의 가족관계이다. 이러한 여성문화가 지배적인 한 전업주부의 교육에 관한 발언권은 지배적일 수 밖에 없으며 출발점이 불리한 맞벌이의 경우 이러한 전업주부의 영향력과 문화에 기초한 자식간의 학업경쟁을 추종할 수밖에 없다. 이러한 상황에서 자식의 성공이 나의 성공이라고 간주되는 사회문화가 바뀌지 않는 한 능력 있는 여성의 사회적 진출은 상대적으로 억제될 수밖에 없다. 물론 여성들이 더 많이 공부하고, 더 늦게 결혼하며, 자식을 덜 낳아 보다 알차게 교육하려는 것은 이러한 변화에 대한 자연스런 대응과정에서 나온 것이다. 앞으로 우리의 연구에서 한국의 가족, 여성문제와 가족, 여성문화가 주목되는 것은 바로 이러한 이유이다.

또 다른 연구 과제중 하나는 사회적 약자가 사회적 발언권을 확보하는 메커니즘과 관련된 것이다. 앞의 장들에서 이미 서술한 바 있듯 사회적 낙인을 찍는 과정을 주의깊게 관찰하면 사회적 약자들이 발언권을 확보하는 경로와 밀접한 관련이 있다는 것을 알 수 있다. 공식적인 관계에서의 서열구조와 억압에 분노하는 일반 대중이 남의 실패에 대해 무차별적으로 공격하고 낙인찍는 행위는 긍정적인 관점에서 보면 공식적인 정치적 과정에서 소외된 사람들의 정치행위의 일환으로 볼 수 있으며 기형화된 소통의 수단으로 작동한다고 볼 수 있다. 이러한 소통은 익명성을 배경으로 그 영역과 범위가 극대화되며 이를 통해 사회적 약자들의 정치적 발언권이 극대화될 수 있다는 것이다. 인터넷을 중심으로 이러한 공격적 성향이 극단적으로 발휘되는 것은 바로 이 때문이다. 익명성이 보장되는 인터넷을 통한 발언권 시장은 그야말로 자유경쟁의 한 전형이다. 이러한 경쟁에서는 보다 자극적이고 선정적이며 극단적인 주장일수록 주목을 받기 때문에 경쟁의 폐해가 가장 심하게 작동한다. 모방과 중독은 이 과정에서 가장 두드러지는 특성이다.

이 책의 저자들은 많은 논의를 거쳐 앞으로의 연구과제를 정리하면서 한국형 모델에서 가장 중요한 문제는 역시 교육이라는 점을 새삼 절감하였다. 어릴 적 교육과정에서부터 남을 이겨야만 살아남을 수 있는 고삐 풀린 경쟁을 강요당하는 나라에서 불행한 사람들이 많다는 것은 어쩌면 너무나 당연하다. '적'과 '친구'를 어릴 적부터 구별할 능력이 필요한 사회에서 남을 극단적으로 공격하는 부정적 에너지를 발견할 수 없다면 이상할 것이다. 협력과 상생의 에너지를 키울 수 있는 토양은 건전한 교육, 절제된 경쟁에서부터 출발할 것이기 때문에 이를 제도화하고 조정하는 메커니즘을 규명하는 것은 앞으로 우리 연구의 핵심적 과제가 되어야 할 것이다.

대담록

한국형 모델, 무엇을 어떻게 설명할 것인가?

1

문제의 제기

다이나믹 코리아와 냄비근성

유 유정식 홍 홍훈 장 장종익 박 박종현

유 좋은 의미든 나쁜 의미든 한국사람들은 '지독하다'는 소리를 많이 듣는다. 함께 어울려 무엇인가 이루려고 할 때는 그야말로 신바람나게 일하고 빠르게 성취하는 반면 일단 누군가를 배제하고 사회적으로 낙인을 찍으면 무서울 정도로 외면하고 비판한다. 이러한 지독함을 가지고 한민족은 전세계에서 가장 빠르게 경제발전과 민주화를 이루어냈고 최근에는 한류를 통해 문화적으로도 그 우수성을 대내외에 과시하고 있다. 반면에 이러한 지독함은 학교에서는 '왕따'로, 인터넷 상에서는 '신상털기'와 '낙인찍기'로 극명하게 발현되며 이념적으로는 '빨갱이'와 '수구꼴통'으로, 정치적으로는 '경상도'와 '전라도'로, 경제적으로는 '재벌'과 '서민'으로, 지역적으로는 '특별시'와 '지방'으로, 대학에서는 'SKY' 와 "지방대'로 극단적인 대립 구조를 낳고 있다. 일각에서는 이러한 대립 구조 때문에 설 땅을 잃은 많은 온건 중도 계층들이 한국사회를 혐오하면서 이민을 생각하고 있다. 극단적으로 자살을 선택하는 사람도 많고 자신을 불행하게 느끼는 경우도 흔하게 보인다. 우리 SSK 팀의 문제의식은 여기에서 출발한다. 한국사회만이 가지고 있는 고유의 역동성을 통칭하여 한국형 모델이라고 할 때 이러한 모형의 핵심적인 작동 메커니즘을 효과적으로 구명할 수 있어야 어떠한 정책적 이슈들도 그 안에서 소화하여 실천적인 의미를 찾을 수 있기 때문이다. 일단 먼저 한국형 모델의 특징을 한번 생각해 보기로 하자.

홍 우리가 연구를 시작하는 시점에서 이러한 문제들을 대담을 통해 정리하는 것은 매우 의미가 있다고 생각한다. 우리가 일상에서 드는 의문을 정리하고 문제를 탐구해야 본질적인 문제에 좀 더 다가갈 수 있기 때문이다. 우리가 관심을 두는 문제들의 토양에 대해 좀 더 진지하게 고민해야 설득력있게 독자들과 만날 수 있다. 우리가 배운 많은 서양의 이론들을 그대로 적용할 수 없는 이유가 여기에 있다. 핵심적인 질문을 제기하고 이를 통해 분석대상을 드러낼 수 있다면 개념화와 실증분석과정을 거치면서 좀 더 과학적인 접근을 시도할 수 있다. 방법론적으로 처음부터 큰 문제를 중심으로 개념적으로 접근하기보다 구체적인 측면, 즉 일반 사람들에게 쉽게 다가갈 수 있는, 그리고 일상에서 발견되는 실질적인 질문에서 출발할 필요가 있다. 또한 그 질문들과 큰 줄기를 연결할 수 있는 고리를 연구하고 제시해야 한다.

유 이야기를 꺼내기 위해 유사한 문제의식을 지닌 대중적인 책의 예를 들어 보자. 불안증폭사회 , 김태형, 위즈덤하우스. 이 책에서는 한국형 모델의 기본적 특징을 '불안'이라는 개념을 통해 정립하고 있다. 불확실성과 관련한 지표들 – 자살률, 실업률, 출산율 등 – 을 제시하면서 다른 나라와 비교해서 경제규모에 비해 불안정한 구조를 가지고 있다(즉 불확실성이 많다)는 것이다. 불확실성을 어떻게 정의하는가와 관련된 복잡한 문제는 차치하더라도, 상대적으로 우리나라 사람들이 직면하는 불확실성이 정말로 큰 것인지 무엇으로 그것을 측정하고 비교할 것인지의 문제에 대해 논의하는 것이 필요할 것 같다. 한국사람들이 불안한 사회에 살고 있다는 특성으로 인해 나타날 수 있는 현상들은 무엇인가? 첫 번째로는 낙인찍는 사회이다. 한국사회는 사회적 비교에 따른 고통이 큰 편이다. 이 책에서는 그 원인으로 ① 일상에서 가치있는 모든 것들에 대한 상품화가 광범위하게 진행되어 상품적 가치를 매기는 것이 중요하게 되었으며 이에 따른 서열화가 극명하게 나타나게 된다. ② 이렇게 평가된 상품 가치는 사회적인 가치로 인식된다. 따라서 자신의 상품가치가 낮으면 열등감과 모멸감을 느끼게 되고 이에 따른 고통을 받는다. ③ 이러한 고통이 사회적으로 확산되면서 각종 사회심리학적인 병리현상 – 예컨대 낙인찍기 – 가 나타난다.

비교에 따른 심리적 고통으로 사회적 낙인을 찍는다는 이러한 가설은 나름대로 유의미한 설명이지만 몇 가지 추가적인 설명이 필요하다. 예컨대 사회적 낙인을 찍는 행위가 구체적으로 사회적 불확실성과 어떠한 연관이 있는가에 대한 설명이 필요하다는 것이다. 두 번째 사치열병(Luxury Fever), 즉 명품에 대한 과도한 집착이다. 처음에는 남들에게 보이기 위한 과시적 소비였다가, 남들에게 지지 않기 위한 동조적 소비로 변화하며 이러한 소비가 극에 이르러 왕따가 되는 것을 피하기 위한 차별회피소비로까지 변화되게 되었다는 것이다.

여기서 한 가지 의문은 이러한 명품 열풍 현상들이 사회적 낙인과 불안에 어떻게 연관이 되는가이다. 동조적 소비 패턴까지는 이해가 가나 차별 회피적 소비가 된다는 주장에 대해서는 많은 논란이 불가피하다. 즉 명품이 없어 왕따가 되는 과정과 사회적 낙인이 찍히는 과정이 어느 정도는 연관성이 있어 보이는데 이러한 과정을 미시적으로, 그리고 체계적으로 설명할 수 있는 분석틀이 필요하다. 또한 이것이 개인적으로 봤을 때 비합리적인 행동인지, 아니면 각 개인이 불합리한 사회적 구조에 대해 합리적으로 반응한 것인지에 대해서도 검토가 필요하다. 이러한 패턴은 명품뿐만 아니라 성형, 다이어트 등의 문제에도 적용될 수 있다는 점이 주목된다.

최근 정치권에서의 안철수 현상도 이런 시각에서 볼 수 있다. 기존의 정당정치에 대해 대부분의 대중이 극도로 불신하고 있는 상황에서 과거에 명품이었던 사람도 기존 정치, 권력 제도권에 들어가면 똑같은 사람이 되는 과정을 우리는 수없이 보아 왔다. 과연 안철수라는 브랜드에 대한 열풍이 위에서 언급한 명품확산 메커니즘으로 볼 때 얼마나 오래갈 수 있는 것인지가 흥미롭다.

세 번째로는 중독이다. 인터넷, 도박, 마약, 일 등의 각종 중독이 있지만 우리 사회에서 가장 주목할 만한 현상은 종교에의 탐닉이다. 이 책의 저자는 이기심과 관련하여 설명한다. 종교의 이타심이 전혀 나타나지 못하고, 각 개인의 이기심과 연관되어 굉장히 배타적이게 된다는 것이다. 사이비 종교 같은 경우에는 불안한 감정과 이기심을 자극하여, 더욱 더 종교에 의존적으로 만든다. 종교에의 탐닉은 많은 사회에서 극단적인 감정을 낳는 경우가 많다. 배교자나 이단자로 낙인찍히면 이들에게 극단적인 배타심을 드러내는 것이다. 이렇게 중독 현상도 불안, 사회적 낙인과 관련되어 있기 때문에 이들을 체계적으로 분석할 필요가 대두된다. 한국형 중독현상은 어떠한 특징을 가지는가에 대해 다른 나라와 비교하여 설명하는 것이 필요할 것이다.

신자유주의는 이러한 한국형 모델의 특성에 어떠한 역할을 하였는가? 이 책에서는 신자유주의가 모든 원흉이라고 지적한다. 신자유주의가 시장가치로 사회적 가치를 판단하도록 부추긴다는 점에서 차별과 낙인의 한 원인으로 작용할 수 있지만 근본적으로 어떤 사회가 왜 남과의 차이에 더 민감하게 반응하는가는 그것만으로 설명하기 어렵다. 이 책에서는 그 이유를 한국사회에서의 공동체적 평등주의 때문이라고 하지만 이러한 설명에는 약간의 모순적인 측면이 있다. 한편으로 신자유주의에 매몰되어 있으면서, 또 한편으로는 공동체적 평등주의가 나타나는 이런 이율배반적인 특성이 어떻게 공존할 수 있는가에 대한 설명이 필요하기 때문이다. 보다 구체적으로 신자유주의와 공동체적 평등주의는 어떻게 공존하는가? 어느 경우에는 이 가치가 충돌하고 어느 것이 우선시 되는가? 한국형 모델 성장과 관련해서 과연 신자유주의는 부정적인 측면만이 있는 것인가? 긍정적으로 기여한 측면은 없는가? 등의 질문들을 추출할 수 있다. 우리의 네 번째 질문은 이러한 특질과 신자유주의라는 충격을 고려했을 때, 부정적인 냄비근성이 어떻게 형성되고 발현되는가를 설명하고 이해하는 것과 관련되어 있다. 이 책에서는 사람들이 남들과의 비교 속에서 많은 고통을 느끼고 있기 때문에 분노를 마음속에 가지고 있다고 설명한다. 심리학적으로 이러한 욕구좌절로 인한 분노가 화병이 되는데 한국 사람의 특질이 내향적이고 감정적이어서 분노가 축적되다 어떠한 계기로 폭발하게 되면 지독한 냄비근성으로 나타난다는 것이다.

다섯 번째로는 한국인의 지독함이 긍정적인 에너지 (즉 다이나믹 코리아)로 발현되는 기본요건에 대한 질문이다. 사회적 위험을 통합한다거나, 공평한 경쟁체계를 도입한다거나, 신자유주의를 배척하고 공동체적 평등주의를 복원해야 한다는 등의 주장이 가능하다.

홍 개인차원, 제도차원, 사회전체 차원을 구분할 필요가 있지 않을까? 어떤 것이 개인의 것인지, 제도적인 것인지, 사회전체적인 것인지 불명확하다. 그리고 주로 개인의 심리, 상태와 관련하여 설명하고 있는데 전체 메커니즘을 총체적으로 이해 하기에는 세밀한 분석이 부족한 것 같다. 제도적인 문제도 상세히 다뤄야 전반적인 정리가 가능할 것으로 본다. 낙인에 관해서도 너무 개인적으로 파악하기보다 사회적인 현상으로 보다 전체적으로 파악해야 하지 않을까? 기존의 우리의 서열, 학벌, 엘리트주의의 틀에 신자유주의를 넣어 보충하여 설명할 필요가 있다. 그리고 언제나 중요한 것은 이러한 것을 바탕으로 기본적인 핵심 질문을 유도해 내는 것이다.

장 한국의 고도성장을 통해서 누가 승리자(winner)이고 누가 패배자(loser)인가라는 질문에 앞서 지금도 벌어지는 수많은 경쟁에서 패자가 승자에게 승복을 하는가 하는 아주 기본적인 질문부터 던질 필요가 있다고 본다. 승복을 위한 가장 기본적인 전제조건이 게임의 공정성인데, 오늘날 우리나라에서의 경쟁은 이것이 더욱 어려워지지 않고 있나 하는 의문이 든다. 상황이 이렇다면 패자가 되었을 때 승복하지 않고 계속 문제를 제기하고 반발하게 된다. 만약 게임의 불공정성에 대한 증거를 찾을 수 있다면 게임의 불공정성을 규정하는 제도 중 어떠한 것이 문제인지 밝혀내고 제도의 설계 측면에서 구조적 문제를 파악해 개선안을 제안할 수 있다고 본다.

유 우리가 쓰려는 총서의 1권이라는 의미는 우리가 어떠한 질문을 가지고 있는지 보여주는 것에 큰 의미가 있다. 즉 한국형 모델과 관련하여 알고 싶은 점은 많은데 효과적으로 요약할 수 있는 질문이 잘 정리되어 있지 않아 체계적이지 못하다. 다이나믹 코리아와 냄비근성의 예를 들어 설명해 보자. 먼저 두 가지 에너지의 발현과정을 잘 보여주는 두 사건, 예컨대 금 모으기 운동과 타블로 사건을 생각해 보자. 이 두 사건의 과정을 체계적으로 따라가다 보면 왜 동일한 에너지가 양극단의 형태로 나타나게 되는가하는 우리의 의문을 풀 수 있는 열쇠를 발견할 수도 있다고 본다. 극단적으로 비유하자면 똑같이 가난한 조건하에서도 남미사람들은 보통 100원을 벌면 120원을 쓰는 반면에 한국 사람들은 그 돈을 아껴서 자신의 소비를 기꺼이 오랜 기간 희생하면서 자식을 교육하는 것에 온 힘을 쏟는 이유는 무엇인가 ? 이러한 한국형 에너지는 개인적인 측면이 아니라 집단적인 힘으로 나타나는 것도 중요한 특징이라, 정부나 언론이 어떠한 넛지(nudge)의 역할을 하는지 그 역할을 규명하는 것도 의미 있는 연구일 듯하다.

홍 구체적인 사항을 열거하고 출발하는 것도 좋다. 즉 우리나라 사회의 특징을 나타내는, 모든 사람이 동의하는 것을 정리하는데서 출발하자. 예를 들어 한국 사람은 왜 이렇게 선후배를 따지는가 등 정형화된 것들에서 질문을 추출하는 것이 좋을 듯하다.

유 물론 이러한 과정이 쉬운 것은 아니다. 하나의 사실에도 여러 가지 인과관계가 얽혀있기 때문이다. 한국 사람들이 왜 이리 고통이 많은가? 불행한 것인가? 한국 사람이 이렇게 된 원인이 무엇인가? 그런 원인을 분석하고 특징들을 설명해 보자는 것이다. 예를 들어 한국 사람이 고통을 받는 원인중 하나인 중독 등의 현상을 설명하고, 그 원인 중에서 외부적 충격, 신자유주의에 대한 분석을 통해 유기적으로 연결시키는 작업도 매우 유용하다고 생각한다.

박 낙인과 왕따에 대한 문제를 한국만의 문제로 보는 시각에는 동의하기 어렵다. 미국에서도 학교 내의 소수자에 대한 유무형의 폭력이 심각한 사회문제로 대두되고 있고, 외국인 노동자에 대한 차별도 만만치 않다. 명품 열풍 경우에는 한국보다는 중국의 바람이 더 세게 불고 있는 것 같다. 무엇보다도 한국에 명품 열풍이 분다고 했을 때, 대부분의 사람들이 다 이 열풍에 빠져들어 있는 것인지, 아니면 특정 계층이나 연령 대에 국한된 현상인지 등에 대한 구체적인 정보가 있어야만 제대로 된 판단이 가능하다. 그리고 낙인이나 왕따 또는 중독 현상을 '미래에 대한 불안'과 연결지어 해석하려는 시도들에서 구체적인 연결고리를 찾아보기 어렵다는 문제도 있다.

유 한국만의 고유한 문제로 볼 때 그 원인으로 남북분단과 이념갈등을 강조하는 설명도 있고, 과거사 정리를 제대로 하지 못해 모두가 동의 할 수 있는 전체적인 사회적 약속 또는 규범을 충분히 확립하지 못했기 때문이라는 등의 여러 가지 설명이 있지만 아직까지는 추상적인 차원에서 논의되었을 뿐이다.

박 공정의 문제에 대해서도 동의하기 어려운 부분이 있다. 우리 사회의 경우 과연 경쟁의 공정성이 더 줄어들었다고 볼 객관적인 근거들이 제시되었는지에 대해 의문이다. 사람들이 회사에 취직을 하거나 기업들이 경쟁을 벌이거나 정치 영역에서 국민들의 대표를 선출하는 과정에서 절차적 합리성이나 투명성 등은 예전에 비해 개선되는 흐름에 있다고 보아야 하지 않을까? 물론 민주정부 10년 이후 정권교체가 되면서 이러한 흐름들이 다시 퇴행하는 측면이 있기는 하지만, 대세는 공정성이 강화되는 쪽으로 흘러가고 있다고 생각한다. 다만, 공정에 대한 사람들의 주관적 기대치나 열망이 과거 개발독재 시대에 비해 훨씬 강화되었고, 경기규칙의 변화가 이러한 열망을 따라잡지 못하고 있기 때문에 객관적으로는 과거에 비해 공정해졌음에도 사람들의 주관적인 판단은 오히려 과거에 비해 사회 전체가 더 불공정해졌다고 느끼는 것이라고 생각한다. 아주 잠정적이기는 하지만, 한국 사회가 예전보다 더 불공정해졌다고 느낀다면, 이는 집단주의의 문제와도 관련이 있을 것으로 짐작이 된다. 개인 차원에서의 경쟁은 과거에 비해 더 투명해지고 합리적으로 바뀌었지만, 집단 사이의 경쟁은 여전히 과거의 습속 등으로 인해 불투명하고 비합리적인 부분이 상대적으로 더 많이 남아있고, 이러한 부분들이 한국인들에게 더 강하게 다가가는 것이 아닐까 싶다.

유 만약 집단주의가 맞는다면, 신자유주의와 충돌되는 측면이 있다. 즉 신자유주의는 기본적으로 개인주의적 측면이 강한데 어떻게 공동체를 강조하는 집단주의와 맞물리게 되었는가?

박 일단, 오늘날 한국 사회에서 문제가 되고 있는 집단주의의 기본 속성은 이타주의가 아니라 집단 이기주의라고 할 수 있다. 또한 집단을 결속시키는 힘 자체가 개인들의 이기주의에 기반하고 있다. 즉, 개인의 힘만으로는 험한 경쟁에서 승리하기가 어려우므로 집단을 이루어 경쟁에 나서는 것이다. 이 점에서 한국인들이 만들어내는 집단은 확장된 개인의 성격이 강하고, 그러므로 집단에는 개인들의 극단적인 이기심이 투사되어 있고, 집단과 집단 사이의 경쟁은 개인과 개인 사이의 경쟁보다 더 극단적인 성격이 강하다고 생각한다.

유 핵심은 공동체에 파편화 되어 있는 이기심에 기초한 집단주의가 어떻게 조직되어 개인에게 강력한 제약조건이 되도록 형성되었는가를 설명하는 것이다. 또한 이것이 신자유주의적 경쟁의 확산과 어떠한 연관이 있는지에 대한 설명도 필요하다.

장 그러한 설명을 위해서는 개인주의적 문화와 집단주의적 문화의 관계에 대한 분석이 필요하다. 개인주의문화는 개인이 특정 집단에 대한 의존도가 낮아서 집단 간의 이동이 자유로운 문화이고, 집단주의문화는 개인의 특정 집단에 대한 의존도가 높아서 집단 간 이동이 낮은 문화를 의미하는데, 소위 신자유주의적 경쟁의 확산이 서구의 개인주의문화에 미치는 영향과 우리나라와 같이 집단주의문화에 미치는 영향이 다를 것으로 보인다. 이에 대한 심층적 분석을 하다보면 많은 함의를 얻을 수 있을 것으로 보인다.

유 우리 SSK와 관련된 한 국제 학술회의에서 어느 외국학자는 한국형 모델의 특성으로 열거된 사실들이 외국에서도 다 찾아볼 수 있는 문제들이라고 반론을 제기하였다. 하지만 나는 다른 것은 몰라도 한국의 교육만은 한국의 고육한 특성들이 집약되어 나타나고 있다고 대답했다. 한국에서 교육은 인적자본의 개발과 관련되어 있다기보다 말 그대로 가족간의 전쟁의 양태로 나타나고 있는 것이다. 왜 한국에서는 교육이 전쟁인가?

홍 불안에 대해서는 나중에 논의하고, 왜 한국에서는 교육이 전쟁인가라는 질문을 중심으로 논리를 전개해 나갈 필요가 있다. 질문의 층위, 즉 깊이에 대한 조절도 필요하다. 또 질문에 대한 답으로 어느 범위까지 설명할지에 대해 어느 정도 경계를 그어주어야 한다. 예를 들어, '한국에서 교육은 왜 전쟁인가?'와 '한국 사람들은 왜 불행한가?'라는 질문에서 공통적인 키워드로 교육이 들어가게 된다면, 결국 동일한 문제에 대한 다른 문제제기로 볼 수 있을 것이다.

장 불안과 관련하여 어린아이들의 게임 중독, 청년들은 인터넷 중독, 아주머니들의 교회에 대한 탐닉 등과 관련한 중독에 관한 논의도 필요하다. 즉, 합리적인 논리에 따른 선택이아니라 어떠한 행위를 습관적으로 반복하는 중독현상이 사회에 만연한 이유와 그 근본 원인을 알아보아야 할 것이다.

유 세습도 재밌는 관심거리일 수 있다. 교회와 기업, 그리고 북한에서까지 왜 세습을 하려고 하나?

홍 지금까지 나온 주제들을 단어(key word)들로 정리해보면, '교육, 중독, 세습, 불안, 가족, 관계' 등으로 요약해 볼 수 있다.

유 핵심질문을 끌어내면 다음과 같다. 첫째, 교육. 한국 사람은 왜 교육에 목을 매는가? (전쟁인가?) 둘째, 경제와 자본주의. 부자를 보는 눈이 왜 이중적인가? 셋째, 정치와 엘리트주의. 비공식적인(Informal) 정치를 모든 사람들이 그렇게 일상적으로 하면서 왜 그리 공식적인(formal) 정치에 대해서는 경멸적인가? 넷째, 사회. 왜 사회적 낙인을 찍는가? 이 정도로 정리가 가능하지 않을까?

홍 질문을 다루는 방식에 대해서도 고민할 필요가 있다.

유 서두에서는 대표적인 사실들을 설명하고, 그것의 사례를 들어주며, 여기서 나올 수 있는 문제들을 정리한 후 원인을 짚어보고, 그래도 풀리지 않는 의문들을 정리하는 형식으로 접근하면 좋을 듯하다. 예컨대 한국에서 왜 부자는 존경받지 못하는가? 라는 질문에 대해 생각해 보자. 수업시간에 학생들에게 부자에 대해서 물어보니, 하나는 나보다 노력하는 사람들이라는 시각과, 다른 하나는 (자신의 노력이 아닌) 그냥 운이 좋았다거나 부모님이 부자이기 때문이라는 시각이 존재한다. 우리 사회에 자기 노력을 통해 이루어진 부자가 많은가 아니면 자신의 노력이 아닌 외부요인을 통해 부자가 된 사람이 많은가라는 설문 조사에서, 내가 가진 표본에서는 학부의 경우 전자가 많았고 야간대학원에서는 후자가 보다 많았다. 즉 젊은 사람일수록 자신의 노력을 강조하는 사람이 많았다는 것이다. 물론 표본수가 적어서 일반화하기엔 무리가 있다.

장 그와 관련하여 최근 보도된 것 중에 사람들이 부자를 존경하지 않는 비율이 80%를 넘는다는 통계조사결과도 주목할 만하다. 이 통계에서는 20-30대일수록, 상대적으로 여유가 있는 화이트 칼라일수록 부자에 대한 비호감이 큰 것으로 나타나고 있다. 인상적인 것은 부자를 좋아하거나 존경하지는 않아도 부자는 나보다 노력한 사람이라는 것을 인정하는 사람의 비율이 굉장히 높게 나온 것이다. 전반적으로 한국사회도 경쟁적인 구조로 바뀌고 있다는 것을 실감하게 한다.

홍 집단에 대한 논의도 추가로 해야 할 듯하다. '민주화를 달성하기는 했으나 우리는 과연 내면적으로도 민주주의자인가?' 혹은 '우리는 얼마나, 어떤 경우에 집단주의적 행태를 보이는가?'

유 또한 신자유주의와 집단주의의 연관성에 대해서도 고민할 필요가 있다.

홍 개념적으로는 중요한 문제이지만 신자유주의가 우리 일상에 어느 정도 각인된 용어인가도 생각해 볼 필요가 있다. 평범한 일반사람들에게 신자유주의라는 말은 얼마나 유의미한 것인가?

유 집단에 대한 논의를 구체적으로 예컨대'한국 사람들은 왜 나이 (학번)에 목을 매는가? 와 같은 현실적 질문을 통해 답해보는 것도 좋을 듯하다.

장 그와 관련하여 왜 안철수가 주목받는가에 대해 생각해 볼 필요가 있다. 다른 사람들과 달리 나는 안철수가 보여주는 '위로'의 자세에 더 끌린다. 즉 안철수 하면, 성공, 명품, 엘리트보다는 타인에 대한 배려의 마음과 자세가 더 두드러진다는 것이다. 즉 키 워드(key word)는 위로에 있는 듯하다. 사람들이 경쟁에 지쳐 위로받고 싶은 심리, 혹은 분노, 불안, 불만 등에 대한 위로가 사람들의 마음을 움직이는 것 같다. 그동안 우리 사회의 성공한 사람들 중에서 다른 사람들을 진정으로 위로하고 배려하려는 마음가짐을 가진 경우가 많지 않았던 것에 대한 증거라고 할 수 있다.

유 나는 위로보다는 안철수는 우리 대중들이 생각하는 일반적인 리더들의 관념에서 벗어나는 사람이라는 점이 더 대중들에게 어필하는 것이 아닌가 생각한다. 즉 우리가 생각하는 성공한 사람의 전형(예컨대 교만함, 나쁜 의미에서의 '정치'를 잘함, 사치스러움, 권위적임 등)에서 벗어나는 사람이기에 사람들이 매력적이라고 생각한다는 것이다.

장 학벌과 준법의식 및 윤리의식의 상관관계를 알아보는 것도 좋을 듯하다. 학벌이 상승할수록 준법, 윤리 의식이 높지 않다고 일반 사람들이 생각하고 있는 것이 아닌가?

유 학벌보다는 환경의 차이가 더 크다고 생각한다. 그러한 것들을 어겼을 때에 얻을 수 있는 이득이 너무 크다. 밑에 있는 사람들은 어겨서 얻을 수 있는 이익이 작으나, 학벌과 지위가 올라갈수록 그 이익은 커진다. 즉 이익의 개념을 포함해서 설명하는 게 더 잘 설명될 듯하다.

장 홍교수께서 나눠 주신 자료들 중에서 가설에 대하여 잠시 얘기해보도록 하자.

홍 내가 제시한 가설들 중 첫번째 가설의 핵심을 요약하면 다음과 같다. “한국사회는 사회관계를 중시하고 위계적이며, 집단적이다. 인간관계를 중시하고, 관계 중심적이며 목표 지향적이다. 즉 목표지향적인 사람도 심층적으로 보면 관계를 더 중시하는 측면이 보인다.”

유 하지만 집단 내에서 이러한 위계적인 측면이 요새는 많이 바뀌는 듯하다. 무엇이 이것을 바꾸는지 그 원인을 생각해 볼만 하다. 공공부문과 사부문 공히 예전에는 거의 찾아보기 힘들었던 현상들이 나타나고 있다. 단순히 위계로 위에서 아래를 무작정 통제하는 건 힘들어 보이고 변화 하는 게 보인다. 교수와 학생 사이에도 많은 변화가 나타나고 있다. 인터넷을 통한 수평적 교류의 중요성을 생각해 볼 필요가 있다.

홍 인터넷과 사이버공간의 등장이 자신의 내면적인 공간 속으로 사람들을 파편화시키는지 아니면 일부의 주장처럼 시공간의 제약을 뚫고 인간과 인간을 연결해 주는 역할을 하고 있는지에 대해서도 논의가 필요하다. 이러한 논의는 우리는 얼마나 집단적인가에 대해 이해하기 위해 매우 중요한 기초적 자료가 될 듯하다. 또 하나의 가설은 외적인 목표 달성을 위한 경쟁에서‘네가 잘하면 상을 줄게 보다는 너희 팀이 잘하면 상을 줄게’하는 것이 더 큰 효과를 발휘한다는 점이다. 경쟁의 집단주의적 속성이 중요하다는 것이다.

유 ‘나가수’의 경우 경쟁의 장점과 문제점을 극명하게 보여준 사례이다. 일류 가수들도 탈락의 위험에 처하면 혼신의 힘을 다해 노력한다는 것을 입증하였다는 점에서 각광을 받았지만 다른 측면에서는 특정 음악장르에 치중하게 만드는 (예컨대 시끄럽고 소리지르는 음악을 선택하도록 경쟁) 부작용을 지적하는 소리도 있다. 중요한 것은 경쟁을 하면 아무리 기득권이 있는 사람일지라도 노력하도록 만든다는 것을 이 프로그램이 일반국민들에게 잘 보여주었다는 것이다. 더욱이 우리에겐 체면의 문제까지 있어 다른 사회보다 더 큰 압박이 되고 있는 듯하다.

박 한국은 높은 렌트를 주는 자리에 진입하기 위해서는 엄청난 경쟁이 벌어지지만, 일단 자리에 진입한 이후에는 경쟁이 사실상 부재한 나라다. 그러니까 사회적 강자가 되기 위한 경쟁은 치열하지만, 일단 강자가 되고 나면 경쟁의 공백 상태에서 비교적 편하게 렌트를 챙기기만 하면 된다. 그런데 나가수에서는 최고의 자리에 올라간 사람들이 피 말리는 경쟁을 벌이고 청중평가단으로부터 심판을 받아야만 한다. 이처럼 최고의 가수들이 무명의 청중들에게 자신들의 생사여탈을 맡겨야만 하는 상황이 그렇지 않은 현실과 교차되며 많은 이들에게 카타르시스를 제공했던 것으로 생각된다.

유 한국 사회에서 일단 어려운 지위에 진입하면 경쟁이 사라진다는 것은 이제 더 이상 사실이 아닌 듯 하다. 최근에는 최고의 자리에 있는 리더들이 오히려 더 심한 경쟁을 펼치고 있다. 단적으로 왜 카이스트에서 자살이 더 많을까? 그곳이 다른 곳보다 경쟁이 더 치열하기 때문이다. 조금은 예외로 그려졌던 변호사, 의사, 회계사 등 소위 그 독점성 때문에 모든 젊은이들이 열망하는 직업의 세계에서도 이젠 경쟁이 더욱 치열해 지고 있다.

장 한국형 모델에는 한국인의 특징, 사회, 경제, 구조 등이 서로 맞물려 있다. 예전부터 지금까지 크게 변하지 않는 한국인의 본질이 있을 것이고, 시대의 흐름, 환경과 조건에 따라 변화한 특징들이 있을 것이다. 이러한 것들을 이론적으로 구분할 필요가 있다고 생각한다.

유 조금은 원론적인 질문이 되겠지만, 한국경제성장을 봤을 때, 박정희 시대의 한국 사람의 전형적인 유형과 지금 세대의 평균적인 유형이 과연 다른가, 다르다면 어떤 측면에서 다른가란 질문을 던져볼 수 있다. 보다 더 깊이 생각 할 때 한국인의 본질적인 특징은 무엇일까 ? 한국형 모델이 고유의 특성이 있는 것이 아니라 환경에 따라 다르게 변화하고 적응해 가는 모습만 보인다면 본질을 정의하고 특징을 찾기에는 매우 어려운 문제가 될 수 있다.

장 한국형 모델의 두 가지 핵심어(key word)인 '다이나믹'과 '냄비'는 그 본질이 시대에 따라서 크게 변하지 않고 다른 형태로만 나타났다고 생각한다. 물론 두 형태의 에너지는 다른 현상을 통해 발현되므로 우리가 문헌 서베이(survey)나 연구를 진행하며 구분해줄 필요성이 있다고 생각한다.

유 시대적인 흐름에 따라서 모습이 다르게 나타난다고 하더라도 시사점을 가진다고 생각한다. 우리가 가지고 있는 환경적 요인과 이제까지 나타난 한국 사람의 특질을 볼 때 앞으로 구체적으로 어떠한 모습으로 바뀔 것인가를 유추하는 것은 흥미로운 일이 될 것이다.

장 그렇다면 한국인의 특질 중에서 어떠한 면이 제도의 설계나 환경에 의하여 잘 변하고 어떠한 것은 그렇지 않은가에 대하여 구별하는 작업도 중요하다고 생각한다. 달리 말하자면, 외생변수라고 하는 것을 최대한 좁혀나가는, 즉 우리가 노력해도 바뀌기 어려운 측면을 골라내어 받아들이고 다른 측면의 특질을 바꾸어 나갈 수 있는 것들에 대해 파악하는 것이 필요하다. 이것을 기반으로 정책을 제안하고 정책의 오류나 실패를 줄이는데 크게 기여할 수 있다고 생각한다.

유 한 가지 가능한 주제는 나이든 사람의 집단과 젊은 사람의 집단 간의 보편적인 특징을 비교해 보는 것이다. 예를 들어 일정한 가설을 설정하고, 집단주의적 성향, 남과의 비교에 따른 고통 등의 차이를 관찰해 보는 것이다. 또한 세대별 조사를 통하여 우리가 찾아낸 한국형 모델의 특징들 중 어느 것은 유지가 되고 어느 것은 변화하는지에 대하여 알아볼 수 있을 듯하다.

장 해외문헌 중에서 한국의 발전에 대해서 긍정적인 모습만 보일 뿐 부정적인 측면을 설명하는 것을 찾기 매우 힘들다. 즉, 한국의 고도성장의 빛과 그림자 중 그림자에 대한 이론적 설명이 부족하다는 것이다.

박 해외 문헌의 경우 부정적인 부분에 관한 논의는 적은 게 사실이다. 아무래도 이들의 출발점 자체가 한국의 고도성장을 대단히 예외적인 기적과도 같은 현상으로 전제를 해 놓고, 그 위에서 고도성장의 원인을 해명하겠다는 문제의식에 있기 때문일 것이다.

장 국내 문헌의 경우에도 대부분이 현재의 문제들을 지적하고 앞으로의 추상적인 방향을 제시할 뿐 심층적인 분석이 부족하다고 판단된다. 즉 현상적 특성에 대해서는 많은 논의가 있으나 그 원인을 제대로 짚어내고 있지 못하다는 것이다. 다이나믹 코리아와 냄비근성에 대한 논의와 연관시켜 볼 때, 한국형 에너지의 핵심은 결국 우리나라 사람의 한과 기가 아닌가 하는 생각이 든다.

유 다른 말로 신명과 한으로 설명할 수 있을 것 같다. 이 두 개가 사실은 한국형 에너지의 원천인데 실제로 이런 것들이 어떤 발현 메카니즘을 가지고 있는지 이해해야 어떤 구체적인 정책이나 구체적인 논지에 접근할 때 보다 심층적으로 분석할 수 있다. 이것이 한국형 논의의 필요성이라고 생각한다. 이걸 충분히 이해해야 서구의 특정한 맥락에서 나온 정책적 이슈들은 이러한 특징적 에너지 발현과정을 가지고 있는 나라에서는 전혀 다른 결과를 나타낼 수 있다는 것을 이해할 수 있게 될 것이다. 신명이나 한이라는 것이 특별히 다른 나라와 다른 게 뭐가 있느냐, 이게 진짜 어떤 점에서 다른 나라와 차이가 나야 한국형이라고 표현하는가? 여기에 대해서 의견을 이야기 해보자

장 그 점에 대해서는 좀 고민을 더 해봐야 되겠지만 우리나라가 수 많은

외세 침입을 받은 것과 연관이 있지 않나하는 생각이 든다.

유 그것도 하나의 이유라고 볼 수 있을 것이다.

장 외세침입의 긍정적인 측면을 굳이 들자면, 변화에 대해서 보다 민감하게 대응할 수 있는 힘이 되었을 수 있다.

유 이게 처음 출발은 지정학에서부터로 볼 수 있다.

장 현대 한국사회에서 가장 핵심적인 한풀이 또는 신명이 일어났던 것은 일제시대와 한국전쟁을 거치면서가 아닌가 싶다. 일제에서 순응을 하는 세력과 그에 저항하는 세력의 다툼이 있었고 저항과 관련한 이념적 차이까지 결합되면서 전쟁까지 벌였으며 이의 결과로 기존의 사회질서가 대부분 붕괴되었다. 의도된 것은 아니지만 이의 결과로 전근대적인 계급관계가 상당히 해소되었고 이것이 보통 사람들의 신명을 불러일으키는데 큰 기여를 한 것 같다. 그동안 막혀 있었던 지위 상승의 욕구를 해소해 주었던 것이다. '내가 잘되고, 우리 가족이 잘되고, 우리 가문이 잘되고'라고 하는 욕구가 천지신명께 매일 집에 신주단지 모셔놓고 빌었던 어머니의 정성과 결합하여 발현될 수 있는 사회구조적 조건이 형성된 것이 아닌가 하는 생각이 든다. 이러한 사회구조적 조건은 경쟁 시스템이라고 하는 것과 연결되어 있는데, 가장 중요한 제도가 교육과 입시 및 입사시험 경쟁이었다. 어머니는 나물 팔고, 누나는 버스 차장을 하면서 저축해서 공부 잘하는 큰아들 혹은 둘째 아들한테 완전 몰아주는 방식이었다. 그게 결국은 엽전인생에서 벗어날 수 있는 구체적인 통로를 마련해 준 게 아닌가 한다. 이것이 다이나믹 코리아의 현대적 제도 환경조건이라고 생각한다. 한 가지 덧붙인다면 냄비근성과 관련해서 개인이 자신의 이익을 추구하다 보면 공공의 차원에서 구성의 오류가 발생할 수 있는데, 그 오류를 해결해주는 조정 메커니즘이 전근대 사회에서는 충이나 효라고 하는 도덕 혹은 관습체계를 통하여 이루어졌다면 근대에 들어오면서 이를 대체할 수 있는 우리사회의 문화체계 또는 공식적인 합의체계가 충분히 형성되지 못했던 것이 아닌가 하는 생각이 든다.

홍 우리한테 집단적인 것, 관계적인 것, 또 자기 자신의 어떤 자아적인 것, 세 가지가 혼재한다. 이들이 잘 조응이 됐을 때는 다이나믹한 역동성이 발현되는 것이고 그게 조응이 안됐을 때는 문제가 발생하는 것이라고 생각한다.

2

한국형 모델으로서의 박정희 모형

빛과 그림자

홍 기본적으로 박정희 시대 때는 소위 신고전학파적인 해석처럼 임금을 많이 받기 위해서 열심히 일을 하는 시스템은 아니었던 것 같고, 집단적인 동원(mobilization)체제라고 볼 수 있는데 사회심리적인 요소가 많이 반영된 것이라고 봐야 할 것 같다. 동원을 통한 경제 발전이 무슨 생산성의 증가 없이 그냥 투입물만 증가 시켜서 얻기 어렵기 때문이다. 어떤의미에서는 동기부여(motivation)를 강하게 할 수 있었다는 것인데 그 과정은 평면적인 것이 아닌 대단히 입체적인 것으로 볼 수 있다. 어떤 때는 굉장히 열심히 일하다가 어떤 때는 확 가라앉았다가 이런 건데, 인간으로서의 자아의 조합을 통한 강력한 참여, 이것을 잘 끌어내는 리더십이 발현되는 것이 중요하다. 박정희는 그걸 잘 한 사람으로 봐야 한다는 거다.

유 그런 식으로 해석하는게 동아시아 모형인데 동아시아 모형을 가지고 충분히 설명할 수 있다면 한국형모형이라는 얘기를 특별히 할 필요는 없을 것 같다. 동아시아모형과 다른 한국형모형 이야기를 우리가 나눠야 하는게 아닌가?

홍 사실 그점을 더 토론하는 것이 필요하다.

유 특히 발전국가론 같은 것이 대표적인 사례인데 이것만으로는 커버할 수 없는 문제들이 있다는 것이다. 발전국가론은 좀 긍정적인 측면을 강조하는 개념이고 부정적인 측면으로 나타나고 있는 그림자에도 주목해야 한다. 왜 우리나라에서는 유별나게 전쟁과 같은 교육상황이 나타나고 있는지, 낙인을 심하게 찍는 사회인지 이런 문제들을 얘기 하려면 그 안에 있는 더 구체적이고 심층적인 문제를 건드려야 하는것 아닌가. 분명히 우리나라에 특수하게 존재하는 그것이 무엇인가? 그게 우리가 더 얘기해야 될 부분이라고 생각한다. 여기서 주목해야 되는 문제는 집단에 대한 두려움인 것 같다. 예를 들어 6 25전쟁도 그렇고 일제시대도 그랬고 집단을 따라가지 않고 잘못 거기서 튀었다가 굉장히 피해를 보는 사례들이 많았고 실제로 아무리 자기가 옳은 마음을 가지고, 정의감을 가지고 했어도 결과적으로 봤을 때 가족이나 자기가 장기적으로 굉장히 손해를 보는 전체적인 흐름을 목격을 했고, 실제로 그러한 흐름이 일제 후에도, 해방 후에도, 6 25전쟁 후에도 계속 이어져 왔다. 사회 전체적으로도 집단적으로 에너지가 나쁘게 발현 됐을 때 그것을 교정하려고 하는 움직임을 충분히 가지고 있지 못하기 때문에 그래서 우리가 늘 하는 얘기가 '모난 돌이 정 맞는다'는 것이고 결국은 그런 두려움이 문제의 핵심에 있는 것 같다. 대세를 따라가지 않고 튀었을 때 내가 홀로 서야 된다는 것, 홀로 섰을 때 내가 정을 맞으면 다시 일어설 수 없다는 그 두려움. 이 두려움이 사실은 옳지 않은 줄 알면서도 다른 사람을 맹목적으로 추종하는, 그런 흐름을 만들어 냈고, 그게 냄비근성으로 나타난 것이다. 우리가 일제와 한국전쟁이라는 큰 틀에서 보면 과거에 우리 역사가 가지고 있었던 고유한 특성이 신분관계 해소에 긍정적으로 기여했지만 다른 측면에서 보면 결국은 집단주의에 대한 두려움을 낳았고 그것이 특히 남을 공격할 때 편승하는 냄비근성의 문제로 나타나고 있다는 점이 우리가 가지고 있는 차이가 아닌가 하는, 다른 동아시아 모형과는 다른 그런 느낌이 있다.

박 기본적인 질문은 박정희라는 엘리트가 한국사회에 미친 영향이 얼마나 중요했는가하는 점이다. 중요했다는 것은 대부분이 동의하는 사실이나 얼마나 중요했나 하는 것에 대해서는 많은 견해 차이가 존재한다. 이들 발전국가에서의 엘리트들의 기여에 대한 분석이 필요하다.

홍 민주주의와 엘리트주의를 어떻게 연결시킬 것인가? 이 둘은 개념적으로 상당히 대립되는 것인데? 이를 어떻게 연결시킬지 보다 더 깊이 생각해보자.

유 정치체제의 변화와 관료자율성의 확보가 어떻게 연결되는가도 주목된다. 3공과 5공으로 대표되는 군사독재를 거쳐 3김시대로 표상되는 민주화의 바람이 불면서 관료와 정치그룹의 역학관계는 분명한 변화를 보이게 된다. 독재가 사라지면서 불확실성이 높아지게 되었고 기업과 정치의 관계도 매우 다변화되었다. 사실 이러한 불확실성이야말로 정치자금을 기하급수적으로 늘리는 요인이 된다. 관료들은 예전에는 1인 독재자, 예컨대 박정희의 명령에 일사분란하게 움직이는 모습을 보이지만 정치적 민주화가 진행되면서 관료의 자율공간이 확보되었고 기업들은 이제 자신이 원하는 정책을 유도하기 위해 정치및 관료와의 유착관계에 더욱 많이 투자할 수 밖에 없게 되었다. 이러한 변화과정을 충분히 이해한다면 북한의 경우에도 강력한 독재자인 김정일 사망 후의 변화를 생각해 볼 때 상당히 시사하는 바가 크다고 할 것이다.

박 관료들이 지도자의 뜻을 받드는 존재일지는 모르지만, 지도자도 함부로 하지 못할 정도의 만만치 않은 힘을 가지고 있다고 본다. 관료들이 행사하는 힘의 근원은 오랜 기간의 활동을 통해 축적된 자료와 정보 그리고 문자화될 수 없는 다양한 암묵적 지식에 있지 않을까? 지난 노무현 정부의 경우를 보면, 대통령이 관료들을 실질적으로 장악해 자신의 국정철학을 제대로 관철시켰는지에 대해 의문이다.

장 구체적인 현실에서 일이 작동되는 과정을 보면 관료가 매우 중요한 역할을 하고 파워가 적지 않음을 알 수 있다.

유 민간기업, 특히 재벌의 경우 아직도 '황제경영'이 이슈가 될 정도로 내부독재가 일상화되어 있다. 한국형 모델을 생각할 때 박정희와 정주영으로 상징되는 정치엘리트와 민간엘리트들의 역할, 그리고 그들간의 상호작용을 이해하는 것이 매우 중요할 것 같다.

홍 세습과 관련된 이야기를 계속 해 보자. 세습의 형태는 재벌뿐만이 아니라 남북한의 정치, 학교, 교회 등에서도 나타나고 있다.

유 미국의 클린턴 가문, 부시 가문을 보더라도 북한만큼은 아니지만 적잖이 권력이 세습되고 있다. 어릴 때부터 권력을 가진 집안에서 미리 교육을 받았다면 그렇지 않은 사람에 비해 권력을 갖게 될 확률이 높을 것이고 네트워크 안의 인물사이에서 권력을 넘겨주었을 것이다.

홍 그렇기 때문에 자식들 사이에서의 경쟁은 있으나 외부와의 경쟁은 피할 수 있었을 것이다.

유 아버지의 힘에 의해 자식도 네트워크를 유지할 수 있었을 것이다. 이것은 우리 사회 보편적 현상이라고 볼 수 있다.

박 그렇다면 세습에서 가장 자유로운 조직이 관료조직인가?

홍 그렇다. 기업도 개인도 세습이 가능하나, 진입단계에서 시험을 치르는 대학이나 관료조직은 상대적으로 능력 위주라 볼 수 있다.

박 우리나라는 목표가 집단적으로 주어지기 때문에 대안이 없을 수 있다. 그러나 반대로 생각하면 개인의 실패나 불행이 아니기 때문에 같은 집단을 통해 위안을 삼을 수 있지 않을까.

장 한편으로는 개인이 집단 속에서 적응하면서 하나의 목표를 향해 가는 과정도 쉽지는 않은 일 같다. IMF 금융위기 이후 개개인에 대한 보상을 장담할 수 없었던 상황에서는 집단 속에서 성과를 낼 유인이 부족했을 것이다. 집단주의 문화의 부정적 측면은 외국의 개인주의 문화의 도입에 의해 일부 완화되었고 개인별 성과급 체계로의 전환을 통해 이 문제를 해결하려는 시도도 있었다.

홍 조금 약해지긴 했으나 여전히 집단성이 존재하는 것은 분명하다. 우리에게 '장'이 중요한 이유는 그만큼 집단이 중요하다는 뜻이 아닐까?

박 그건 경제성장의 주인공 중 하나인 재벌도 마찬가지이다. 재벌은 사실상 경제 전체의 힘을 극대화할 수 있는 집합적 자본의 역할을 담당했으며, 이 과정에서 재벌 총수는 사실상 재벌과 자신을 동일시하면서 회사 내부에서 그리고 사회 전반에 대해 막강한 영향력을 행사했던 것이다.

유 정당도 마찬가지이다. 우리나라 정당을 보면 이념보다 집단 내 이해관계, 특히 자신의 공천권과 관련한 고려가 중요하다. 동일한 정당안에서도 각자의 이해관계에 따라 내 편과 남의 편을 구분하여 반목하고 적대시하는 것은 공통된 현상이지만, 이것이 정당 정치의 근본을 흔들 정도로 심각한 것이 우리의 현실이다.

홍 문화심리학에서는 이미 내부와 외부를 구분하는 성향이 동양에서 더 심하게 나타난다고 보았고, 집단 간 이동도 서양보다 용이하지 않다는 점을 강조하고 있다. 리더가 되는 방법은 쿠데타, 선거, 시험을 통한 방법 등이 있는데 주로 개인의 노력으로 리더가 되는 길은 시험 밖에 없다. 시험을 통해 능력을 입증한 개인이 (예컨대 사법시험에 합격하여 법조인이 되어) 사회적 연결망을 통해 어느 집단에 포섭되고 이를 통해 리더로서의 길을 밟게 되는 것은 매우 흔하게 관찰되는 것이다. 물론 상당수의 선진국에서도 유사한 과정을 거치지만 우리가 다른 것은 과정에서 필수적인 특정 시험에서의 성공 여부가 내부자와 외부자(insider-outsider)를 결정짓는 주요한 잣대가 된다는 점이다.

장 그러한 현상을 집단주의 측면에서 볼 수 있다. 시험에 통과하여 동일 집단 내에 진입한 사람들은 내부인의 실력을 신뢰하고 시험에 통과하지 못한 사람들에 대하여 하수로 취급하고 신뢰를 주지 않는 경향이 있다. 더 나아가 시험에 통과하였다는 것을 근거로 특정집단이 지대를 독점하는 행위가 더욱 증가해 왔다.

홍 지역주의를 집단주의와 어떻게 연관지을 것인가도 주목할 만하다. 지역을 집단으로 본다면 일반적으로 타 지역사람들에 대한 신뢰의 정도가 낮다. 그렇지만 이들이 다른 잣대에 의해 하나의 집단으로 묶이게 되면, 예를 들어, '영남'과 '호남'이라는 지역으로 구분된 사람들이 '서울대'라는 하나의 집단으로 모이게 되면, 한 집단의 구성원으로서 신뢰를 형성하게 되는 것이다.

장 어떤 의미에서 새로운 집단화(grouping)를 통한 신뢰형성은 상당히 긍정적이다. 예컨대 부를 기준으로 나누어진 집단이 있을 때 가난한 사람들이 (시험을 통하든, 돈을 벌든) 개인의 노력으로 부자와 같은 집단에 속하게 되면 어느 정도 동등한 대접을 받게 되므로 사람들로 하여금 노력하게 만드는 중요한 유인이 된다.

홍 하지만 함께 시험을 치르고 통과한 사람들이 시간이 지나면 또 다시 출신지역이나 다른 연고를 통해 내부적으로 집단을 형성하므로 원래 존재했던 집단적 연고는 쉽게 사라지지 않는다. 주목할 점은 숫자에 대한 신뢰가 시험에 대한 신뢰의 핵심이라는 것이다. 주관을 배제한 객관적 평가라는 사회적 합의가 숫자에 대한 맹신을 낳고 있다.

장 숫자에 대한 신뢰는, 다시 말해 시험의 객관성은 상당한 효율성을 제공한다는 장점 때문에 쉽게 사라지기 어렵다. 정보의 전달비용을 대폭 줄여 주고, 공정성에 대한 논란을 줄여 주기 때문이다.

유 화제를 바꿔 사회 엘리트에 대해 좀 더 생각해 보자. 한국형 모델에서 성장을 이루는데 막대한 공헌을 했다고 판단되는 리더들이 어떻게 특정 기간에 역사에 출현하게 된 것인지, 이들이 사회적으로 부각될 수 있는 어떤 특별한 선택기제(selection mechanism)가 존재하는 것인지, 그리고 어떤 제도화된 과정을 거쳐 역사적으로 세력화된 것인지 설명할 필요가 있다. 직설적으로 한국의 개발연대에 마르코스가 아니라 왜 박정희가, 다른 나라에서 찾아보기 어려운 모험적이고 창의적인 기업가군, 예컨대 정주영, 박태준 등이 존재할 수 있었는가, 그리고 이들의 등장은 우리 사회가 가지고 있는 어떤 특성에 기인하는가를 충분히 설명할 수 있어야 한다는 것이다.

박 기업 내부에서 중요한 사안들에 대한 결정이 실제로 어떤 과정을 통해 이루어지는지, 리더의 역할이 어느 정도인지, 주요 임원들과 어떤 관계를 맺고 있는지, 그 구체적인 메커니즘이 궁금하다. 비슷한 규모의 두 기업이 성과의 차이를 냈을 때, 그 차이를 리더십의 차이로 설명하는 것이 과연 얼마나 타당할까?

홍 집단 대 집단으로 보면 집단의 성과가 더 좋을 때 누구의 공헌으로 봐야하는가가 문제이다. 그렇다면 리더의 역할은 어디까지인가?

유 한국형 모델이 주로 집단 내 상호작용을 통해 만들어진 것인지, 아니면 독특한 리더십의 성향에 의해 만들어진 것인지를 생각해 볼 때, 한국형 모델의 형성에 박정희 전 대통령이 상당한 기여를 했다고 생각한다. 박정희 전 대통령이 개인적으로 갖고 있던 빛과 그림자가 한국형 모델의 형성에 심대한 영향을 미쳤다고 생각한다. 일본식의 철저한 계획과 점검, 목표에 대한 놀라운 집착은 한국형 모델의 빛으로 나타났으나, 개인적으로 가지고 있던 특질, 예컨대 이념적 방황이나 목표 달성에 방해가 되는 상대편에 대한 무자비한 탄압 등은 고스란이 한국형 모델에 전이되어 현재까지도 그림자로 나타나게 되었다는 것이다. 이러한 점에서 박정희 모델을 한국형 모델의 전형으로 보는 것에 일리가 있다고 생각한다. '삼성'이라는 기업의 특성을 결정짓는 데 이병철, 이건희 회장의 개인적 특성이 큰 역할을 했다고 한다면, 박정희 전 대통령 개인의 특성이 한국형 모델에 고스란히 드러나 있다고 볼 수 있다는 것이다.

박 한국의 경우를 보면 대통령에 따라 철학도 달랐고 정책을 펼치는 방식에도 달랐고 리더쉽의 양상에도 적지 않은 차이가 있었다. 이 점에서 박정희 정권이 붕괴한지 30년도 넘은 현재까지 박정희의 개인적 특성이 한국형 모델에 남아있다고 보기는 어려운 것 아닐까?

유 물론 이후 많은 변화가 있었고 새로운 유형의 리더쉽이 출현했기 때문에 현재의 모습이 다를 수 있다는 점에 동의한다. 초기에 조직을 형성하는 단계에서는 리더의 역할이 결정적이지만 조직이 안정된 이후에는 리더의 역할이 줄어들 수 있다. 그러나 한국형 모델의 기본적인 속성, 즉 다이나믹 코리아와 냄비근성의 원형은 박정희 시대에 태동된 것이 아닌가 하는 생각에는 변함이 없다.

3

왜 한국에서의 교육은 전쟁인가

유 다음으로 교육문제에 대해 좀 더 논의해 보자. 먼저 왜 한국 사람들이 불행한가라는 문제의식에서 출발해 보자. 살림살이로만 보면 일본보다 한국이 훨씬 여유가 있다. 그렇지만 한국인이 느끼는 사회에 대한 불만이나 불행감은 세계 제일의 자살률에서 나타나듯 훨씬 높다고 생각된다. 왜 그럴까? 한 가지 지적할 점은 나름대로 사회적인 성취를 이룬 사람들도 많은 경우 자신의 성취에 대해 충분히 만족하지 못하는 경향이 있다는 것이다. 만족하지 못하는 핵심적인 이유는 사회적 인정이 부족하다고 느끼기 때문이다. 한국사회에서 사람이 사람을 인정하는데 첫 번째로 떠오르는 관심사는 많은 경우 '학벌'이다. 이것이 가장 중요한 관심사라는 것은 남의 자식에 관해 궁금할 때 우리의 반응을 보면 알 수 있다. 왜 교육이 전쟁이 되는가는 바로 이 점에서 출발한다. 많은 사람들이 내가 학교제도를 통해 남들에게 (인재로) 인정받지 못한다면 다른 방면에서 아무리 성과를 올려도 인정받기 어렵다고 느끼기 때문이다. 그런데 사실 학벌의 혜택은 극소수에 집중된다. 그렇다면 극소수에 못 들어간 사람들이 왜 좌절하는가? 극소수가 나머지를 낙인찍는 것은 말이 안 되므로 나머지 사람들이 낙인이라고 느낄 수 있는 메커니즘이 있다는 뜻이다. 보통 다수가 소수를 낙인찍는 것인데 극단적으로 말한다면 우리 사회에서는 소수가 다수를 낙인찍고 있으며 이러한 낙인을 피하기 위해 많은 사람들이 끊임없이 노력하도록 만든다(일류대학의 야간대학원이 그 두드러진 예이다)는 것이다. 이러한 노력은 평생교육의 차원에서 긍정적일 수 있으나 낭비적인 요소도 만만치 않다. 대다수의 사람을 낙인찍는 구조, 이것이 한국교육의 본질적인 문제이다.

홍 어느 사회에서나 승자와 패자는 존재한다. 그 중에서 우리나라만이 가진 특별한 것이 무엇인지 파악해야 할 것 같다. 우리나라가 획일적인 기준을 가지기 때문에 그렇다고 판단할 수 있을 것이다. 즉 상위 몇%와 그 나머지로 구분이 되기에 포함과 배제(inclusion, exclusion)로 나뉘어 낙인, 왕따가 생겨나는 것이다. 개인적으로 구분하면 낙인이 안 되지만 집단으로 구분하기 때문에 낙인이 된다. 사업에도 성공하고 실패하는 자가 있고 학업도 못하는 자, 잘하는 자가 있는데 왜 유독 교육부분에서 상대적으로 부족하면 사회적 낙인이라고 느끼는가?

박 과거에도 학벌이 중요하다는 얘기가 많이 있었지만 사회적인 낙인이라는 관점으로 볼 정도는 아니었던 것 같다. 낙인이란 다수가 소수자를 일정한 이유를 들어 집단적으로 배제하는 현상이고, 학벌의 경우에는 명문대에 입학한 극소수의 사람들이 누리는 특권이라고 할 수 있다. 그런데 학벌이 사회적 낙인으로 작용한다는 진술 또는 명문대의 네트워크에 진입하지 못하는 사람들이 스스로를 사회적 패자로 낙인찍는다는 진술은 다수가 소수를 배제시킨다는 사회적 낙인의 개념에 걸맞지 않아 보인다.

유 원론적으로 동의한다. 다만 그 의미를 좀 더 부연하고 싶다. 정확히 표현한다면 소수가 다수를 낙인을 찍는 것이 아니라 낙인을 찍는 구조가 중첩화하여 학벌의 위계를 통해 연속적으로 낙인을 찍는 구조적 문제가 존재할 수 있다는 뜻이다. 한국의 대학산업구조를 보면 거대한 서울집중의 물결과 서열의 압박을 극복하기 위한 소위 '학벌세탁'의 문제를 단순히 일부의 문제라고 보기 어렵다는 것을 쉽게 알 수 있다. 성공과 실패의 잣대는 매우 다양한 경쟁에 적용될 수 있는데 왜 한국에서는 유독 교육이 지배적인 평가의 기준으로 작동하는가를 설명할 필요가 있다. 소수집단에 들어가지 못하는 사람들이 패배자(loser)라는 느낌을 받는다는 것은 사회적으로 낙인찍는 메커니즘이 있다는 것이다.

홍 낙인은 여러 방면에서 나타날 수 있겠지만 교육적 낙인이 우리에게 가장 심각한 낙인이라고 하는 것은 부정하기 힘들다. 예컨대 비즈니스와 교육이라는 두 측면에 있어서 양쪽 다 승자와 패자가 존재할 텐데 왜 교육 방면에서만 이러한 현상이 강하게 나타나는가? 공부가 비즈니스보다 높은 가치를 지니기 때문에 이러한 문제가 발생할 수도 있고, 돈을 버는 것과 달리 입시는 보다 절차적, 합리적으로 짜여진 시스템이고 또한 공정하게 치르고자 끊임없이 변화하고 있다는 측면에서 절차적으로 합리적이라고 생각하기 때문이라고 볼 수도 있다. 따라서 결과가 아무리 참혹하더라도 정당화될 수 있다는 것이다.

유 두 번째 견해도 큰 맥락에서 보면 결국 그러한 이유 때문에 비즈니스보다 높은 가치를 가질 수 있다는 점에서 같은 견해가 아닌가? 보다 근본적으로 공부가 더 높은 가치를 갖는 이유는 무엇인가?

홍 공부를 잘하면 다른 것도 잘할 것이라는 한국 사람들의 믿음이다.

박 교육에 사람들이 아주 높은 가치를 부여하는 것은 교육에 대한 투자 또는 학력에 대한 투자가 다른 어떤 행위보다도 미래에 더 큰 유무형의 물질적 보상을 제공한다고 믿기 때문 아닐까? 또는 한국인들이 유독 명문 대학 진학을 위해 더 많이 투자를 한다면 이는 한국이 다른 나라들에 비해 명문 대학 졸업장의 값어치가 더 높기 때문이 아닐까? 그런데 내 생각에는 한국의 경우 학력에 대한 투자의 사적 수익률이 더 높다거나 명문 대학 졸업장의 가치가 다른 나라들보다 유난히 높다는 인식 자체가 정말로 현실에 부합되는 진술인지 따져볼 필요가 있을 것 같다. 시간이 지날수록 명문 대학 졸업자가 누리는 렌트는 줄어들고 있는 것 아닐까?

유 그렇다면 교육이 전쟁이라는 것을 어떻게 설명할 것인가?

박 높은 교육열과 명문대 입학에 대한 높은 사회적 수요는 구분할 필요가 있다. 오늘날 교육열이 과거보다도 더 높아지는 것 자체는 부인할 수 없는 현상이다. 하지만 최근에는 명문대에 대한 선호도는 과거에 비해 줄어들고 있는 것으로 보인다. 대신 의사, 한의사, 약사, 교사 등 평생 동안 높은 소득을 제공할 자격증을 제공해줄 특정 학과에 대한 선호도가 한층 높아진 것으로 생각된다.

유 원칙적으로 동의하지만 이러한 설명은 경쟁의 밝은 면(bright side)만 설명한 것이라 판단된다. 하지만 그것으로 불행을 설명하기 힘들다. 불행을 설명하려면 비효용(disutility)의 문제를 다룰 필요가 있다는 것이다.

박 최근에는 학과를 불문하고 명문대에 입학하기보다는 명문 대학은 아닐지라도 유용한 자격증을 제공해 줄 학과를 선택하는 사람들이 점점 늘어나고 있다. 이는 학벌의 사회적 낙인효과가 점점 줄어들고 있다는 것을 의미하는 것 아닐까?

홍 유정식 교수는 사회 심리적인 쪽을 중요하게 보는 것이다. 박종현 교수는 학벌의 문제를 사회적으로 권력, 돈, 명예 측면으로 볼 수 있다는 점을 관찰하는 것이다.

유 단순히 사회심리적으로 그렇게 느끼는 것이 아니라 사회적으로 실제로 그런 메커니즘이 존재한다는 것이다. 예컨대 '사촌이 땅을 사면 배가 아프다'는 소위 부정적 외부효과가 교육의 경우에는 더욱 극명하고 분명하게 나타난다. 그 이유는 수요측면에서 이미 사회적 브랜드가 형성되어 있고 그 공급은 일정하게 주어져 있기 때문에 그 네트워크에 들어갈 수 있느냐 없느냐가 명백한 경쟁의 조건으로 주어져 있고 승패의 결과가 분명하게 나타날 수 밖에 없기 때문이다. 그 결과에 따라 승자에게는 사회적인 후한 인정이, 패배자에게는 낙인과 차별의 그림자가 드리운다는 것이다.

홍 합리적인 비효용(disutility)으로 판단을 한다면, 그러한 고통을 받지 않기 위해 노력을 해야 하지 않나. 사회적으로 권력, 돈, 명예가 중요하다고 할 때, 학벌이 나쁜 상황에서는 권력, 돈, 명예가 있어도 고통이 있다는 주장인가?

유 정확히 표현하면 소외감을 느낀다는 것이다.

박 그렇다면 명문대를 나오면 소외감을 느끼지 않는다는 말인가? 명문대를 나온 사람들은 그렇지 않은 사람들보다 행복지수가 과연 더 높을까?

유 아니다. 그 집단 내부에서도 똑같은 방식의 낙인이 있기 때문에 불행을 느낄 수 있다. 예컨대 명문대 내에서도 학과에 따라, 졸업후 진로에 따라 낙인의 방식이 작동한다. 최상위권에서의 이러한 낙인이 어떤 면에서는 보다 치명적일 수도 있다. 따라서 여기서 제기하는 핵심적 논점은 학벌의 낙인효과는 매우 제도화되어 있고 중첩적이며 모든 사람들이 그 안에서 고통받는 구조를 만들고 있다는 점이다. 즉 학벌의 낙인효과가 유지되는 방식은 모든 사람이 가해자이면서 피해자인 구조로 나타난다. 유사한 예로 독재의 내면화 문제를 지적할 수 있다. 공산주의 사회에서 체제에 대해 비판적인 사람들이 사회적인 발언을 확장시키기 어렵도록 체제비판적인 언급에 대해서는 사회적으로 고발하는 시스템을 만들어 놓았다. 사회적으로 이 체제에 불만을 가진 사람들이 발언할 수 없는 구조가 오랫동안 지속되었다. 전형적인 죄수의 딜레마 게임 같은 상황이다. 이것의 원천이 무엇인가. 이 예에서도 가설은 모든 사람이 피해자이면서 가해자라는 것이었다. 학벌도 위와 같다. 핵심은 이 메커니즘을 어떻게 설명할 것인가에 있다.

홍 한국사회에서 학벌이 가진 경쟁으로서의 정당성에 주목할 필요가 있다. 절차적인 합리성과 객관성이다. 상대적으로 공정한 경쟁이라는 인식이 경쟁의 결과에 대한 사회적 인정을 극대화한다는 것이다.

유 절차적인 합리성을 따라서 성공하여 사회적 인정을 받는다는 것은 어느 사회에서나 존재한다. 한국형 모델의 특징은 실패의 경우이다. 실패의 경우 단순히 사회적 인정을 못 받는 것이 아니라 구조적으로 낙인의 연쇄가 발생할 수 있다는 개연성이다. 실패하는 경우 (학생들이 자살을 생각할 정도로) 왜 그토록 크게 좌절해야 하는가.

홍 앞서 언급했듯이 한국사회에서 입시제도만큼 절차적 합리성을 갖춘 것은 없다. 그래서 본인이 패자라고 하더라도 입시제도의 절차적 합리성 때문에 결과를 부정하지 못하는 것이다.

박 절차적 합리성이 명문대에 입학하지 못한 사람들의 좌절을 심화시키는 측면이 있을 것 같기는 하다. 절차적 합리성이 없는 상황이라면 목표를 달성하지 못하더라도 그 이유를 나 자신이 아니라 잘못된 제도라든가 부당한 운영이라든가 하는 요인들의 탓으로 돌릴 수 있지만, 절차적 합리성이 작동한다면, 그때는 실패가 오롯이 자신의 몫이 되기 때문이다. 하지만 부모가 자식들에게 입시경쟁을 부추기거나 입시경쟁에서 낙오한 아이들이 극단적인 좌절감에 사로잡히는 현상을 학벌의 사회적 낙인효과에서 찾는 시각에는 여전히 잘 설득되지가 않는다. 부모가 자식들에게 명문대 입학을 강요하는 것은 그것이 더 나은 미래를 보상한다는 확신 때문이며, 낙오한 아이들이 극단적인 좌절감에 사로잡히는 것은 부모의 기대를 이루지 못한 것에 대한 안타까움과 자기분노 때문일 수 있기 때문이다. 무엇보다도 자식들을 입시경쟁으로 내모는 것이 명문대에 진학하지 못한 학부모의 좌절감을 해소하려는 행위라는 인식에는 동의하기 어렵다. 교육과 학벌문제는 구분할 필요가 있다. 동양인들이 자식 교육에 목숨을 거는 것은 사실이지만, 이것이 반드시 학벌의 낙인효과 때문이라고 볼 수는 없다. 최근 미국에서도, '호랑이 엄마'(Tiger Mom)라고 해서, 자녀 교육에 엄청난 에너지를 투입한 '에이미 추'라는 여성이 화제가 된 적이 있다. 예일대 법대 교수이기도 한 이 여성은 중국계였고, 목표를 성취하도록 어릴 때부터 자식을 아주 혹독하게 몰아붙이는 자녀 교육법을 강조했다. 이 일화는 동양인이 서양인에 비해 상대적으로 자식 교육에 열성적이라는 통념을 입증한 사례일 수는 있다. 하지만 이러한 이례적인 교육열이 사회적 낙인을 피하려는 공포의 결과라고 보기는 어려울 것 같다. 우리의 가설에 따르면, 미국은 학벌과 관련한 사회적 낙인효과가 거의 없는 사회일 것이므로 말이다.

유 문제가 다시 원점으로 돌아 온 느낌이다. 우리의 관심은 동양인과 서양인의 교육에 대한 관심의 차이가 아니라 한국 사회의 독특한 구조를 밝히는 데 있다. 한국사회에서 교육은 어떠한 점에서 독특한가? 우리의 가설은 교육이 전쟁이라는 사실이다. 그렇다면 왜 한국에서는 교육이 전쟁인가? 이 문제를 설명하기 위해 교육의 밝은 면, 즉 성과측면을 강조하는 것은 아무런 도움이 되지 못한다. 왜냐하면 어떤 사회에서도 이는 강조되는 관점이기 때문이다. 한국사회에서 전가족이 그야말로 모든 자원을 동원해서 자녀의 교육을 위해

올인하는 것은 어제, 오늘의 일이 아니며 시간이 갈수록 점점 심해지고 있다는 것에 모든 사람이 동의할 것이다. 이는 단순히 교육의 성과를 얻기 위한 경쟁으로 볼 수 없다는 것이 내 견해이다. 그렇게 보기에는 지나치게 과열되어 있기 때문이다. 한국사회에서 교육은 사회적으로 주어진 수의 (모든 사람들이 인정하는) 지위를 추구하는 살벌한 전쟁의 장이다. 이것이 전쟁인 이유는 패배시 혹독한 대가가 따르기 때문이다. 그 대가는 여러 측면에서 설명된다. 부모의 자랑스러움, 혹은 주눅듬과 같이 소비의 측면에서 제시될 수도 있고 사춘기의 심각한 열등감과 패배의식같은 심리적 문제로 설명될 수도 있으며 신분차별같은 사회적 모멸감과 차별의 문제로 제기될 수도 있다.

홍 교육이 원래 추구하는 가치는 숭고한 것이지만 학벌이 추구하는 것은 교육이 추구하는 것과 다른 것이다. 한국 사람들은 학벌추구에 전력을 다하고 있다. 여기에 신자유주의나 경쟁, 시장화 등이 어떤 영향을 미치고 있는 것은 아닐까?

유 기본적으로 조정이 잘못되어 있다고 보는 것이다. 어디부터 잘못된 것인가. 전인교육이라고 말을 하지만 실제로는 다 과외를 시키고 좋은 학원을 보내고 다닌다. 이것을 긍정적으로 보면 생산성을 높여 성공할 확률을 높여주기 때문에 장기적으로는 인적 자본을 증가시키는 것이다. 그러나 특정 서열(ranking)안에 들어가지 못하면 불행하다는 것이 사회적 전제가 되면서 구조화되었고 학벌이라는 개념이 생겼다. 서열에 들어가 성공하는 것이 좋은 측면으로만 강조가 된다면 대학에 들어가는 성공과 대학에 들어간 이후의 성공이 동일한 잣대로 판단이 되어야 하는데 실제로는 그렇지가 않다.

홍 유교수 주장의 핵심은 이런 면에서 나타나는 좌절은 특별하다는 것이다. 왜 특별한가?

유 교육이 전쟁이라는 것을 설명하기 위해서는 성취 요인만 가지고는 설명할 수가 없다는 것이며 실패의 문제를 이야기해야 하기 때문이다.

박 명문대에 입학하지 못함으로서 해서 많은 것을 잃을 것에 대한 두려움이 크기 때문일 수도 있겠다.

유 왜 실패에 대한 두려움이 이렇게 강한 것이냐.

박 명문대 졸업장을 가진 사람과 그렇지 않은 사람들 사이에 돈이나 명예 그리고 사회적 지위의 엄청난 차이가 있었다는 경험적 사실이나 앞으로도 그럴 것이라는 기대가 그 배후에 깔려 있을 것이다.

홍 결국 유 교수의 견해는 돈, 명예를 가져다주기 때문에 좋은 대학을 가려고 하는 것이 아니라, 잃는 것이 두려워서 더 치열하게 좋은 대학을 가려고 한다는 견해이다. 그래서 나중에 치열해질 경쟁에 대비해서 부모들이 조기교육을 하는 것인가?

유 강조하기 위해 극단적인 표현을 했지만 사실 둘 다 중요하다. 성취측면도 중요하고 실패측면도 중요하다. 다만 한국형 모델의 본질은 실패측면에서 더 두드러진다고 보는 것 뿐이다. 불행한 이유 중 하나가 비교 때문이다. 우리가 유별나게 비교를 많이 하는 경향이 있다.

홍 서양도 비교는 한다. 우리와의 차이는 비교의 기준이 매우 많다는 점이다. 우리나라는 단 하나의 기준을 가지고 비교를 하기 때문에 비교가 쉽고 또한 이 경향이 지속되어가기 때문에 문제가 되는 것이다.

박 대학이 줄 수 있는 보상이 줄어들고 있고, 명문대 졸업장의 보상 또한 줄어들고 있는 것으로 보이는데, 그럼에도 부모들이 자식들에게 쏟는 교육열은 오히려 높아지고 있다는 점 자체는 분명히 쉽게 설명될 수 없는 어려운 문제인 것 같다.

4

한국형 자본주의

홍 한국에서 자본주의의 특징에 대해 좀 더 논의해 보자.

유 유교자본주의라는 특성을 설명하고 유교자본주의로서 아시아 자본주의를 설명할 때 다른 점이 무엇인가를 포함시키는 것도 좋을 것 같다.

홍 유교자본주의의 여러 특성 중 몇 가지 핵심적인 측면을 찾아야 한다. 유교 자본주의는 교육을 중시하는 것인가?

박 한국에서 부자들이 존경을 받지 못하는 것도 유교 문화의 영향 때문일 수도 있겠다. 하지만 최근에는 부자들의 사회적 평판이 상대적으로 높은 나라인 미국에서도 부자의 정당성에 대한 문제가 제기되고 있다는 점에서 이 주제에 대한 한국의 차별화된 특성이 무엇인지 답하기 어려운 부분이 있다.

장 성공한 사람이 자기 혼자만의 힘으로 된 것이 아니라 사회의 도움을 받아서 된 것인데, 번 돈을 자식에게만 대물림해주는 것이 한국형 특징이다. 특히 우리나라의 재벌은 고도성장 과정에서 정부가 낮은 정책자금과 인플

레정책을 통하여 재벌에 대한 몰아주기로 발전한 측면이 무시할 수 없을 정도로 큰데, 재벌 가족들은 자신들의 노력만으로 이룬 것처럼 행동하는 경향이 있다.

박 그런데 최근에는 미국에서도 바로 그 문제가 불거지고 있다. 요즘 미국에서는 금융을 대표하는'월가'에 대한 비난의 목소리가 높다. 금융권이 정치권에 정치자금을 제공해 금융에 관한 각종 규제들을 풀고 이를 통해 천문학적인 수익과 보수를 챙겼고 그 과정에서 경제전반에 거품이 부풀고 금융시스템 또한 대단히 취약해져 결국 금융위기가 왔는데 이 과정에서 엄청난 실업자가 양산되고 정부재정은 악화되었던 반면 고소득층의 부는 오히려 늘어났다는 것이다.

한국의 경제성장에 대한 논의를 해보자. 우선 해외의 평가들부터 살펴보자. 한국의 경제성장에 대한 해외의 시각은 상대적으로 외환위기 이후보다는 외환위기 이전 그러니까 후진국에서 중진국으로의 도약 단계에 대한 내용이 주를 이룬다. 이때 많은 논의들은 한국을 포함한 동아시아 국가의 경제가 기적과 같은 고도성장을 이루었다는 전제 하에 이러한 기적의 비밀을 해명하는데 초점을 맞추고 있다. 우선, 경제성장을 이끈 주요한 힘이 어디에서 왔는가와 관련해, 시장을 강조하는 시각과 정부를 강조하는 시각으로 나뉘어져 있다. 또한 경제성장이 원천이 무엇인가와 관련해서는 생산성의 상승으로 보는 입장과 요소투입의 양적 증가로 보는 입장이 있다. 생산성 상승에 주목하는 입장에서는 주로 선진기술의 중요성을 강조한다. 이 입장의 대표적인 이론으로는 기술수용이론이 있는데, 이들은 선진국과의 지식 격차를 좁히는 것이 성장의 관건이라며, 선진 기술의 적극적인 습득과 흡수로 인해 생산성이 크게 상승했고 이를 통해 고속성장을 이루었다는 주장을 펼쳤다. 다른 한편에서는 생산성 상승이 크지 않았다는 반론도 있었다. 이들은 성장회계방정식을 이용해 한국의 경제성장률은 생산성 상승이 아니라 물적자본과 인적자본의 투입 증대로 대부분 설명할 수 있다는 연구결과를 내놓았다. 이들의 입장에서 보자면, 한국의 경험으로부터 배워야 할 것은 높은 저축률과 투자율을 유지할 수 있었던 비결이며, 이와 관련해 보다 많은 자원이 동원될 수 있도록 한 정부의 역할이 중요했다고 평가한다.

홍 투입이 많이 이루어진다는 주장은 서양에 비해 노동시간이 길었다고 생각할 수 있고, 저축률이 높아서 자본투입이 상당히 컸다고 생각할 수 있으니, 한국의 경제성장은 순전히 양적인 투입의 증가로 이루었다는 것이고 질적인 측면에서 바라볼 수 없다는 주장인 것 같다.

박 그렇다. 동아시아 경제 모형이 정부의 공권력을 통해 보다 많은 자본과 노동이 생산과정에 투입될 수 있도록 했던 대표적인 동원체제인 소비에트 모델과 크게 다르지 않다는 주장을 크루그먼이 해서 화제가 되기도 했다.

홍 그렇다면 질적인 면을 결정하는 것은 기술, 제도 같은 것인가?

박 일종의 자본투입과 노동투입으로 설명되지 않는 나머지를 말하는 것으로, 여기에는 기술, 우수한 제도, 새로운 생산방식이나 조직구조 등 다양한 요인들이 포함될 수 있다.

홍 크루그먼이 동원이라는 용어를 쓰는데 그것은 어떻게 해석할 수 있나?

박 크루그먼은 동아시아의 경제성장이 '영감'(inspiration)이 아니라 '땀'(perspiration)의 결과이고, 동아시아가 경제적으로 성공을 거둘 수 있었던 것은 이들 국가의 사람들이 남들보다 더 영리해서가 아니라 더 부지런했기 때문이라고 본다. 이때 '동원'이란 정부가 다양한 형태의 공권력을 동원해 그렇지 않을 경우에 비해 보다 많은 자원을 결집시키고 이를 생산과정에 투입했다는 것을 의미한다. 이때 동원이란 표현에는 군사작전과 같은 모종의 개입이 정부에 의해 이루어졌다는 인식을 담고 있는 것으로 보인다.

홍 그렇다면 서양에서는 자연스럽게 산업화가 되었고 위와 같은 과정이 없었다는 것인가?

박 크루그먼이 명시적으로 이런 주장을 펼치고 있지는 않지만, 서양의 시장경제와 소비에트나 동아시아의 정부 개입 경제를 대립시키고 있다는 점에서 서양의 경우 정부에 의한 동원은 상대적으로 크지 않았다는 인식이 분명히 있다고 할 수 있을 것 같다. 그리고 암스덴과 같은 사람들은 보다 명시적으로 선발국과 후발국을 나누고, 후발국의 경우에는 시장이 자생적으로 성장해 있지 않은 상태에서 선발국들과 경쟁을 벌이고 이들 나라를 따라잡아야 하기 때문에 정부의 보다 많은 개입이 필수적이라고 주장한다. 다만, 암스덴은 자원의 동원이냐 선진기술의 수용이냐를 양자택일의 문제가 아니라 동시에 추구해야 할 과제로 상정하고 이들 과제가 기본적으로 정부에 의해 수행되었다고 본다.

유 크루그먼 주장의 핵심은 동아시아만의 특성이 없었다는 것이다.

박 한국 등 동아시아의 경제성장을 다룬 해외 문헌의 또 다른 쟁점으로는 수출과 투자 중 어느 쪽이 성장을 주도했느냐는 것도 있다. 선진기술의 수용을 강조하는 진영에서는 주로 수출의 역할을 강조한다. 수출을 통해 선진국과의 접촉면을 넓힐 수 있었고 이 과정에서 선진기술을 수용할 수 있었으며, 기업에 대해서도 강력한 경쟁규율을 제공함으로써 효율을 높이는 압력으로 작용했다는 것이다. 반면, 선진기술 수용에 더 큰 영향을 미쳤던 것은 수출이 아니라 수입이었으며, 후발상태로부터 경제가 이륙하는 과정에서 수출의 비중은 크지 않았고 대신 투자의 비중이 더 컸다는 반론도 제기되었다. 그러나 더 중요한 논점은 경제발전의 주체와 관련해 정부와 민간 중 어느 쪽이 더 중요한 역할을 담당했는지 정부가 무엇을 잘했는지의 문제였다고 할 수 있다. 한쪽에서는 신고전학파를 중심으로 민간의 활력과 기업가정신을 강조하는 시각이 있다. 관료부문의 규모가 크지 않아 고학력층이 민간 기업 부문으로 대거 진출해 경제성장을 주도할 수 있었다는 주장도 이러한 시각에 속한다고 볼 수 있을 것이다. 한편, 정부가 성장의 촉진자로서 결정적인 역할을 담당했다는 주장은 발전국가론에 의해 제시되었다. 경제성장에 실패한 대부분의 국가에서는 정부의 힘이 대단히 취약했고 그렇지 않은 경우에도 가치의 창출보다는 지대를 뜯어먹는 데 주력했는데, 이와 달리 한국 정부는 경제발전 과정을 주도하면서 경제 전체의 파이를 성공적으로 키웠다는 것이다. 또한 적극적인 공교육정책을 포함한 평등주의적 정책은 안정적인 정치경제적 조건을 제공했으며 생산적 활동에 참여할 유인으로 작용했다고 평가하고 있다.

홍 정부의 역할이 유능했다고 할 때 그것에 대한 구체적, 역사적 근거가 있나? 동아시아에서의 정부와 시장과의 관계가 달랐던 점이라든지, 구체적인 예가 있나? 단지'정부가 유능했다'는 서술 말고 근거가 있으면 좋을 것 같다.

박 수정주의(revisionist) 진영에서는 정부는 경제 전체에 존재하는 자원을 동원하고 이를 배분할 능력을 실제로 가지고 있었다고 주장한다. 발전국가론의 대표적 학자인 암스덴은 한국 정부의 경우 1960년대 이래 오랜 기간 동안 경제개발 계획을 입안하고 집행하는 과정에서 개별 기업과는 달리 장기적 시야 속에서 경제 전반을 아우르는 개관 능력을 확보할 수 있었다고 주장한다. 세계은행에서 펴낸 「동아시아의 기적」에서도 일본과 한국정부의 경우 각 부처마다 정부와 재계 인사들로 구성된 심의회를 운영하면서 국가의 우선순위를 확정짓고 시장정보를 교환했으며 조정 및 네트워킹을 촉진했다고 주장한다. 그러나 정부가 "실제로 잘한 게 무엇이었는가"라는 질문과 관련해 가장 강조되어야 할 것은 정부의 규율 능력이라고 할 수 있다. 한국의 정부는 이익집단의 이해관계에 휘둘리거나 이익집단의 로비에 포획되지 않은 상태에서 국민경제 전체의 파이를 키우는 방향으로 자원을 배분하는 데 성공했으며, 사후적으로도 해당 기업들에 꾸준히 규율을 행사하고 기강을 확립하는 데 성공함으로써 이렇게 배분된 자원이 효율적으로 사용될 수 있도록 했다는 것인데, 이때 한국 정부가 기업에 대해 행사한 규율은 '실적에 따른 포상과 응징'이라는 것으로 요약될 수 있다.

홍 기존의 신고전학파 이론에 따르면 발전국가론도 의심스럽다. 아프리카 유형의 국가 말고 동아시아 유형에 그런 국가가 있다고 보는 것은 경제학 이론과 잘 조화되는 주장은 아닌 것 같다.

박 바로 그것이 기존의 경제학자들을 난처하게 했던 논점이었다. 발전국가론의 연구를 통해 정부가 다양한 방식으로 시장에 개입을 했고 이 과정에서 높은 경제성장률을 달성할 수 있었다는 사실들이 수집·발굴되었고, 그럼에도 자원배분은 시장에서 형성된 가격기구에 의해 이루어질 때 가장 효율적일 수 있다는 신고전학파 고유의 믿음을 어떤 식으로든 정당화해야 했기 때문이다. 이러한 난제를 해명하려 했던 것이 바로 1993년 세계은행에 의해 발간되었고 스티글리츠와 같은 학자들이 참여했던 「동아시아의 기적」이었다. 이 책은 "정부의 역할이 컸다"는 발전국가론의 입장과 "정부의 개입이 성공할 수 있었던 것은 시장을 왜곡하지 않는 방식으로 신중하고도 제한적으로 이루어졌기 때문"이라는 신고전학파의 시각을 종합해 동아시아 정부의 경우 안정화정책 및 정부주도 산업정책의 효과적인 정책배합과 잘 짜여진 제도의 도움을 받아 축적과 효율적 자원배분 그리고 선진기술의 수용을 성공적으로 이끌었다고 주장한다. 한편, 최근 주목을 받고 있는 '자본주의의 다양성 학파'에서는 현실에 존재하는 자본주의 국가들이 시장에 의해 자원이 배분되고 조정이 이루어지는 미국형 모델 이외에도 북유럽형, 중부유럽형, 동아시형 등 다양한 형태를 띠고 있다는 점을 강조한다. 이 학파는 프랑스와 독일이 미국과 다른 경제 제도들을 가지고 있었음에도 고도성장이 가능했다고 주장을 한 숀필드에 의해 본격적으로 태동되었으며, 알베르는 「자본주의 대 자본주의」라는 책을 통해 미국형 모델과 라인 모델의 본격적인 비교를 시도했다. 최근의 논자인 아마블은 좁게는 3개, 많게는 5개의 축을 가지고 각국 자본주의를 분석하고 본격적인 유형화를 시도하기도 했다. 큰 틀에서 보자면 시장에 기반한 자본주의는 영미형 자본주의로서, 개인과 개인, 기업과 기업 사이의 경쟁원리에 기반해 생산과 혁신의 기반을 확보하는 경제이다. 프랑스로 대표되는 유럽대륙 형 자본주의는 시장이나 가격 대신에 국가가 결정적 역할을 담당하는 유형으로, 이곳은 사회민주주의형과 달리 노사정의 삼자교섭이 없는 경제이다. 사민주의형 자본주의는 노동조합과 경영단체가 충분한 교섭력을 확보한 상태에서 협상을 통해 주요한 문제들을 결정하는데, 이들 유형은 잘 발달된 직업교육훈련 시스템, 소규모 개방경제, 포괄적 복지국가라는 특징을 갖는다. 한국이 포함된 유형은 메조 코포라티즘형 자본주의인데, 기업 활동은 그룹 내부에서 조정되고 점진적인 이노베이션에 강점을 지니며 특수한 형태의 임금설정 관행 위에 고용안정이 유지되는 유형이다. 이들 나라의 교육시스템은 일반적 기능에 초점을 맞춘 범용교육이 중심이어서 고숙련 노동력과 빈번한 작업조정이 필요한 복잡한 제조업에 유리한 반면 급진적 기술혁신 및 과학기반적 이노베이션을 기초로 한 활동에는 취약하다.

홍 범용교육에 대해 설명이 필요할 것 같다.

박 범용교육이란 특정 회사에서만 사용되는 기업특수적인 지식이 아니라 모든 활동의 기초가 되는 지식을 제공하는 교육을 의미한다. 예를 들어 언어와 수학 등 각종 활동의 기초가 되며 약간씩의 변형이나 조합을 통해 다양한 경제활동에 적용될 수 있는 교육을 뜻한다. 이처럼 한국의 학교가 주로 범용교육을 제공했던 것에 비해 독일의 직업학교는 맞춤형교육을 제공했다. 한편, 전 세계 자본주의를 다섯 개로 유형화한 아마블의 논의 중 한국에 해당되는 내용을 간단히 살펴보는 것도 의미가 있을 듯 싶다. 첫째, 한국의 생산물시장과 관련해서는 규제가 적지 않다고 본다. 생산물시장의 영역에서는 한국은 스위스나 이탈리아와 같은 범주에 속한다. 둘째, 자본과 노동의 관계를 살펴보면, 노동시장의 유연화 정도는 보통으로 네덜란드, 독일, 스웨덴과 비슷한 수준으로 평가되었는데, 이는 2003년의 상황이므로 현재는 한국 경우 유연화 정도가 더 진행되었을 것이다. 노사관계 측면에서는 조합원 숫자는 아주 적은 정도는 아니며, 일본이나 노르웨이에 비해서는 노조가 전투적인 편이다. 그리고 고용정책 측면에서는 적극적 노동정책을 펼치지 않는 나라로 평가되었다. 셋째, 금융시스템 측면에서는 핀란드나 노르웨이와 비슷한 것으로 평가되었으며, 현재는 자본시장 통합법 등의 흐름이 강화되었기 때문에 은행보다는 자본시장의 역할이 큰 쪽으로 움직였을 것이다. 넷째, 사회보장 측면에서는 공적인 사회보장제도보다는 개별적인 보장에 대한 의존도가 높았으며, 미국, 캐나다, 일본과 같은 그룹에 속했다. 다섯째, 교육제도 측면에서는 공적지출 비중이 적은 교육시스템을 가지고 있는 것으로 평가되었다. 일반적으로 사민주의 유형에 속하는 나라들은 보편주의 복지국가, 적극적 노동시장정책, 높은 노조조직률 등의 특징을 공유하고 있는 데 비해, 한국은 이러한 특징이 거의 없는 것으로 평가되었다. 신자유주의가 정부를 매개로 한 기존의 조정방식을 훼손시켰는지의 여부에 대한 논쟁이 많이 이루어졌다. 유럽대륙형 자본주의가 미국형으로 접근하고 있다는 수렴가설이 제기되었던 반면, 세계화의 단일한 압력 속에서도 각국의 대응양상은 해당 국가의 고유한 특성을 반영해 다를 수 있고 그 결과 국가별 다양성은 여전히 유지되고 있다는 반박도 있다. 한국과 일본에서 신자유주의의 영향을 가장 많이 받은 분야가 금융과 노동 부문이라는 데는 전문가들의 의견이 대체로 일치하고 있다. 중앙은행의 독립성 제고, 금융감독기구의 확대 및 강화, 자본자유화의 확대 및 외국인 직접투자 증대 등이 특히 눈에 띄는 현상이라고 할 수 있다. 그리고 외환위기를 계기로 산업정책을 통해 경제성장을 주도했던 정부의 역할이 변화했는지 여부를 놓고 논란도 있다. 신자유주의 개혁을 통해 정부의 감독기능만 남았을 뿐 발전국가 기능이 사실상 소멸되었다는 입장이 있는가 하면, 대표선수를 육성하고 후견하는 정부의 역할은 세계화의 새로운 환경에서도 여전히 유효하다는 시각도 있다.

홍 자본주의의 다양성과 관련된 유형에 대해서는 경제학 내부의 논쟁이라기보다는 경제학, 사회학, 정치학 등, 범사회과학적 논쟁이라고 본다. 경제학자들은 자본주의의 다양성논쟁을 모르는 사람들도 많을 듯 싶다.

박 신고전학파 경제학 진영의 주류경제학자들 중에는 이 논쟁이 생소한 사람들도 많을 것이다. 자본주의의 다양성 논쟁은 제도주의 경제학자들 이외에 정치학, 사회학, 사회복지 등 인접 사회과학자들에 의해서도 주도되고 있다.

홍 이러한 흐름은 역사학파의 영향을 받은 것이라고 볼 수 있나? 순수경제학에 국한되지 않았듯이 이 흐름도 비슷하다고 본다. 유형이 여기에서와 같이 많은 갈래로 구분되다 보면, 모든 것을 설명할 수 없고 설명하기 위해서는 유형이 갈라지고, 그렇게 하다 보면 이론이 무너질 수 있다. 이 이론들에서 생산, 교육 등과 같은 개념들은 정형화 된 것인가?

박 정형화되었다고 보기는 어렵지만, 자본주의의 유형을 가르는데, 이들 요소들이 주요한 차원으로 고려되는 것이 일반적이기는 하다.

홍 기업 내부의 지배구조 같은 것은 다루지 않나? 아마블(Amable)의 예에서는 보이지 않는 것 같다.

박 기업지배구조 문제도 주요 고려 요인의 하나다.

유 박교수의 논의는 흥미롭지만 분류하여 유형화하는 것이 굉장히 자의적일 수 있다. 일반적인 구분보다도 동아시아 경제, 좁게 말해 한국형이라는 것이 어떠한 특성을 갖고 있는지를 평가할 때 도움이 되는 유형이 무엇인지 고민해 볼 필요가 있을 것 같다. 지금은 조금 평면적으로 접근했다는 생각이다.

홍 지금 다양한 특징이 있는데 어떻게 상호 조합하여 움직이는지 묶을 필요가 있을 것 같다. 비교제도론이 지닌 약점으로 분류만 되어 있지 너무 정태적으로 보고 있다는 것이다. 차이점이 아니라 어떻게 변화하는지를 봐야 할 것이다.

유 또 하나의 이슈는 경제개발계획을 어떻게 볼 것이냐에 관한 것이다. 사회주의 속성이 강한 계획에 대해서 자본주의적인 시각으로 보는 것은 상당히 어려운 일이다. 자본주의의 변형이란 것이 무엇이냐? 경제개발계획이 어느 정도의 성과를 냈는지, 오히려 성과를 저해한 것은 아닌지, 우리가 갖고 있었던 실제 모델은 무엇이었는지 등에 관한 특성들을 함께 고민해 봐야 할 것 같다.

박 경제개발 계획이 있었다고 해서 자본주의가 아니라고 보는 것에는 동의하기 어렵다. 자본주의란 것 자체가 시장과 계획의 혼합이다. 시장과 계획의 사이의 배합을 어떻게 하느냐에 따라 또는 자유시장과 조정된 시장 사이의 배합을 어떻게 하느냐에 따라 여러 유형의 자본주의가 존재한다는 것이 '자본주의의 다양성 학파'가 자본주의를 바라보는 기본 시각이기도 하다. 이런 입장에 동의하지 않더라도, 기업 내부에서 계획이 부단하게 이루어지고 있다는 점 자체는 부인하기 어려울 것이다.

유 자본주의와 사회주의는 용어 문제이기 때문에 정의하기가 쉽지 않고 구별하기가 상당히 어려운 것이다. 쟁점은 시장에 대한 신뢰도라고 생각한다. 그런 점에서 보면 계획은 시장을 불신하는 것이다. 그래서 모호한 자본주의의 개념보다는 확실한 잣대로 구분하는 것이 낫지 않을까 생각한다.

박 계획이 시장을 불신한달까 계획과 시장이 양자택일의 대상이랄까 하는 점에는 이의가 없다. 하지만 시장을 자본주의로, 계획을 사회주의로 연결하는 사유방식에 이의를 제기하는 것이다.

유 자유방임이 아주 극단적인 형태라면 국가 개입이라는 것이 시장의 역할을 축소시키는 것이 아닌가. 자본주의와 사회주의를 나누고 또 이를 다양성(variety)이라는 개념으로 나누어 분류하는 방식으로 설명하는 경우 초점 자체가 흐려질 수 있을 것 같다. 97년 이후에 시장을 확대시키는 것이 좋은 정책인가에 대한 논쟁이 많이 있어 왔다. 이러한 공통적인 잣대를 가지고 나누면 쟁점이 분명해 질 것인데 지금은 너무 초점이 다양해 혼란스러워 질 우려가 있다.

홍 분류의 특징을 잡고 분류할 필요성은 있다고 본다. 하지만 이 경제가 어떻게 구성되고 어떻게 움직이는지, 어떻게 변화할 것인지에 대한 분석은 필요할 것 같다.

유 과거의 한국 경제의 성장에 대한 설명, 그리고 미래 예측이라는 두가지 측면에서 문제를 볼 필요가 있다. 과거를 성공이라고 본다면 성공의 핵심 요인이 무엇인지를 파악하고 유형화된 요인을 통해 성공의 유형으로 미래를 예측하는 것이 중요하다는 것이다. 때문에 구체적으로 무엇을 설명하지 못했기 때문에 유형이 필요하고, 어떤 유형이 어떤 전망을 보이기에 한국 경제에 관련하여 어떤 것이 유용한지에 대한 평가가 필요할 것이다. 또 하나 이야기하고 싶은 것은 수출주도형에 관한 것이다. 수출주도형이 성공하는 과정에서 운이 어느 정도로 성공에 영향을 미쳤는가에 대한 것이다. 사실 수출성과를 올리기 위해서는 수입국 사정이 좋아야 하는데 이는 세계경제의 경기상황과 밀접한 관계가 있을 수 밖에 없기 때문이다.

홍 경제체제와 관련해 정말 시장, 정부 두 가지 가능성밖에 없는 것인가? 혹시 이것이 경제학자들이 가지고 있는 과도한 이분법적 시각이 아닌가?

박 비영리기업(NPO)이나 비정부기구(NGO) 등의 역할이 주목된다. 사적 이윤을 추구하는 기업과 달리 사회적 가치의 실현을 목표로 재화나 서비스를 생산하는 새로운 형태의 기업이 비영리기업이라면 관료들에 의해 공적 목표를 달성하는 정부 대신 시민들의 자발적인 참여를 토대로 공공의 가치를 추구하는 단체가 비정부기구이다. 이들은 전통적 경제학에서는 간과되었던 조직체들이지만, 경제와 사회에 미치는 영향이 날로 커지고 있다는 점에서 진지하게 주목할 필요가 있다.

유 한국형 모델의 큰 쟁점 중 하나는 노동 문제이다. 박정희 정권이 크게 성공한 요인은 노동의 힘을 정부의 강제력으로 억제해서 낮은 임금비용을 유지하도록 하여 수출기업들이 국제 경쟁력을 가지게 될 수 있었다는 견해가 있다. 이러한 견해에서는 노동문제는 사회적 위기 관리(social risk management) 능력의 범주로 논의된다. 즉 노동자들의 욕구를 억제하여 분출이 되지 않도록, 체념하게 만드는 능력이 기업경쟁력을 강화시켰고 수출주도형을 성공시킬 수 있었다는 것이다. 이러한 견해는 권위주의가 경제발전에 유의미하게 작동할 수 있다는 논의의 전형적인 한 유형이다. 문제는 이러한 해석은 사후적인 정당화에 불과할 수 있다는 것이다. 노동탄압이 비용절감을 위한 전략적 고려 때문일 수도 있으나 체제를 원활하게 이끌기 위한 불가피한 선택이었을 수도 있기 때문이다. 더욱 큰 문제는 기업의 비용절감을 위한 노동탄압이 노동의 관점에서 정당화될 수 있는가 하는 점이다.

홍 국가가 경제발전과정에 강압적으로 개입하는 것은 전체적으로 동양이나 서양이나 비슷한 양상을 보이는데 동양이 상대적으로 정치적인 억압이 용이하였다고 판단할 수 있지 않나?

박 같은 발전국가였지만 한국은 일본에 비해서 노동배제적이고 노동억압적인 성격이 더 컸던 것으로 보인다. 그리고 한국과 일본의 경제적 위상에 대한 해외의 시각에 큰 변화가 생긴 것 같다. 4~5년전 까지만 하더라도 한국은 일본의 아류라는 시각이 지배적이었는데, 지금은 많이 바뀌었다. 한국의 경제성장에 대한 해외의 문헌을 보면, 크게 두 개의 논쟁이 두드러져 보인다. 하나는 경제성장의 원인과 관련한 것인데, 노동, 물적자본, 인적자본 등 생산요소의 투입을 늘려 경제성장이 이루어진 것인지 아니면 생산요소를 한층 효율적으로 사용을 해서 경제성장이 이루어진 것인지를 놓고 입장이 대립되었다. 한편 경제성장을 주도한 주체가 시장과 국가 중 어느 쪽이었는지, 이 과정에서 국가의 핵심 역할이 무엇이었는지를 놓고도 많은 논쟁이 전개되었다.

홍 생산요소 투입을 통한 성장이냐와 총요소생산성 증대를 통한 성장이냐는 서로 대립되는 관점인데 이것과 시장친화냐 국가주도냐와 어떻게 구분되는가?

박 생산요소의 투입 증가를 주장하는 입장과 총요소생산성 상승을 주장하는 입장이 서로 대립하는 것은 맞다. 생산요소 투입의 기여분이 더 컸다고 주장하는 사람들 중에는 크루그먼처럼 국가 주도적 측면에 주목하고 이를 부정적으로 평가하는 경우도 있지만, 다 그런 것은 아니다. 기본적으로 "요소투입 對

생산성"의 대립쌍이 "국가 주도 對 시장 친화"의 대립쌍과 1:1로 대응하는 것은 아니다. 동아시아 모형은 생산성의 획기적 상승을 동반했고 이 점에서 전세계가 배워야 하는 새로운 발전모델이라는 게 1990년대 초반 당시의 분위기였는데 그런 통념을 깨트렸던 게 크루그먼의 글이었다. 동아시아 정부가 구사했던 산업정책은 생산성을 높여주지는 못했으며 자원의 적극적인 동원을 통해 사람들로 하여금 보다 많은 피와 땀과 눈물을 흘리게 함으로써 경제성장을 이루었다는 이러한 방식은 과거 소비에트에서도 사용되었던 것이라는 게 그의 진단이었다. 그리고 생산요소의 투입이 늘어날수록 단위당 산출량은 떨어지기 마련이라는 수확체감의 법칙상 이러한 성장은 지속될 수 없다는 점에서도 매력적인 모델은 아니라는 게 그의 평가였다.

유 이 논쟁과 관련하여 생산성 논란과 별도로 동아시아 모형의 우수성을 주장하는 사람들의 견해에도 주목할 필요가 있다. 바그와티의 경우 신고전학파적 시각을 견지하면서도 동아시아가 가진 두드러진 특징으로 민간투자율이 높았다는 점에 주목한다 (구소련 등 사회주의국가는 공공투자율이 높았다). 총요소생산성 논란과 관련하여 스탠포드대학의 로렌스 라우는 총요소생산성과 규모의 경제의 개념적 구분의 문제, 소위 손으로 잡을 수 없는 자본(intangible capital)의 문제 등을 지적하면서 아직도 동아시아 모형의 성장가능성은 크다는 입장을 견지한다. 스티글리츠도 총요소생산성 문제는 개념적으로 상당히 혼란스럽다는 점을 지적하면서 동아시아 모형의 우수성을 높이 평가하는 견해를 가지고 있다.

박 크루그먼의 주장을 보면서 흥미로운 점이 있었다. 요즘 크루그먼이 뉴욕타임스에 발표하는 칼럼을 보면 시장에 대해 대단히 비판적이고 정부의 역할에 대해 아주 긍정적이다. 그런데 1990년대 초중반의 논문들에서는 시장에 대한 신뢰와 정부에 대한 불신-물론 이 경우에는 정부 일반이 아니라 동아시아 정부에 대한 불신으로 국한할 수도 있을 것이다-이 강조된다는 점에서 크루그먼은 지난 20년 사이에 모종의 지적 변화과정을 겪은 것처럼 보인다.

유 동아시아 발전국가는 정부와 민간간의 정보 흐름이 원활하게 이루어질 수 있도록 국가가 그 정보흐름을 잘 조정해서 민간을 원하는 방향으로 끌고 갔다는 점에서 사회주의 국가와 다르다는 점에 주목할 필요가 있다고 본다. 이를 민관협력체계라고 표현한다면 결국 의문은 왜 동아시아에서만 이러한 협력이 가능했는가이다. 이것을 충분히 설명하지 못하기 때문에 한 쪽에서는 발전국가라는 통칭으로 이러한 특징을 잡아내고 있다는 것이다. 이를 위해 필요한 조건이 국가의 자율성(state autonomy)이다. 주목할 것은 국가의 자율성이 있다고 해서 반드시 협력적, 발전적으로 가는 것이 아니고 착취적이고 수탈적으로 갈 수도 있다는 점이다. 왜 동아시아에서는 이것이 발전적, 협력적으로 나타났는지 아직도 많은 설명이 필요하다. 이를 관료의 청렴성이나 능력때문으로 볼 수도 있고 권위주의 정권의 카리스마적 리더쉽과 미래 비전으로 설명할 수도 있으나 왜 그러한 조건이 어느 나라에서는 가능하였고 다른 나라에서는 가능하지 못했는지에 대해 좀 더 심층적 연구가 필요하다.

관련하여 소셜 네트워크가 강한 기업일수록 성과가 높다는 연구결과에도 주목할 필요가 있다. 사실 학벌이 초기에는 거래비용을 줄일 수 있는 메커니즘으로 작동했다는 것이다. 학연이나 지연으로 거래비용을 줄일 수 있었고 그것이 성장의 원동력이 되었다고 주장하는 견해들도 있다. 근데 소셜네트워크 이론에서 어려운 점은 어떤 경우에 조직의 생산성은 높아지는데, 전체적인 국가의 생산성을 갉아먹느냐 그리고 어떤 경우에 조직의 생산성도 높아지고 국가경제 전체의 생산성에도 기여할 수 있느냐의 문제이다. 조직의 생산성 향상이 국가경쟁력이나 생산성에도 좋은 영향을 미치는 사회적 네트워크의 최적 규모나 구조가 혹시 존재하는지, 그리고 현재의 엘리트 네트워크가 이러한 최적규모보다 큰지 작은지 어떠한 구조가 문제인지 등도 연구할 만한 주제일 것이다.

보다 구체적으로 어떤 산업에서의 네트워크는 전체생산성에 기여하는 측면이 있으나 어떤 경우는 네트워크가 굉장히 폐쇄적이기 때문에 다른 진입을 방해해서 부정적인 외부효과를 창출하여 생산성이 전체적으로 낮아지는 경우가 있다. 그 조건을 밝히는 연구가 상당히 중요하다. 네트워크 자체가 나쁜것이 아니고 네트워크의 구조, 내용, 진입, 산업특징 면에서 전체 경제구조에 악영향을 끼칠 수도, 생산성을 높이는 방법이 될 수도 있다. 그 논의가 사실 지금도 중요한 논제이기 때문에 학연, 학벌이 분명 기여, 실패하는 부분이 있다고 봐야하고 그럼 실패하는 부분이 구체적으로 무엇이었고, 기여하는 부분이 무엇이었는지 어느정도 윤곽을 잡아줘야 의미가 있을 것이다.

홍 교육, 학벌, 공동체, 집단 등의 키워드들을 넣어서 좀 더 언급하는 것이 나중하고의 연결에 도움이 될 듯하다.

유 한가지 더 논의하고 싶은 것은 한국 사람들은 왜 돈을 쓰는데는 공동체적 제약을 많이 가하려 하지만 버는 데 대해서는 굉장히 관대한가 하는 점이다. 기본적으로 공정하게 벌어서 자기 맘껏 쓰는 것이 자본주의인데 왜 버는 과정이 공정한지에 대한 사회적 감시는 상대적으로 약한데 쓰는 것에 대해서는 그렇게 민감한가? 예컨대 공무원이나, 정치인이 혹은 재벌이 외제차를 타면 왜 안 되는가? 조금 앞뒤가 안 맞는 것 같은 느낌이다. 자본주의라는게 본질적으로 공동체하고는 거리가 멀다. 개인이 중심이 되는 거고 각자 자기의 경제적 영역을 지키려고 노력하는게 자본주의 시스템인데, 우리는 우리의 관념의 상당히 많은 부분이 공동체, 어떻게 보면 또 신명하고 연결되고 집단주의하고 연결되는데 그런 속성이 분명히 있다는 말이다. 공동체에 해가 되는 것에 굉장히 민감하게 여기고. 문제는 공동체 의식이 제대로 발휘가 되려면 사회적 합의가 있어야 하는데 그 사회적 합의의 실체가 불분명하다는 것이다. 우리가 가지고 있는 공동체의 특징이라는 것이 과연 무엇인가? 자본주의적 시스템을 여기서 얼마나 인정해야 할까?

등의 문제를 이야기해야 한다는 것이다.

박 그럼 미국이나 일본 같은 선진국에선 사회적 합의의 실체가 분명한가?

유 미국은 적어도 분명하다. 일본도 사람마다 평가는 다르겠지만 일본은 기본적으로 사회적 약자에 대해 리더들이 책임을 지는 측면이 상대적으로 한국보다는 강하다. 리더라는 사람들이 가지고 있는 어떤 특성 그런 것이 분명히 다른 측면들이 있고. 미국의 경우에는 돈쓰는 것에 대해 아무도 뭐라 말을 하지 않으니까. 하지만 돈 버는 것에 대해 굉장히 민감하게 반응하고 그 과정에서의 탈세라는 것에 대해 엄청 중요하게 생각하니까. 그런 규정들이 분명히 있다. 내가 이런 생각을 한 것은 미국하고 비교해서 그럴지도 모르는데.

박 미국에서도 19세기말과 20세기 초에는 독점자본가들에 대한 사회적 여론이 아주 안 좋았지 않은가? 사회적 비난 여론을 무마하는 방식이 바로 재산의 사회 환원이었던 것 같다. 이 과정에서 박물관이나 미술관도 지어지고 대학이나 연구소도 도움을 많이 받았던 것 같다. 우리 경우는 그렇지 않다는 말인가?

유 우리는 기부는 별로 안한다. 사실은 왕조 비슷하게 세습되는 교회라든지, 문화적인 측면에서 우리가 가지고 있는 자본주의가 다른 나라와 다르다. 이 다른 측면에서 어떤 방향으로 가는 것이 우리에게 맞는가 혹은 우리가 바람직하다고 판단되는 형태의 자본주의는 도대체 뭔가 ? 이런 것들에 대한 논의가 필요하다. 이중성의 문제도 굉장히 중요하다고 생각한다. 예를 들어 법적으로 아무문제 없이 살 수 있지만 문화적으로 저항이 심한 제품, 예컨대 외제차나 사치제품 등과 법적으로 분명히 하자가 있는 것, 예컨대 매춘, 도박, 장기매매 이런 것들에 대한 사람들의 태도 말이다. 그러니까 재화의 습성에 따라서 반대를 하는 것이 아니라 그 재화를 사는 사람이 누구냐에 따라 반대의 강도가 달라진다는 점이다.

장 사실, 한국형 모델이라고 했을 때 핵심 키워드는 '재벌'이 아닐까 싶다. 그래서 '재벌'에 초점을 두고 논의를 전개하는 것은 어떨까? 국가와 밀접한 연관관계 속에서 대기업이 성공을 했고 그것이 빛이라면, 한국 사회의 분배문제가 그림자가 될 것이다. 예를 들어 '한국형 모델의 전형은 삼성이다'라고 구체적으로 표현해 볼 때 한국형 모델의 공과가 분명하게 나타날 것 같다.

박 재벌은 정부에 의해 대표선수로 선발된 기업들로서, 대표선수의 역할을 잘 해 줄 것이라는 기대 속에서 특혜도 많이 받았고, 그 결과 규모의 경제와 범위의 경제를 톡톡히 누리고, 엄청난 생산성을 자랑하는 존재가 되었다. 한편, 해외 학자들은 한국을 대만과 많이 비교했는데, 그만큼 유사성이 컸기 때문이다. 하지만 결정적인 차이도 있었는데, 그 점이 바로 재벌의 유무인 것 같다. 과거에는 한국보다 대만 경제를 더 긍정적으로 평가하는 시선이 많았던 반면 최근에는 이러한 시각이 반전되었다는 느낌을 받기도 한다. 한국경제가 대만경제를 압도하기 시작했다는 것이 사실이라면 '재벌의 힘'도 이를 가능케 한 주요한 원인의 하나가 아닐까?

홍 사회 각 부문의 위계질서 속에서 '장'의 역할이 중요하다는 점도 간과할 수 없다. 이는 큰 조직 내에서 견제와 균형이 잘 이루어지지 않고 있다는 뜻이며, 세계적 기준(Global Standard)에 어긋나는 것이다. 직업정신(professionalism)의 부재, 조직 내에서의 민주화 등의 측면에서 한국형은 독특하게 나타나고 있다.

박 해외에서 DJ의 재벌개혁을 효율적이라고 평가하는 사람들은 재벌, 세습의 문제에 대해 상대적으로 관심이 덜한 것 같다.

장 인과관계 측면에서 보면 명확하지 않을 수 있지만 DJ의 재벌개혁으로 바뀐 산업구조가 IMF 이후 회복의 동력을 얻어 성장을 이루게 한 것이 아닌가 하는 의견도 있다. 많은 논란이 고도성장기와 오늘날의 재벌의 문제를 구분하지 않고 논의하는 것이 아닌가 하는 생각이 든다. 고도성장기에 재벌체제의 효율성과 오늘날의 재벌체제의 효율성이 같은 근원을 갖고 있는 것인지, 오늘날 재벌기업들의 해외시장에서의 일부 성공은 과거의 성공과는 어떠한 측면에서 그 요인이 다른 것인지, 오늘날의 재벌 체제의 폐해는 과거와 동일한 성격의 것인지 등에 대한 설명이 부족한 것같다. 로널드 코즈 식으로 얘기하면 재벌 내부는 아직 블랙박스라고 할 수 있다.

홍 내부노동시장, 내부자본시장이 있다는 것은 분명하나, 이보다는 아직 재벌문제의 핵심에 대한 광범위한 사회적 동의가 없다.

유 한 가지 주목할 것은 재벌 내의 '성과배분 메커니즘'이다. 강요에 의해서이기도 하지만 구성원들 사이에 성과에 대한 보상이 존재하기 때문에 성장을 이루고 재벌의 형태를 유지해올 수 있었던 것이 아닌가 생각한다. 성과를 내기 위해 경쟁을 유도한 것이다.

홍 결국 박정희 대통령이 성과를 낸 재벌에게 표창장을 준 것이나, 재벌 총수가 성과를 낸 구성원에게 표창장을 준 것이나 같은 맥락이다.

유 역사적으로 사라진 재벌은 결국 성과를 구성원과 적절히 분배하는 지속가능한 체제를 정착시키지 못했기 때문이 아닐까?

홍 삼성을 예로 들면, 이건희 회장을 중심으로 한 오래된 경영진이 있다. 삼성의 성장은 회장 혼자만의 성과가 아니라 회장과 함께 경영해 온 이건희 팀의 성과이다. 그렇다면 그 팀의 구조나 운영이 어떤 방식으로 되어 있는지, 그리고 그것이 변화할때 어떻게 성과가 달라졌는지에 대해 분석적인 논의가 필요하다.

유 한국형 모델에서 수도권과 지방의 문제도 매우 독특하다고 생각한다. 많은 이념적 갈등을 낳을 수 있고, 실제로 우리나라 경제의 많은 부분을 제약했던 요인 중 하나이다. 이에 따라 나타나는 지역 간 갈등 문제 또한 중요하게 다루어야 할 주제인 듯하다. 큰 틀에서 볼 때 한국의 교육문제를 한국형의 전형적 문제로 놓고 이 논의의 배후에 수도권 집중이나 지역문제, 교육이 노동시장과 결혼시장과 갖는 연계의 한국적 특징, 한국인의 심리적 구조와 전통 등의 문제를 총체적으로 점검할 필요가 있다.

장 고도성장으로 인한 소득의 향상뿐만 아니라 고도성장 방식의 구조적 특징이 한국 사람의 삶의 질에 영향을 미치고, 사람들의 의식과 행동양식에 영향을 미쳤다는 점을 인식할 필요가 있다. 적지 않은 사람들은 외국의 좋은 정책과 제도를 도입하자는 제안을 하는데, 제도라는 것이 외생적인 변수가 아니라 내생변수이기 때문에 도입이 용이하지 않다. 그러므로 의식 및 행동과 제도 및 정책과의 상호 규정성에 대하여 면밀히 분석할 필요가 있다. 한국의 발전에 대하여 분석한 많은 논문이나 책들은 경제성장 특징, 정책요인, 제도적 요인, 사람들의 의식 및 행동양식을 나열적으로 설명하는 경향이 있는데, 이러한 변수들을 꿰는 논리적 연결고리를 구축하면 기존 연구에 커다란 기여를 할 수 있을 것으로 보인다. 학벌은 재벌과 연결되어 있고, 재벌은 정부의 몰아주기 전략과 정부와의 위험 공유 파트너십에 의해서 성장한 측면이 크다. 그리고 이러한 재벌에 대한 몰아주기 전략은 재벌이 경제성장의 주요 엔진 역할을 수행하였을 때 한국 사람들에게 큰 반감 없이 받아들여졌다고 할 수 있다. 그러나 재벌의 성장이 고용의 확대에는 별로 기여하지 못하는 오늘날에는 정부의 재벌 편들어

주기는 커다란 저항을 가져오고 공룡같은 재벌의 불공정행위에 대한 반감도 높아지고 있다.

유 재밌는 사실은 우리나라가 외면적으로는 평등의식이 누구보다 강하지만 사실 내면적으로는 굉장한 서열 의식이 있다. 싸우다가 끝에 가서 늘 '너 나이가 몇 살이야'고 묻는 것은 이러한 의식의 전형적인 발로이다. 즉 표면적으로는 평등에 기초한 민주성을 강조하지만 실질적으로는 전혀 민주주의자가 아니라는 것이다.

홍 이 문제는 결국 집단주의와 연관이 있다고 본다. 집단내부적으로는 집단의 유지를 위해 불가피하게 위계가 존재하는 것이고 위계에 맞게 행동하는 것이 문화적으로 정착될 수밖에 없다. 그러나 집단간의 문제에서는 다르다. 식민지배와 전쟁을 겪으면서 신분붕괴가 급속히 이루어졌기 때문에 아주 강한 평등지향성이 나타나게 된다.

유 평등주의적 지향에 따라 특권을 인정 안하려고 하고 부자를 인정 안하려고 하는 경향이 강하게 나타나고 있다.

박 특권을 인정하지 않는 것과 부자를 인정하지 않는 것은 구분할 필요가 있다. 특권을 인정하지 않는다는 것은 경기규칙을 모든 이에게 동일하게 적용한 가운데 공정경쟁을 하자는 것이고, 부자를 인정하지 않는다는 것은 부자 그 자체를 부정하는 게 아니라 부의 형성이나 축적과정에 심각한 흠결이 있다고 느끼기 때문에 나오는 현상일 것이다. 오늘날 젊은 층들은 반칙과 특권 문제에 대해서는 민감하지만 부자에 대해서는 관대할 것 같다. 무엇보다도 본인들 자체가 부자가 되고 싶은 욕망이 크지 않은가?

유 좀 더 실증적인 자료가 있어야 하지만 내가 가진 표본에서는 오히려 기성세대가 부자를 더 인정하는 경향을 보였다. 부자에 대한 인식은 부의 축적이 노력의 대가이냐 아니냐의 차이에 따라 달라지는데 젊은 층이 부자에 대한 부정인식이 강한 것으로 나타날 수도 있다.

박 그것은 반칙과 특권을 통해 부자가 된 사람들에 대한 젊은층들의 반감이 과장되게 드러난 현상 아닐까?

장 경기규칙을 위반한 경쟁이라는 것과 내면적 서열의식 및 외면적 평등의식이 있다는 것은 다르다. 사람들은 내면적으로는 학벌에 기초한 우월의식을 갖는 것은 당연한 것으로 생각한다. 이러한 생각은 진보적 사람들이나 보수적 사람들 사이에 별 차이가 없는 것으로 보인다. 우리나라 사람들에게 서열의식은 지식의 편향과 상관없이 오랫동안 있어 왔다. 오늘날의 젊은 층들이 옛날에 비해서 이러한 서열의식이 낮아졌는지를 비교 분석한다면 흥미로운 결과가 나올 수 있다.

유 학벌의식이 젊은 층은 훨씬 경직 되어있다. 예를 들어 나보다 실력이 못한 학생과 같은 학교를 다니는 것에 대해 용납을 못한다.

장 반드시 그런 것은 아니다. 요즘은 학벌이 길러지기 때문이다. 실력의 차이는 인정할 수 있지만 명문대냐 아니냐는 노력만으로 된 것이 아니다. 거칠게 얘기하면 실력의 차이는 인정하지만 나보다 네가 현재의 실력이 좋은 것은 네가 부모를 더 잘 만났기 때문이라는 것이다.

유 한국사람들의 입시에 대한 생각은 양극단으로 나뉘는 것 같다. 시험성적에 의존하고 그 성적은 객관적으로 평가되는 것이므로 상대적으로 가장 공정하다고 느끼는 사람들이 있는 반면, 시험준비를 위한 사교육시장의 번창으로 미루어 부유층에게 절대적으로 유리한 게임이라고 보는 시각도 있다. 우리나라 대학 입시에 대해 틀을 안 깨려는 사람들은 기본적으로 첫 번째 인식이 강한 편이다. 문제는 기회균등과 관련한 것이다. 예를 들어 교육부의 삼불 정책 중의 하나인 고교 내신성적 차등화 금지정책이 기회균등에 맞는 것인지에 대한 혼란이 존재한다. 고교간의 현실적 차이를 인정한다면 이러한 정책은 불합리하다고 느낄 수 있고 능력우선주의에 어긋난다. 반면에 기회균등을 능력에 따른 우대가 아니라 초기조건의 균등화(level the playing field)로 이해한다면 현실왜곡을 바로잡는 적극적인 기회균등 정책으로 인식할 수도 있을 것이다. 기회균등에 대한 관점의 차이는 입시정책에 대한 불만으로 나타나고 그렇게 때문에 입시의 틀을 획기적으로 바꾸기가 현실적으로 매우 어려울 수 밖에 없다. 어찌되었든 현행 제도가 한국사람들의 공정성에 대한 현재의 태도를 최대한 반영하는 것이라고 간주한다면 이러한 제도하에서 이루어낸 성과의 차이가 '공정하게 평가된 능력'의 차이라는 공감대가 존재하는 한 기존 서열을 정당화하는 입장을 바꾸기가 매우 어려울 듯하다. 현재 젊은층의 인식이 겉으로는 평등적으로 보이지만 서열에 대한 인식이 바뀌지 않았다는 것이다.

홍 공식적인 조직과 비공식적인 조직의 문제를 생각해 보자. 관료조직은 공식적이지만 거기서 생기는 인간적 관계는 비공식적이다. 학별 선후배 관계는 비공식적인 관계인데 조직 속에서 관료조직과 선후배 관계가 엮이면서 어떻게 이러한 공식, 비공식 관계가 상호작용하는 것인가, 이게 관건이다. 비공식관계에서 형성되는 암묵적 지식에도 관심을 기울여야 할 것이다. 사실 이 점이 비공식적 인간관계를 지속시키고 여기에서 성공하는 사람이 공식관계에서도 성공하게 만드는 원동력이다.

유 중앙집권과 서열구조가 정보유통에 미치는 영향에도 주목해야 할 것 같다. 예를 들어 군대에서 성공하기 위해서는 브리핑을 잘하는 능력이 있어야 한다. 군대 같이 서열구조가 공고화된 곳에서는 핵심적 내용을 효과적으로 전달하는 발표 능력을 가진 사람들이 내부적으로 인정을 받을 수 밖에 없다. 높은 사람들에게 크게 어필할 수 있기 때문이다. 관료나 재벌에서도 유사한 현상을 발견할 수 있다. 이들 조직에서 정보유통이 효과적으로 발생하는 이유는 서열구조가 발달했기 때문이라는 것이다. 어디 가도 프레젠테이션 능력은 군인 공무원 기업 분야가 뛰어나다. 조직의 위계질서가 그러한 능력을 키워준다고 볼 수 있다.

홍 카리스마적 지도자가 경제성장에 도움을 준 이유도 이러한 측면에서 설명할 수 있을 것 이다.

장 마이클 젠슨이 이야기 하는 것처럼 의사결정권한을 정확한 정보를 획득하는 위치에 있는 사람에게 배분하는 것이 효율적인 조직구조라고 할 수 있다. 선진국의 경험을 수용하고 따라잡기 전략이 중요한 고도경제성장 시기에는 가격과 수량 또는 이미 일반화된 기술의 수용처럼 전달이 용이한 정보가 중요하였는데, 그 때에는 중앙집권적 의사결정구조가 효율적일 수 있었다. 그러나 창의성이 매우 중요해지는 오늘날의 중진국 한국에서는 지식이나 정보의 전달이 용이하지 않기 때문에 암묵적 지식을 창출하고 보유한 사람들에게 의사결정권을 배분하는 것이 보다 중요해지고 있다.

홍 한국사회를 서양이론으로 충분히 설명할 수 없는 이유가 여기에 있다. 한국의 고도성장을 설명할 때 외형적인 변화도 중요하지만 내부적으로 비공식조직을 통해 전수되는 암묵적 지식에도 관심을 기울여야 한다. 그러한 암묵적 지식이 생성되고 전달되는 과정에서 교육과 학벌이 어떤 역할을 하였는가가 중요하다는 것이다. 장교수가 이야기하듯 초기 산업화 단계에서는 교육과 학벌의 이러한 역할이 긍정적인 측면이 많았다고 볼 수 있다. 반면에 지식정보사회에서 중앙집권, 서열, 위계질서 등을 통한 암묵적 지식의 전달구조가 더 이상 통하지 않을 수도 있다. 구체적으로 어떤 구조 때문에 이러한 현상이 발생하게 되는지를 연구하는 것이 필요할 것 같다.

장 1995년도 이후에 나온 경제학연구, 경제발전연구, 사회경제평론, 경제와 사회, 동향과 전망 등에 실림 논문들 중에서 우리 연구과 관련된 논문들을 정리하고 있다. 이러한 논문들을 분석하는데 신제도경제학에 입각하여 분석틀을 만들어 보았다. 우선 제도의 특징에 관한 분석이다. 주요 요소는 소유권의 확립과 배분문제, 경쟁시스템의 문제, 그리고 조정의 문제 등이라고 할 수 있다. 이 분석에 있어서 가장 중요한 포인트는 경제주체들로 하여금 지대추구행위에서 지대 창출행위로 전환시킬 수 있는 유인과 제약조건을 제도가 담고 있는가 하는 점이다. 제도와 관련하여 중요한 분석의 차원은 이러한 제도가 우리나라의 문화 및 전통과 어떻게 조응하고 있는가의 문제이다. 특히 조정의 문제와 관련하여 정부의 역할이 우리나라의 전통에 의해서 어떻게 영향을 받았는가를 구명하는 것이 중요할 것으로 보인다.

두 번째로 큰 분석적 차원은 일, 지식, 숙련, 혁신, 거래의 조직화와 제도환경과의 조응성 문제이다. 이 조직화 방식에서 키 포인트는 요소투입형 생산 및 공급방식인가 총요소생산성 향상 방식인가 하는 문제이다. 우리나라가 OECD 국가 중에서 노동시간이 가장 길고, 중고등학교 학생들의 공부시간이 가장 길다. 2만 달러 소득을 유지하고 있지만 상당히 비효율적으로 일과 거래가 조직되고 있다는 점을 보여준다고 하겠다. 이러한 관점에서 한 조직 내에서 일자리의 배분, 의사결정권의 배분, 성과 평가 및 인센티브 시스템을 분석할 필요가 있다. 또한 조직과 조직간, 부문과 부문간의 거래 관계를 분석할 필요가 있다. 즉, 기업 간, 기업부문과 교육부문, 기업부문과 금융부문, 기업과 정부, 기업과 시미사회, 시민사회와 정부부문과의 거래관계를 분석해야 한다.

세 번째로 중요한 분석적 차원은 조직의 특성과 제도환경과의 조응성에 관한 것이다. 여기서 중요한 개념은 제도적 상보성과 경로 의존성이다. 사회의 다양한 제도들이 서로 보완적 관계에 있어서 한 제도를 변화시키기가 용이하지 않고 특정 방식의 성장의 결과로 형성된, 개인 사이에 공유된 의식과 믿음으로 인하여 경로의 변경이 용이하지 않다는 것이다. 이러한 점에서 고도성장과정을 통하여 새로운 기득권층이 형성되고 새로운 의식이 형성되었을 터인데, 소위 전통적 믿음과 의식의 어떠한 부분이 약화 혹은 강화되었는가를 보다 구체적으로 들여다 보는 것도 흥미로울 것이다.

마지막으로 검토해야 할 것은 기술 및 시장 환경의 변화에 대한 한 나라 제도 및 조직의 적응능력에 관한 것이다. 1990년대 이후 기업생산의 국제화가 이루어지고 정보통신혁명이 이루어짐으로써 시장 및 기술 환경이 크게 변화하게 되는데, 이러한 변화에 우리나라의 조직들이 유연하게 적응할 수 있는가의 여부와 제도환경들이 걸림돌로 작용하고 있는 것은 아닌지에 대하여 분석할 필요가 있다.

이렇게 네 가지 측면에서 분석틀을 구성하고 기존 연구결과를 살펴보면, 어느 측면에서 연구가 미흡하고 어떤 측면에서 연구결과들 간에 충돌하는지를 보다 명확히 살펴볼 수 있고, 향후 연구방향을 보다 용이하게 도출할 수 있을 것이다. 기존의 연구문헌을 검토하면서 확인된 사실은 한국형 발전모델에 대한 연구가 1990년대 중반 이후에 크게 변화하였다는 점이다. 그 근저에는 1989년 베를린 장벽의 붕괴이후 소련 및 동구권의 몰락, 1986년 2700 달러 수준에서 1994년 8700 달러 수준으로의 국민소득의 비약적 성장이 기존 지식인의 의식과 현실사이의 괴리를 불러일으켰기 때문이다. 주목할 점은 성장률은 1980년대가 높지만 누적된 성장의 결과 사람들의 삶의 변화가 이루어진 시점이 1990년대라는 것이다. 이러한 인식의 변화를 바탕으로 1993년에 출간된 세계은행의 동아시아 경제성장에 관한 연구결과가 이후의 연구를 촉발하는 계기가 되었다고 본다. 정부의 정책적 혹은 전략적 요인의 분석, 개발국가의 성격과 존립

요건, 그리고 그 귀결, 농지개혁 등 제도적 요인, 재벌체제와 양극화 체제에 대한 분석 등이 주요한 쟁점으로 부각되어 왔다.

유 이 문제를 '한국 사람들이 가지고 있는 에너지의 양 측면'으로 생각해 보자. 예를 들면 가난할 때는 잘 먹고 잘 사는 것이 가장 큰 욕망이고 그 욕망과 관련된 에너지의 발현메커니즘이 작동하게 될 것이다. 초기단계의 욕망이 시간이 지나면서 내재적으로 변하고 그 욕망을 충족시키기 위한 에너지의 흐름도 변한다고 생각해 보자. 동태적인 변화과정으로 생각해 볼 때 체제가 가지고 있는 특성에 따라 어떤 욕망에 대해서는 적어도 에너지를 조절해주는 것이 사회적으로 합의하기가 쉽고 또 거래비용을 줄일 수 있다. 예를 들어 어느 정책을 시행하는 것이 사회가 가야 될 바람직한 방향과 부합되는데 이를 논의하고 합의하는데 에너지가 지나치게 자유롭게 분출이 되면 거래비용이 굉장히 커지고 조정하는데 상당히 시간이 걸린다. 실제로 그런 일이 많이 발생한다. 옛날에 3공, 5공 시절에는 공공적인 선을 위해서 공용 쓰레기 매립장을 건설한다든지, 원전시설을 건설한다든지 할 때 정부가 하는 일에 대해서 지역주민들이 전혀 반대할 생각도 못했고 그런 것을 당연하게, 쉽게 받아들였다. 쉽게 체념하고 쉽게 수긍하기 때문에 상대적으로 일을 하기가 매우 수월했다. 이건 사람들의 에너지가 부족했기 때문이 아니라 쉽게 조정이 되어서 '이쪽 부분에 대해서는 독재체제니까 튀어봤자 다칠 가능성이 높다'라고 판단하는 경우에는 그 욕망이 위험에 비해서 중요하지 않기 때문에 에너지가 분출이 안 되는 메커니즘으로 조정되었다는 것이다. 이러한 조정 메커니즘은 민주화이후 자유로운 에너지의 분출과정을 겪는 조정과정보다 훨씬 더 효율적이었고 사회적 비용을 줄일 수 있는 힘으로 작동했다. 소위 민주화와 관련된 딜레마이다.

시간이 흐르면서 사람들이 경제적인 욕망을 어느 정도 충족시키기 시작한 다음부터는 자아실현이나 인권존중, 배려와 인정 등과 같은 새로운 욕망이 중요해졌고 민주화를 통해서 과거에 억눌렸던 에너지가 폭발하게 됨으로써 그 에너지가 공격적인 측면도 동시에 갖게 되었다는 생각이 든다. 똑같은 에너지가 잘 조정이 되면 어떤 한 측면으로는 긍정적이고 성장지향적인 부분으로 발현이 되는데 다른 상황하에서는 남을 해치고 독한 측면으로 작동하는 그런 메커니즘이 분명히 존재하는 것을 볼 수 있다. 나쁜 에너지의 발현을 조정이라고 하는 측면에서 생각해 보면 동태적으로 욕망이 변화해 가면서 조정과정이 상응하지 않았을 때 발생하는 문제가 아닌가 하는 그런 생각이 든다. 이게 제도라고 얘기해도 좋고, 사회적 조정 메커니즘이라고 얘기해도 좋다. 한국형 모델에서의 부정적 양태와 관련된 지금의 상황은 사람의 욕망이나 에너지의 변화에 적절하고 충실하게 조응하지 못한 결과가 아닌가 생각한다. 구체적으로 어떤 것들이 어긋났는지 검토하는 체계를 잘 만들면 더 많은 설명을 할 수 있지 않을까 하는 생각을 했다.

홍 사실은 정책담당자들이 보통사람이 가지고 있는 욕망의 큰 흐름이 뭔지를 잘 모른다는 것이 큰 문제인 듯하다. 위정자들은 사람들이 등 따뜻하고 배부르면 된다고 생각하지만, 남한테 무시당하기 싫다는 욕망 같은 것이 더 중요할 수도 있다. 그런 것 때문에 논쟁이 이어져 온 것이다. 그런 점에서 보면 우리가 우리 시대의 한국사람들이 보편적으로 가지고 있는 욕망이라는 것을 정확하게 보지 못하고 있는 것이 아닌가 하는 생각이다. 자살률이 높다는 것은 우리 시스템이 사람들이 간절하게 원하는 그 무언가를 충족시켜 주지 못한다는 뜻이다. 예를 들어, 학생들이 학업 스트레스로 자살한다고 했을 때 이 문제의 원천이 학벌사회에 있다고 이야기할 수도 있지만, 더 근본적으로 들어가면 우리 사회의 약자에 대한 배려나 사회적 인정 시스템의 결함이 본질일 수도 있다.

장 욕망을 단순하게 전제하고 전체적인 상황을 보는 것에 문제가 있다는 것에 동의한다. 그러나 과연 어떤 것들을 고려해야 되느냐 하는 점까지 생각하면 매우 복잡해진다. 학벌이나 입시경쟁은 단순히 먹고사는 문제에서 비롯된 것이 아니다. 남들보다 돈을 많이 벌기 위해, 사회적으로 출세하기 위해 그렇게 기를 쓴다고 생각하는 것은 너무 단순하다. 그렇다고 그 대안이 무엇인지에 대해 아직 우리가 정확하게 모르기 때문에 우리의 고민이 존재한다.

유 사실 이 책에서는 해답을 구하는 것보다 좋은 질문, 영양가있는 질문을 던지는 것이 더 중요하다고 생각한다. 문헌을 많이 소개하는 것이 중요한 문제는 아닌 것 같고 중요한 질문에 대해 설명을 못하는 부분에 대해서 설명을 시도하려는 것이 우리에겐 중요한 목표 이니까 이제까지 문헌에서 잘 소개되지 않은 숨겨져 있는 질문을 제시하면 훨씬 읽는 사람들에게 다가갈 수 있을 것이다.

5

한국에서의 정치와 엘리티즘

장 이제 한국의 정치문제에 대해 논의해 보자. 한국사회에서 정치라고 했을 때 그 느낌은 상당히 부정적이다. 무언가 타락하고 협잡한다는 느낌이 일반 사람들에게 있다. 그러나 공식정치행위를 부정적으로 본다고 해서 정치인이 되는 것을 기피한다는 것은 아니다. 세상의 성공공식으로 보면 좋은 대학을 나와 좋은 직장에 다니고 돈을 번 후 정치를 하는 것이 마치 하나의 과정처럼 이야기된다. 그리고 일반 사람들도 사회에서 성공한 사람들이 정치를 해야 한다는 고정관념을 가지고 있다. 즉 정치는 엘리트가 해야 한다는 것이다. 이를 엘리티즘이라고 명명해 보자. 한국형 모델에서 정치를 논할 때 엘리티즘의 문제는 이래서 중요하다.

유 단적으로 국회의원이 되어 활동하는 것을 공식정치행위라고 할 때 한국의 국회의원들의 사회경제적 배경이 서구세계, 그리고 발전도상국가들과 어떻게 다른가를 비교해 보면 한국형 엘리티즘의 속살이 드러날 것이라고 본다. 현대 한국사회의 변화과정에서 주목할 점은 공식정치행위와 비공식적 정치행위간의 상호작용이다. 한국사회의 국가적 아젠다에 관한 의사결정과정을 보면 국회의원이나 관료같은 공식행위자도 중요하지만 NGO 나 시민단체, 그리고 연예인, 예술인, 학자를 포괄하는 사회적 명망가, 언론 같은 비공식적 행위자의 의견이 매우 중요한 역할을 한다. 특히 SNS의 발달에 따라 이러한 경향은 더욱 증폭되는 추세에 있다. 비공식 정치행위의 결정판은 언론이다. 한국의 언론은 이런 점에서 누구에게도 뒤지지 않는 막강한 영향력을 공식 의사결정과정에 과시해 왔다. 조중동으로 대표되는 보수언론과 한겨레, 경향 등과 같은 진보적 매체, 그리고 오마이뉴스같은 인터넷 신문, 새로운 언론환경으로 각광받는 SNS 등 한국 언론산업의 다채로운 모습은 한국의 정치상황과 밀접하게 연계되어 한국의 정치를 결정지워왔다. 최근 '나꼼수'같이 팟캐스트를 활용한 방식은 기술의 확산과 정보교류, 그리고 이에 기반하는 새로운 언론상황을 효과적으로 잘 보여주는 사례라고 본다.

박 '나꼼수'의 사례를 가지고 우리가 보아온 특징을 담아내면서도 새로운 환경에서 한국인들이 변하는 모습을 얘기할 수 있을 것 같다.

유 '나꼼수'의 FTA 반대와 촛불시위 등을 어떻게 보느냐 하는 것은 사람들의 시각에 따라 매우 다르겠지만 규범적인 문제들을 떠나 실증적인 측면에서 볼 때 이는 한국사회의 의사결정 메커니즘에 획기적인 변화를 가져 온 주요 사례로 생각된다. 공식적인 언론 환경이 어떻든 이제 순전히 기술적인 대응만으로도 사람들의 속마음과 닿을 수 있다면 누구라도 사회적 의사결정과정에 엄청난 영향력을 행사할 수 있다는 것이 입증되었기 때문이다.

박 시간에 걸쳐 한국형 정치가 어떤 변화과정을 겪었는지도 생각해 볼 필요가 있다. 예전부터 세대 간 대립구도, 즉 권력에 편입된 기성세대와 그에 반발하는 신세대, 즉 학생들간의 대립이 지속되어 왔다. 시간이 흐르면서 이들 학생들 중 지도부의 상당수는 기성 정치인 그룹에 합류하였고 이들이 현재 정치인 중 중견 역할을 하는 소위 386, 486 세대이다. 우리의 관심은 한국형 모델의 과거와 지금의 패턴이 달라졌는가 하는 것이다. 세대 간 갈등이 완화되는 양상인가? 아니면 다른 방식으로 오히려 심해졌나? 어떤 측면에서 변했고 변하지 않았는가? 이런 문제를 검토해야 한다.

장 오히려 심해졌다고 본다.

유 그렇다면 세대를 지나오면서 무엇이 바뀌었고 무엇이 문제가 되었는가? 과거 모형을 잘 정리하면 미래에 대한 예측이 가능하므로 이를 토대로 한국형 모델을 예측해 보자.

장 그래서 안철수 신드롬이 새로운 패턴의 일환으로 등장한 것이다. '나꼼수'의 FTA 반대집회에서도 결국 사회를 바꿀 수 있도록 개인들이 어떻게 할 것인가를 고민할 필요가 있다는 점을 확인시켜주었다. 과거와 같이 한 자리에 모여서 뒤집어 엎는 방식이 아니라 각자가 자기의 자리에서 즐기면서 저항하고 의견을 제시하고 그러다 가끔 모여서 문화공연형식을 통하여 공감하는 자리를 즐기는 방식으로 변하고 있다. 이는 사회참여방식의 혁명이라고까지 할 수 있다.

홍 집단주의적 속성을 벗어나 서양식의 개인적 자유, 개인적 의사결정이 더 중요해지고 더 의미 있는 세대로 바뀌었다는 것인가? 집단이기주의 속성이 아니면서 문제를 제기할 수 있는 방법을 요즈음 세대들은 택하고 있다는 것인가?

박 덧붙여 한미 FTA 반대는 집단주의적인 방식으로 이루어지지지만, 그럼에도 불구하고 그 속에서 과거의 집단주의와는 차별화되는 모종의 개인주의가 함께 발견된다는 의미인가? 그래서 그 공존이 불안하다고 보는 것인가?

장 그렇다. 한국사회가 현재 패러다임의 변화 속에 있다. 나꼼수, 안철

수 현상이 분명히 서로 연결되어 있고 그 둘의 공통점은 한국형 모델 중에서 다이나믹 코리아의 측면이 발전되고 있다는 것을 생생하게 보여주는 현상이라는 것이다.

박 좀 더 구체적으로 이야기해 본다면?

장 기본적으로 개인의 자유와 언론의 자유에 대한 강한 추구, 그리고 권력의 사유화에 대한 본능적 거부감으로 해석할 수 있다.

유 이렇게 해석하는 사람들도 있다. 노무현 전 대통령을 따르는 사람들을 보면 그렇게도 충성적인 그룹이 노 전 대통령 죽음 이후에 물리적 테러 없이 지나갔다는 것은 상당한 변화라고 보는 견해가 그것이다. 그 사건과 관련하여 테러를 한다거나 폭력적인 행보를 보이지 않았고 시민운동의 경계를 넘지 않았다. 이것은 과거 군사정권에서의 데모와 같은 현상과는 다르다고 볼 수 있다.

장 대단히 중요한 지적이다.

홍 문민정부가 될 시점, 87년 즈음 형식적 민주주의가 시작되었다. 그러나 학교나 조직 내부로 들어오면 여전히 권위주의가 그대로 존재하고 있었다. 어떻게 보면 그 이후에 주어진 목표는 실질적인 민주주의, 미시적 단위에서의 민주주의로 볼 수 있는 것이다. 예를 들면, 권력의 사유화(가령 직책과 사람을 혼동하는 것)는 전근대적인 것인데 아직 청산되지 않고 있다. 사회 전체의 민주화에도 불구하고 계속 남아 있는 상태이다.

유 세대가 바뀌면 권위주의가 바뀔 수 있다고 보는 주장도 있다. 어느 선까지는 젊은 세대가 대부분이기 때문에 젊은 세대 안에서는 상당히 권위주의가 깨졌다고 볼 수 있지만, 여전히 한국의 리더집단, 고위공직그룹에서 보면 권위주의가 지배적이다. 훨씬 중요한 의사결정을 장년세대가 하고 있기 때문에 전체적으로 보면 권위주의가 상당하게 남아있다고 볼 수 있다.

6

낙인찍는 사회

명품열풍과 중독

유 이제 한국사회에서의 실패와 관련된 문제, 사회적 낙인에 대해 논의해 보자. 먼저 집단주의적 속성을 보면 똑같은 행동에 대해서 그룹내 사람들(ingroup)과 바깥의 사람들(outgroup) 간에 다른 견해를 보인다는 점이 주목된다. 같은 그룹 내에서 낙인을 찍는 것은 상호성을 위반할 때이다. 이러한 낙인은 사실 우리의 큰 관심사는 아니다. 반면에 다른 그룹끼리의 관계에서 낙인을 찍는 것은 경쟁적 관계하에서 그 경쟁에서의 패배자 그룹에게 향한다는 속성을 가지고 있다. 이러한 차이 때문에 그룹형성(grouping)과 관련된 다이나믹스에 관심을 가질 필요가 있다. 어느 경쟁에서 예컨대 특정한 그룹 (성공한 그룹)이 형성되었다고 하자. 이때 실패한 그룹은 그러한 경쟁에서의 패배를 만회하기 위해 다른 측면에서의 경쟁을 통해 이기는 그룹(winner group)으로 편입될 것을 시도할 것이다. 일반적으로 학벌이나 교육과 관련되어 승리자 그룹에 들어가지 못하는 경우 패자부활전을 노리거나 다른 경쟁에서의 승리자 그룹으로의 진입을 시도할 것이다. 어떤 특정한 그룹형성이 사회적 낙인과 관련하여 핵심적인 것이라면 다른 경쟁을 통한 승리자 그룹으로의 진입시도보다 패자부활전을 통해서라도 승리자 그룹에 진입하는 것이 더 영양가있는 투자가 될 것이다. 이 때 패자부활전을 통한 그룹형성은 더 절실한 사람들의 모임이므로 그 사회적 네트워크가 훨씬 촘촘하고 긴밀하게 된다. 명문대학의 야간대학원은 그러한 속성을 가진 한 예로 볼 수 있을 것이다. 우리나라 사람은 굉장히 많은 그룹에서 활동하고 있는데 그 그룹의 위상이 다 다르다. 사실 한국사회에서 수없이 많은 친목단체의 출현은 이러한 그룹형성의 중요성을 웅변하는 것이다.

홍 그룹형성과 관련된 문제는 비교문화사나 심리학에서 아주 중요한 분석주제이다. 집단을 형성하는 단위가 무엇인지 중요하다.

유 한국은 다이나믹 코리아의 특징에 따라 그룹의 생성과 변화가 다른 나라보다 빠르고 다양하다. 그렇게 때문에 그룹이 안정적이지 않으며 불확실성이 높다. 그룹이 계속 다이나믹하게 변하다 보니 불확실성에 따른 위험을 줄이기 위해 개인은 끊임없이 많은 그룹에 발을 걸쳐 놓을 수 밖에 없고 그렇게 때문에 실제 별 효과가 없다.

홍 집단은 중요하다. 예전 혈연사회처럼 단순하지가 않다. 훨씬 복잡하기 때문에 이것이 불안정한 것이고 복합적이면서 다이나믹한 요소이다.

유 최봉영이『한국사회의 차별과 억압』이라는 책에서 언어습관을 통해 차별과 억압의 문제를 접근하는 내용을 보면 굉장히 재미있다. 이 저자의 주장은 한국사회에 억압과 차별이 심한 이유를 언어 때문이라고 주장한다. 우리나라처럼 존비어 체계가 발달한 국가가 없다는 것이다. 예컨대 중국말은 호칭은 변하는데 말은 변하지 않으며 수평적이다. 공자의 이야기를 우리나라에서 번역한 것을 보면 권위적인데(공자는 반말을 하고, 제자는 존댓말을 하는 것으로 번역) 실제 중국어로 보면 굉장히 대등하게 토론한 것을 알 수 있다. 검찰 동기생이 총장이 되면 고위 간부들이 옷을 벗는 이유를 이 사람은 이러한 관점에서 설명한다. 즉 언어 때문에 관계가 껄끄러워지기 때문이라는 것이다. 이 상황을 모면하기 위해 우리나라 사람은 높은 지위를 지속적으로 추구한다. 대상에 따라 말 자체가 다르게 나타나는 것이 차별과 낙인에 결정적인 영향을 미친다는 주장이다.

장 자료가 있다면 국가별 횡당면 실증분석을 하면 흥미롭겠다. 뿌리에 관한 것, 제도에서 가장 근본적인 결정 요인이 바로 언어가 아닌가?

홍 언어가 그 사회를 반영하는 것은 확실하다. 언어를 파악하면 그 사회를 파악할 수 있다.

장 한국과, 중국, 일본에서 동양적 가치의 차이가 무엇인가? 가령 언어나 낙인이나 집단주의 측면에서 한국만이 가지고 있는 특징은 무엇일까?

유 일본의 경우 역사적으로 워낙 쉽게 남에게 당할 수 있기 때문에 위험기피적이며 따라서 참을성이 강하다. 하지만 우리의 경우 언어적으로 무시당하면 대개 참지 못한다. 야자타임이 생긴 건 일본식 접근이다. 우리나라는 뒤끝이 있어서 어렵다. 우리는 혼자서 떠들거나 입을 닫거나 패거리를 만들어서 떠든다. 반면에 미국은 공개적으로 토론을 한다.

장 그 나라의 서열구조의 핵심을 언어의 체계로 측정 할 수 있다면 중요한 독립변수로 사용할 수 있다.

유 인터넷이 우리를 굉장히 혼란스럽게 만들었다. 인터넷은 수평적 언어이기 때문에 오프라인과 온라인에서의 언어적 갈등이 발생하게 되었다. 경쟁에서의 패배자에 대한 사회적 냉담은 사람들의 언어습관에서 즉각적으로 반영된다. 즉 상대편에게 어떤 식으로 이야기하느냐에 따라 그 사람과의 관계가 설정되는 것이다.

장 우리나라는 오랫동안 인지적 능력이 우수한 사람들은 과거시험 등을 통해 출세할 수 있는 통로가 있었으나 그 밖의 경우 출생배경에 따라 주어진 가난을 면하기 어려웠다. 과거시험, 대학시험 등에 의하여 인생이 결정된다면 인지능력이라는 한 쪽 측면만으로 사람을 평가하는 왜곡을 낳게 될 것이다. 사실은 창의성이나 리더십, 소통능력, 공감능력 등이 매우 중요한데 이 모든 것에 우선하여 학습능력이 우수한 사람들을 우대하는 사회제도가 형성된 것은 불공평하다. 더욱 큰 문제는 이러한 학습능력의 차이에 의한 성취의 차이 때문에 유사신분관계가 형성되고 그것이 일생에 걸쳐 지속되는 구조에 있다. 교육에서의 낙인은 이러한 점 때문에 특히 무섭고 비효율적이다.

유 왜 다이나믹한 그룹형성(grouping)을 하나? 낙인을 당하면 새로운 그룹으로 탈피하고 이동하고자 하기 때문이다. 낙인효과가 강하면 할수록 그룹형성(grouping)에 더 적극적이고, 그럴수록 그룹이 불안정해지기 때문에 더욱 다이나믹한 그룹형성(grouping)에 매달릴 수밖에 없다. 과거 경쟁에서의 실패로 얻은 낙인 효과가 지배적이게 되면 회피하려는 노력이 생길 수밖에 없다. 그것이 새로운 그룹을 자꾸 생성하게 하는 원동력이 아닐까? 결국 한국사회에서 그렇게 수없이 많은 친목단체들이 우후죽순격으로 나타나는 이유는 어쩌면 그만큼 지배적인 경쟁에서의 패배 (즉 학벌경쟁에서의 실패)가 치명적이라는 것을 방증하는 것일 수도 있다.

장 정말 성공한 사람들을 봐라. 좋은 대학 나왔나? 왜 학벌 문제가 사람들이 두려워 할만한 낙인효과가 되었는가? 이것을 설명해야 한다. 왜 학벌이 사회적 낙인의 기준이 되었을까?

홍 경쟁이나 능력주의에 부합되기 때문에.

장 그러한 측면에서 우리나라 산업화의 특징을 살펴보면 크게 두 가지로 나누어 볼 수 있다. 첫째는 산업화의 방식 자체가 좋은 일자리와 그렇지 않은 일자리를 명확히 구분하여 좋은 일자리에 정부의 자원이 집중되었다. 고도 압축 성장을 하다보니까 정부가 모든 자원을 동원했다. 정부는 재벌기업들이 해외시장에서 외국기업과의 경쟁에서 이기게 하기위해서 이러한 자원을 몰아주었다. 이 재벌에서 안정적이고 보수가 높은 자리가 많이 생기게 되었다. 그 다음 좋은 일자리라는 것이 공무원, 언론사, 금융 사무원, 판검사 등 말고는 없었다. 둘째, 이러한 좋은 일자리는 직무능력이나 자질의 다양성 측면을 고려하여 선발하는 것이 아니라 공채 시험을 통하여 배분되었다. 이러한 시험은 객관식인데, 우리나라처럼 신뢰가 부족한 나라에서의 평가기준은 객관식일 수 밖에 없었다. 이러한 객관식 시험에 대한 대처능력은 학벌을 통하여 향상될 수 있었다. 시험과 학벌을 통하여 좋은 일자리가 대물림되는 구조가 형성되고 있다. 사교육시장의 번창은 이러한 구조가 고착화되고 있다는 증거이다.

홍 학생이든 상품이든 평가기준이 표준화, 단일화, 획일화 되어있다. 이렇게 하는 나라는 없는데 왜 그럴까? KS마크나, 학생평가 기준 등등

유 못 믿기 때문이다. 왜 못 믿느냐? 서로 평가와 판단의 잣대가 다르기 때문이다. 네트워크 안에 있는 사람에게는 매우 후하고, 외부에 있는 사람에게는 매우 각박하기 때문이다.

홍 집단 내에서는 트러스트가 높은데 집단 간에서는 트러스트가 낮기 때문에 여러 집단을 균형있게 고려하기 위해서는 평가가 획일적일 수밖에 없다.

장 이 문제를 개인의 입장에서 생각해 보자. 한 그룹에 대한 개인의 의존성이 상대적으로 낮아서 그룹 간에 얼마든지 자유로이 이동할 수 있게 된다면

집단 간 신뢰, 혹은 사회적 신뢰가 높아질 수 있다는 가설이 성립될 수 있다.

홍 집단 간 이동이 자유롭다는 것은 거꾸로 집단이 중요하지 않다는 것이다. 우리가 이야기하는 집단은 이동이 자유롭지 않은 집단이다.

유 대표적으로 학벌은 이동하기 불가하다. "국적은 바꿀 수 있어도 학적은 바꿀 수 없다"고 하지 않는가? 사실 이 점이 학벌에 따른 그룹형성이 문제가 되는 이유이기도 하다. 그런데 어떤 사회에서는 교육기관을 통한 사회적 네트워크의 중요성이 별로 없는 경우도 있고 사라지는 경우도 있는데 우리의 경우 좀 유별스런 것 같다. 지금 나이에도 교수를 뽑을 때 현재의 능력이 좋아도 대학 학벌이 별로 좋지 않으면 의사 결정할 때 다시 한 번 고려를 하는 경우가 흔하다. 굉장히 합리적인 사람들도 사람을 평가할 때 그 사람의 학벌에 의해 의사결정에 영향을 받는다. 그것이 우리나라와 다른 나라의 차이이다. 우리에게는 왜 지금 능력은 고려하지 않고 하버드를 나왔다는 그 과거사실이 더 중요한가? 이것이 사실이면 학벌이라는 것이 강력한 사회적 네트워크라고 할 수 있는데 한국사회의 다이나믹하고 불확실한 상황과 어떻게 연결할 수 있을까?

홍 성장을 이루었으나 왜 불행한가에 대한 우리의 주제와 관련하여 논문을 찾았다. 심리학에서 동기부여(motivation) 분야에서는 목표를 설정하는 사람이 그렇지 않는 사람에 비해 성취확률이 높다고 한다. 그러나 기준치(reference)를 달성하지 못 했을 때 오는 고통이 크기 때문에 우리나라처럼 수출 목표, 올림픽 메달목표를 구체적으로 정해놓으면, 전체성과는 좋을 수 있으나 개개인은 불행할 수 있다.

유 외국의 경우에는 기준점이 하나가 아니라 다른 목표도 갖고 있어서 성공과 실패에 상관없이 긍정적 기분을 유지하게 하는 대안을 마련해 둔다. 그래서 실패하더라도 나쁜 기분을 다른 목표의 성과로 인해 보정하려고 한다. 그러나 우리나라는 목표가 일원화되어 있어서 실패의 감정을 긍정적으로 보정해주지 못한다. 대안이 없는 실패는 더욱 불행하게 하는 것이다.

장 이것은 개인주의, 집단주의와도 연결될 수 있다.

홍 우리나라는 목표가 집단적으로 주어지기 때문에 대안이 없을 수 있다. 그러나 반대로 생각하면 개인의 실패나 불행이 아니기 때문에 같은 집단을 통해 위안을 삼을 수도 있지 않을까?

장 한 편으로는 개인이 집단 속에서 적응하면서 하나의 목표를 향해 가는 과정도 쉽지는 않은 일 같다. 또한 IMF 금융위기 이후 개개인에 대한 보상을 장담할 수 없었던 상황에서는 집단 속에서 성과를 낼 유인이 부족했을 것이다. 그래서 집단주의 문화의 부정적 측면을 해결하고자 외국의 개인주의 문화가 도입되고 개인별 성과급 체계로 바뀌었다. 개인이 집단 속에서 일정부분 긍정적으로 작용할 수도 있을 것이고, 부조화로 인해 성과가 떨어질 수도 있을 것이다.

7

앞으로의 연구방향

유 이제 논의를 좀 정리해야 할 것 같다. 우리는 한국형의 특징을 다이나믹 코리아와 냄비근성으로 요약하고 이러한 특성에 따라 나타나는 현상들을 다양한 측면에서 설명해 보려 하였다. 이제까지 우리는 박정희모형, 정치와 엘리티즘, 한국형 자본주의, 사회적 낙인, 명품열풍과 중독, 전쟁으로서의 교육 등에 관해 논의해 보았다. 사실 우리의 키워드를 대충 나열해도 우리가 생각하는 중요한 문제들은 대부분 망라된 듯하다. 앞으로의 연구를 위해 어떤 것들이 중요한지에 대해 정리하는 시간을 가져 보자.

먼저 다이나믹의 사생아, 냄비근성에 대해 좀 더 이야기할 필요가 있을 것 같다. 집단주의적 문화를 가진 개인들이 전체적으로 틀리다는 느낌을 가지고 있고 그것을 알고 있어도 사실은 그걸 바꾸기가 굉장히 어려운 상황, 그것이 바로 냄비근성이 나타나는 환경이다. 여기 뭔가 잘못 된 것 같은데 잘못 된 걸 알지만 나도 거기에 편승하는 것이다. 다른 사람이 욕하면 나도 욕하는 메커니즘. 사실 어느 집단에 속해있으면서도 자꾸 불안한 것이 그런 이유이다. 자신, 또는 확신이 없는 것이다. 애들의 왕따상황에서도 그게 나타난다. 아이들을 보면 개인적으로 전혀 그렇지 않은 아이도 악의적인 집단의 한 일원으로 등장한다. 본인은 아무리 도덕적으로 각성을 하고 있어도 집단적인 흐름이 그렇게 갔을 때 이를 거슬러 가는 것이 두렵고 불안한 것이다. 그 두려움의 원천이 뭐냐? 이는 사실 우리의 역사에서 찾을 수 있을 것 같다. 가까운 과거, 예컨대 일제치하나 전쟁상황에서 집단이 전체적으로 잘못되어 나갔을 때 사회 전체적으로 이를 교정해 주는 메커니즘이 전혀 존재하지 않았기 때문에 개인이 이를 거스르는 경우 대부분 본인만 피해보는 경우가 많았다. 한국전쟁은 이런 상황을 극단화하였다고 본다. 적과 동지를 구별해야만 하는 전쟁상황에서 대부분의 사람들의 선택을 거스르는 경우 극단적인 처벌의 위험에 노출되게 된다. 실제로 이런 사례는 역사적으로 아주 많이 찾을 수 있다. 이러한 역사적 경험이 축적되어 일종의 처세술로 보편화된 것이 보신주의고 이러한 보신주의는 대세추종의 힘을 낳아 냄비근성의 나쁜 에너지가 확산되는 기본 토양이 되었다고 본다.

홍 그렇다면 그 냄비근성이라는 것도 일종의 집단성, 집단주의에서 시작된다고 볼 수 있을 것 같다. 두려움과 불안의 원천은 결국 집단에 있으니까.

유 집단의 속성도 봐야 할 것 같다. 만약 집단이 다원주의 속성을 가지고 있었다면 단순히 가치가 다르고 지향점이 다르다는 정도면 그냥 서로 인정하고 서로 배려할 수 있을 텐데 우리 경우에는 집단끼리 충돌을 했을 때 상당히 많은 경우에 그 집단을 친구냐 적이냐로 구별하는 습성이 있다. 예를 들면 전라도, 경상도 이런 것이 그런 것이다. 집단이라고 하는 것 그 자체가 문제가 되는 것이 아니고 집단 사이의 갈등이나 심지어는 전쟁 상황까지 고려한 적과 동지를 현저하게 구별하는 메커니즘이 존재하기 때문에 사실 개인적으로 선택을 강요당할 수밖에 없는 구조가 되는 것이다. 우리가 가지고 있는 집단이라고 하는 속성이 단순하게 이익에 따라서 형성되고 자유롭게 해체되는 것이 아니고 집단끼리의 갈등이나 대립으로 본인이 스스로 선택하지 않고 있어도 결과적으로는 선택이 되어 있을 수 밖에 없는 그런 구조를 만들어 주는 그런 경우가 분명히 있다. 우리나라의 정치가 살벌한 이유도 여기에 있을 것 같다.

박 집단주의는 한국만의 특성이 아니라 전세계의 공통된 특성이라고 보아야 하지 않을까? 그런 점에서 한국의 집단주의가 외국의 집단주의와 어떤 차별화된 특성을 갖는지에 대한 미시적이고 구체적인 논의가 필요할 것이다. 똑같은 정책을 쓰더라도 한국인들의 특성이 어떤가에 따라서 전혀 다른 결과를 낼 수도 있다는 문제의식에는 전적으로 공감을 한다. 그러나 그 문제의식이 설득력을 가지려면 구체적인 사례가 같이 언급될 필요가 있다.

장 역사적으로 볼 때 통치세력과 피통치자인 일반시민사이에 완충역할을 하는 자발적이고 창의적인 시민조직이 부재했다는 사실이 매우 중요한 것 같다. 그래서 사람들이 의지할 곳이라는 게 집단적으로 보면 기회주의적인 속성을 가질 수밖에 없는 향우회, 동창회, 각종 친목단체밖에 없었다. 다시 말해 근대적으로 참여하고 그 속에서 소속감을 느끼고 연대적 가치를 느낄 수 있는 시민사회의 근대적 조직이 아직 충분히 형성이 되지 못해서 냄비근성이라는게 아직도 두드러지게 나타나는 것이 아닌가하는 생각이 든다.

박 한이나 신명이라는 한국의 고유한 특징들이 한국인 특유의 집단주의와 어떻게 연결되는지에 대한 이야기도 필요할 것 같다.

홍 한국인의 한은 집단이 집단 소속원들한테 가하는 속박이나 억압이 끊임없이 지속되고 있었다는 차원에서 설명이 가능하다.

박 한국의 경우 서양보다 집단이 개인에게 행사하는 억압의 정도가 더 컸고, 게다가 그 억압에 따른 스트레스를 분출할 통로도 없었다?

홍 아니 그 차이는 계속 얘기 했던 건데 그 쪽은 집단이 정당이든지 뭐든지 스스로 선택의 대상이었던 거고, 우리의 경우 집단의 원형은 연고주의 특히 지연, 혈연이니까 선택의 여지없이 바로 소속되었다는 차이가 있다. 사실 이 점에서 학연에 따른 집단주의는 매우 독특하다고 할 수 있다.

박 미국은 개인이 자신의 선호에 따라 집단을 스스로 선택했고, 우리는 그렇지 않았나는 취지의 말씀이라면 동의하기 어렵다. 미국의 경우 남부 같은 경우는 인종주의 정서가 굉장히 강한 지역인데, 이를 각 개인의 선택에 의한 결과라고 보기는 어려울 것 같다. 가족과 지역 공동체 내에서 전승되고 고착화되고 이렇게 되는 측면이 큰 것 같다.

홍 인종은 분명히 그렇다. 사실 남녀도 그렇고. 그러나 양자 모두 좀 더 보편적인 것 같다.

유 이게 층위가 다른 건데 어떻게 보면 예를 들어서 우리가 집단이라고 했는데 집단을 조금 더 구체적으로 들어가 보면 아까 말씀하신 것처럼 내가 원했건, 원하지 않았건 소속되는 집단이 대표적인 게 지연에 의한 집단이다. 냄비근성이 발현되는 메커니즘을 보면 많은 경우 우리가 가지고 있는 공통적인 공동체 의식에 기반하고 있다. 예를 들면 '군대는 반드시 가야 한다'는 보수적인 가치관에 따라 군대를 가지 않은 연예인과 같은 인사들에 대한 무차별한 공격이 정당화된다는 것이다. 또 다른 문제로 공정성에 대한 이중잣대의 문제를 들 수 있다. 누구나 하는 일이지만 그리고 모두 그 사실을 알고 있지만 일단 표면화되면 공론의 장에서 어마어마한 도덕적 질타를 받게 되는 구조를 우린 청문회를 보면서 숱하게 보아 왔다. 냉정하게 말하면 아무도 그런 공정성을 갖고 있지 못하면서 남한테 요구를 하는 것이다. '너는 공직자니까 혹은 유명한 사람이니까 너는 남보다 더 공정해야 되고 더 정직해야 된다'라는 어떤 사회적 강요인데 사회적 강요가 당연스럽게 받아들여지는 메커니즘이 지금 낙인찍는 구조라는 것이다. 이 구조에서 주목할 점은 어떻게 보면 이것이 공식적인 우리 정치적인 발언권의 구조, 정당이라든지 공식적인 정치활동을 통해서 얻을 수 없는, 사회적 약자가 자기의 발언권을 강화하는 메커니즘이라는 것이다. 예를 들면 군대 문제라든지 공정성의 문제라든지가 주로 유명한 사람이나 사회적으로 목소리가 높은 사람들에 대해 초점을 두고 공격적으로 나타나는데 주목할 필요가 있다. 냄비근성에 두 가지 측면이 있는데 하나는 사회적 약자를 짓밟는 냄비근성이 있고, 또 하나는 사회저명인사를 향한 공격성이 있는데 차이점은 소위 저명인사를 공격하는 메커니즘은 평소에 소외됐던 발언권을 약자들이 회복하는 어떤 소통의 통로가 아닌가 하는 생각이 들 때가 있다. 공식적인 정당 활동을 통한 발언권의 확보가 아니고 집단적인 흐름에 동참하면서 발언권이 강화되어 나타난다는 것이다.

장 근데 전반적으로 봤을 때 한국 사람이 위대한 것 아닌가 싶다. 다이나믹 코리아 측면이 강하다는 생각이 든다. 시간이 지나면 지나갈수록 젊었을 때 눈에 거슬렸던 불합리성들이 줄어드는 것 같다. 선진국과 격차가 엄청나게 벌어진 상황에서 그것을 인식하고, 삼성, LG 이런 기업이 SONY를 추월하는 이런 것은 재벌문제를 검토할 때 그게 어떻게 해서 가능했는지를 설명하지 못하면 재벌에 대한 온전한 설명이 아니라고 본다. 그런 면에서 봤을 때 우리가 박정희 모형을 얘기 할 때도 박정희 개인의 리더십의 특성에 따라 발생한 것이 아니라 한국 사람의 신념, 뭔가 목표가 정해지면 목표에 대해서 자기의 이해관계 또는 가족의 이해관계가 일치가 되면 그것에 대해서 온 에너지를 쏟아 붓는 자기희생의 정신이 이게 대단히 강하게 나타난 것으로 보아야 한다는 것이다. 자기가 좋아하는 것, 자기가 하고 싶어 하는 일, 자기 취미, 자기 선호를 중심으로 움직이는 것이 아니라 다른 사람의 눈높이에 맞추고 이들이 나의 희생을 인정해주는 데서 보람을 느끼는 것이다. 인정받으면 온 에너지를 쏟는 것이다.

박 그런 점에서 보자면, 한국형 모델의 핵심 중 하나는 가부장제 리더십이고 이 가부장제 리더십이 박정희 모형의 본질이라고 본다. 가부장은 바깥 세상이란 대단히 위험하고 거친 약육강식의 공간이라며, 구성원들에게 절대적인 복종을 요구하고 그 반대급부로 빵을 제공하며, 이 과정에서 경제성장이라는 목적이 어떠한 수단도 정당화한다. 그런데 이 리더십에는 빛과 그림자가 있다. 가부장주의가 실서와 보호 그리고 규율을 제공하는 것은 분명하다. 하지만 개인의 창의를 억압하고 반대를 용납하지 않으며 구성원들을 동원과 통치의 대상으로 삼는다는 결정적인 문제점도 있기 때문이다.

유 김일성모형하고 뭐가 다른가?

장 대단히 비슷한 거다.

유 그러면 김일성모형은 왜 실패했나?

박 외부의 선진기술이나 문물을 적극적으로 수용하는 문화가 없었다거나 재산권을 보장하지 않아 경제활동의 충분한 동기를 제공하지 못했다거나 등 여러 설명이 가능할 것이다.

유 지금 얘기는 모형의 차이가 아니고 사실은 정책의 차이다. 정확하게 말하면 비슷한 메커니즘을 가지고 있었는데 한 쪽은 나름대로 올바른 정책을 채용한 거고 다른 한 쪽은 잘못된 정책을 썼다.

박 정책의 차이가 성장의 엄청난 차이를 가져왔다는 주장에는 동의한다. 하지만 정책보다 조금 상위 차원에 있는 비전이나 전략 차원에서 남한과 북한의 두 지도자 사이에 큰 차이가 있었다는 점도 중요한 요인이 아닐까?

유 사실은 이게 굉장히 어려운 숙제다. 일반적으로 신흥독립국은 대부분 가부장적인 리더십 혹은 독재적인 리더십을 가지고 있는데 독재적인 리더십을 가지고 있는 많은 나라 중에서 몇 개의 국가들이 성공했다. 성공의 원인이 뭐냐라는 얘기를 할 때 우리가 박정희 모형을 자꾸 얘기하는 이유가 바로 그 점이다. 왜 성장의 이륙(take-off)이 그때 일어났느냐가 핵심인 거다. 그게 자연스럽게 과거 역사의 흐름에서 이어져 나온 것이라고 해석한다면 사실 박정희모형은 별게 없는 거다. 아니면 뭔가 '리더쉽과의 상호작용이 잘 일어났다'라고 해석한다면 진짜로 훌륭한 리더십이 존재했다는 것이다. 그 리더쉽의 실체가 뭐냐 이걸 우리가 얘기해야 한다.

홍 결국 한국인 고유의 집단주의적 특성을 경제성장과 제대로 연결시킨 것이 박정희고 이승만은 그걸 못했다. 우리나라 사람은 '이거 너한테 이익 되니까 해'라고 하면 아직도 부끄러워하고 좀 어려워하는 것 같다. 박정희 때도 분명히 그랬다. 결국은 내용으로는 개인한테 이익이 될 지라도 최소한 겉으로는 그렇게 제시하면 안 된다. 이런 것을 효과적으로 조정하는 시스템을 박정희모형이 가지고 있었다고 본다.

유 만약 그 해석이 맞다면 사람들이 개인적인 인센티브보다는 집단의 인정을 받는 것이 더 중요한 동인이다 라는 해석이 나오는데 왜 집단으로부터 인정을 받는 게 중요한 인센티브가 됐을까? 집단에서 인정을 받는다는 것은 집단에서 주류, 즉 메인 스트림에 합류한다는 것을 말하는데 왜 메인스트림이 되려고 할까? 그것은 사실 아까로 다시 돌아가는데 결국 집단에 대한 두려움 때문에 아니겠는가. 집단의 변방에 있으면 언제든지 제일 먼저 당할 가능성이 높다. 그런 배경이 있지 않은가 하는 생각이 든다. 그건 끊임없이 집단끼리의 갈등, 대립을 상정하지 않으면 얘기하기 어려운 부분이 아닌가 한다.

홍 결국 지금까지 얘기한 것이 다 벗어나지 않고 하나라고 본다. 뭉뚱그려서 집단주의로 요약할 수 있다. 정서적으로 집단에 속해 있을 때 안정감을 느끼고, 집단 전체를 위한다는 명분하에서 물불 안 가리고 하고, 그리고 집단이 중요하니까 집단 내에서 최고의 수장이 되려고 하는 것은 당연히 나오는 거다.

유 우리가 뭉뚱그려서 박정희 모형이라고 했지만 결국은 연속적인 경제의 발전과정에서 어느 단계에 대한 하나의 해석으로 간주할 수 있다. 그 단계를 재벌체제나 수출경제로 부를 수도 있고 그냥 편하게 박정희모형이라고 할 수도 있을 텐데, 크게 한국형 모델이라고 하는 독특한 에너지의 흐름에서 박정희가 차지하는 역할이 무엇인지가 중요할 것이다. 한국형 모델의 특징을 냄비근성과 다이나믹 코리아라고 했을 때 결국은 이 두 가지를 동시에 극대화 시키는 어떤 제도적인 충격을 준 사람이라고 얘기할 수 있을 것 같다. 긍정적으로 보면 한국인의 신명이 극대화된 시기라고 볼 수 있지만 비판적으로 보면 남을 공격하고 헐뜯는 이런 부정적인 에너지 -대표적으로 지역감정- 또한 극대화된 시기이기도 하다. 박정희모형에 대한 평가가 엇갈리는 것은 아마도 이러한 특징, 즉 다이나믹 코리아와 냄비근성이라는 긍정적 에너지와 부정적 에너지가 모두 극대화되어 나타난다는 점 때문일 것이다. 그 이유의 근원을 찾자면 박정희라는 개인의 특징과 당시에 그 사람이 쓴 전략의 특징을 검토해야 할 것으로 보인다.

장 '북유럽모형 또는 독일모형, 프랑스모형, 미국모형, 일본모형 이렇게 얘기 했을 때 그 모형에 있어서의 장점은 많이 얘기 하는데 '일본모형에 그림자가 없을까?' 또는 '독일모형의 성장방식에 그림자는 없을까?'분명히 있을 것이다. 분명히 있을 텐데 우리는 상대적으로 그 점에 귀를 기울이지 않았고 그렇게 때문에 다른 나라의 모형의 장점을 상대적으로 과대평가하고 있는 것이다. 반면 우리는 한국에 살고 있기 때문에 한국의 그림자를 잘 안다. 우리의 장점이나 성과보다는 그림자가 우리같은 비판적인 지식인들 눈에는 많이 들어온다. 양극화, 자살률, 비정규직문제 등 여러 가지 부정적인 측면, 그림자 측면을 우리와 성장단계나 소득이 비슷한 나라보다는 OECD국가들과 단순 비교를 많이 하고 문제투성이라는 인식을 하고 있는 것은 아닌지 모르겠다. 그런 면에서 봤을 때 좀 더 정확한 비교분석이 중요하다는 생각을 한다. 한국형 모델의 빛과 그림자가 왜 하필이면 박정희 단계에서 형성되었는가? 박정희식 가부장적 리더쉽때문이라고도 볼 수 있지만 그 측면보다는 시대적 배경이 더 중요하다고 본다. 당시는 한국경제가 이륙단계(take-off)에 있었고 이는 차를 시동 걸 때와 비슷하게 엄청난 에너지가 흡수되어야 하는 단계이다. 박정희 모형의 두드러진 장점 하나는 일단 방향을 정했어도 그것에 오류가 발견되면 자기 오류의 수정과정을 가졌다는 거고 그것이 특히 해외시장에 대한 수출 메커니즘에 의해서 보장되는 구조였다는 것이다. 이게 근본적으로 김일성모형과 다른 것이다. 김일성모형이 성공하지 못했던 것은 리더 혹은 지식인이 그려놓은 세상의 모습대로 사람들이 개조될 수 있다는 환상이 깨지려면 끊임없이 다른 사회와 교류하고 경쟁하는 과정이 있어야 하는데 개방되지 않은 사회에서는 틀 안에 갇혀있게 되고, 그것을 인식하고 깨닫는 사람이 있다고 하더라도 의사결정의 주류가 되지 않는 한 오류를 수정하기 어려웠다는 것이다. 박정희정권이 독재정권이었음에도 오류수정이 가능했던 것은 제도적으로 국회의원 및 대통령선거가 작동하였고 외부적인 경쟁의 압력 때문이었다고 볼 수 있다.

박 박정희 모형과 김일성 모형의 차이를 지도자나 엘리트들의 유연성과 개방적 자세 그리고 경쟁규율의 유무에서 찾는 인식에 대해서는 전적으로 동의한다. 다만, 우리의 경쟁방식과 관련해 정부는 대표선수를 선발하고 관리하는 과정에서 산업정책을 통해 무제한적 경쟁이 아닌 관리된 경쟁을 유도했다는 점을 추가로 강조하고 싶다.

유 소위 경쟁적 훈련(competitive discipline)이 가능했다는 것이다. 경쟁적 훈련이 시장에서 올 수도 있지만 정량화된 목표를 주고 달성여부를 객관적으로 확인하면서 모두에게 수긍할 수 있는 강력한 유인을 제공하여 그러한 환경을 조성할 수도 있다. 박정희 모형은 민관협력체제를 통해 대기업들에게 이러한 경쟁적 훈련을 효과적으로 체화시킬 수 있었다.

장 재벌은 사실 국내적으로는 독과점적 지위를 가지고 있다. 말씀하신 것과 같이 재벌을 훈련시킨 것은 수출이다. 재벌은 해외시장의 경쟁에 노출되어 있다. 노출되도록 끊임없이 박정희가 규율했다. 객관적으로 분명하게 측정되는 잣대를 들이대고 통과하면 떡을 주는 방식으로.

박 북한은 그렇지 않았다?

장 북한은 그렇지 않았죠

박 그런 규제가 없었고, 경쟁이라는 것이 아예 없었던 거다?

장 그게 다 차단 된 것이다. 박정희도 독재이기 때문에 부패할 수밖에 없다. 하지만 두 가지 측면에서, 하나는 그래도 복수정당제를 통해서 선거제도가 형식적으로 존재했었다. 이게 없어지지 않고 남겨져 있었다는 것이 중요하다. 더 중요한 것은 이 독재가 북한과의 체제 경쟁에 의하여 훈련되어 왔다는 것이다. 북한도 정권수립 초기에 천리마운동을 통해서 높은 성장을 이룩했다. 위협 때문에 발생하는 체제 경쟁이 존재했었다는 게 한국과 대만의 공통점이다.

박 그런데 왜 거꾸로는 설명이 안되나? 체제경쟁 압력은 북한에게도 유사하게 가해졌던 것 아닌가? 북한 입장에서도 남한한테 지면 안되고 미국한테 지면 안된다는 그런 압력이 있었지 않나?

장 물론 있었는데 문제는 외부와 단절되어 있었다는 거다. 내부적으로도 정치적 경쟁을 할 수 있는 싹을 다 잘라버렸다. 그래서 일당독재가 궁극적으로 부패한다는 것이다. 박정희는 형식적인 정당, 형식적인 선거제도 등 여지를 남겨준 거고 그것이 싹이 트고 발전해 나간 것이다. 그 차이가 크지 않았나 생각한다. 70년대 후반에 들어와 체제경쟁에서 남한이 점차 리드하게 되면서 경쟁의 압력이 다소 누그러졌다. 그래서 장기집권체제로 가면 좀 더 부패하였던 것이 아닌가 하는 생각이 든다.

유 또 하나 우리가 주목해야 될 것은 당시 군대조직에 굉장히 우수한 인재가 많았다는 것이다. 변변한 직장이 없었기 때문에 우수한 인력이 군대로 들어왔고, 또 동원 체제의 훈련을 많이 했기 때문에 효율적이었다. 어떤 집단보다 훨씬 더 근대화 되어 있고 인재가 많으며 일상적으로 훈련이 많이 되어 있는 군대 조직을 배경으로 한 리더쉽이라는 것도 하나의 중요한 특징인 것 같다.

박 근대화된 엘리트 집단이 경제발전 과정에서 중요한 역할을 담당했는데 우리의 경우 이 집단이 바로 군부 엘리트였다는 진단에는 동의한다. 하지만 필리핀, 이집트, 중남미 등에도 상대적으로 잘 발달된 군장교 집단들이 있었고 이들이 결국 정권을 획득했는데, 우리는 경제발전에 성공했고 그들 나라는 실패를 했다. 이는 군부 엘리트의 성격이나 능력에 대해 아주 구체적이고 미시적인 연구가 필요하다는 것을 의미하는 것이다.

유 사실 박정희모형을 총체적으로 파악하려면 박정희의 개인적인 리더쉽이나 전략, 혹은 조직 관련능력 이런 것들에 초점을 맞추면 안 된다고 본다. 그 당시에 주어진 조건, 이해관계 집단이라든지, 그 당시의 국제정치경제의 성격이라든지, 세계경제의 흐름이라든지 그런 조건들과 그 조건하에서 박정희라고 하는 개인을 둘러싼 집단과의 상호작용, 이것이 리더쉽의 성격을 규정짓는 측면이 있기 때문에 어떤 것들이 보다 중요한 요인인지 충분히 해명할 수 있어야 박정희 모형의 신화를 걷어낼 수 있는 것이 아닌가 그런 생각이 든다. 사실 다른 모형과의 성과도를 비교하려면 이제까지 인류역사에 출현한 모형들과의 현실적 비교가 필요하지 문제점만을 제기하고 비판하는 것은 공정성을 결여한 것이라는 생각이나. 직설적으로 말한다면 당시 유사한 단계에 있던 발전도상국, 예컨대 필리핀은 왜 안 되고 한국은 되었을까? 이런 구체적인 차이를 이야기해야 한다는 것이다. 핵심이 그렇기 때문에 현실적인 비교를 통해 차이를 논의하려면 어떤 집단의 속성이나 어떤 시대적인 조건, 이것이 리더쉽을 규정짓는 행태를 비교해야 하고 그러한 비교하에서 조건자체를 변화시키는 강력한 리더쉽, 미래에 대한 비전 이런 것들이 있었는지 등을 규명하는 게 중요한 것이 아닌지. 그래야 우리가 박정희라는 엘리트, 박정희를 둘러싼 엘리트 그룹을 공정하게 논할 수 있는 것이 아닌가?

박 그 점과 관련해 한국의 지도자들은 가치 창출에 초점을 맞추었던 반면, 실패한 제3세계의 지도자들은 지대추구에 관심이 더 많았다는 게 통념인데, 이러한 통념에 대해서는 어떻게 생각하나?

유 나는 지대추구와 지대창출은 같이 가는 측면이 많다고 생각한다. 지대창출과정에서 항상 지대추구행위가 발생하니까. 한국의 외자도입이 대표적이 예이다. 요는 지대추구를 용인하더라도, 아니 적극적으로는 지대를 추구하도록 부추기면서도 파이를 크게 만드는 정책을 얼마나 효과적으로 추진할 수 있었는가이다. 떡을 주면서 원하는 방향으로 끌고 가는 능력, 이것이 리더쉽이라는 것이다.

장 그게 중요한 차이이다.

유 사실은 그래서 정치 우위가 있는 것이다. 예를 들어 필리핀은 수많은 섬들에 흩어진 토호, 몇백년동안 실질적으로 지역을 지배한 지주들이 포진하고 있기 때문에 이를 효과적으로 통제할 수 있는 수단이 없었고 그렇기 때문이 시간이 갈수록 퍼주고 공생하는 관계가 될 수밖에 없었다는 것이다. 한국은 땅덩어리가 작고 사회적으로도 강력한 이해관계집단이 부재했기 때문에 이것이 쉬웠던 거고.

박 한 나라가 경제발전을 향해 이륙을 하려면 강한 국가와 경쟁규율이 반드시 필요한데, 북한은 국가는 강했지만 경쟁규율의 부재로 인해 경제발전에 실패했다는 결론도 가능할 것 같은데.

유 결과적으로 보면 사실 초기에는 대표선수를 잘 뽑은 것 아닌가? 상대적으로 짧은 역사 속에서도 잘 나가고 있으니까. 어떻게 보면 이렇게 잘 나가는 이유는 재벌이라는 구조의 속성이 당시 정부와 유사하게 사회적 자원의 배분에 상당한 합리성을 가지고 있었기 때문이 아닌가 한다. 그러니까 개인이 인센티브를 가질 수 있었고 참여할 수 있었다. 개인이 적극적으로 자신을 희생하고 회사를 위해서 봉사한다는 것을 집단주의적 문화라고 설명할 수도 있지만 자본주의 시스템에서 가능한 일인지 모르겠다. 세밀하게 보면 결국 개인의 이익을 극대화시키는 내부 메커니즘이 작동하고 있었다는 것이다.

박 대표선수를 육성한다는 것은 민주주의의 문제보다는 경제적인 효율성의 극대화와 관련이 깊은 문제이다.

유 정리하자. 설명방법은 두 가지이다. 한국형 모델이 초기에 있어서는 굉장한 에너지를 집약할 수 있었고 다이나믹하게 전개될 수 있었던 반면에 현재는 상당히 침체되어 있다는 전제를 할 것이다. 침체되어 있다고 설명할 방법이 두 가지가 있는데 하나는 한국인이 가지고 있는 내재적인 문제, 즉 역사적으로나 의식적으로 정체성의 문제점을 가지고 있다, '한국인은 엽전이다'라는 인식. 그러나 이것으로는 다이나믹을 충분히 설명할 수 없다. 두 번째 설명방법은 조정 메커니즘이 어딘가 왜곡되어 있고, 좋은 측면에서의 에너지가 억눌려 있고 부정적 에너지가 극대화되고 있는 상황이라는 것이다. 그렇다면 조정메커니즘에 있어서 어떤 부분이 미비한 것인지에 대해 설명하는 것이 우리의 핵심 과제라는 점을 제기 하려고 한다.

가설의 논리적 흐름에 있어서 사회적 낙인(social stigma)이 중요하다고 본다. 굉장히 경쟁이 강화된 시스템 하에서 끊임없이 패배자(loser)와 승자(winner)가 나누어지고 있는데 패배자에 대해 사회적인 낙인을 찍는 구조가 주어지면서 불확실성과 불안감, 광적인 집착, 사회에 대한 체념, 사회적인 냉소가 나타나고 있다. 그래서 사람들은 무의식적으로 내 편과 적을 구분하는 의식을 가지고 있고, 따라서 힘 있는 사람을 내 편으로 만들어야 불확실성을 줄일 수 있고 안전하다는 생각을 하게 되었다.

그렇다면 힘이 있는 사람은 누구인가? 결국 힘이 있다는 것 자체가 조정 메커니즘을 내포하고 있다. 힘에 의한 조정 메커니즘을 보면 어느 순간에는 불만을 굉장히 억누르고 자신의 이익만 추구하고 내 편만 찾는 시스템으로 지속되다가 상대가 힘이 없다고 판단되든가, 자신이 발언할 수 있는 여지와 공간이 있다고 판단되는 순간 반감의 에너지가 폭발하여 결국 체제를 바꾸거나 균형을 조정하게 되는 것이다. 권력과 사회적 신뢰의 대상을 구별할 필요가 있다. 이해관계가 아닌 공익적 관계를 갖는 것은 무엇인가? 과거에는 시민단체가 그런 역할을 했다고 보지만 최근에는 시민단체도 어떤 권력의 축이라고 생각되는 경우가 많기 때문에 공익적 관계를 가진다고 판단하기 어렵다. 사회적인 신뢰를 담보할 수 있는 공익을 추구한다는 시각을 가질 수 있는 대상은 무엇인가? 이것이 굉장히 중요한 이슈이고 그런 존재가 있어야 결국 네 편 내 편이라는 이분법 적인 시각에서 벗어나서 새로운 채널링 메커니즘이 존재하는 것이 아닌가? 민간의 자발적 참여(풀뿌리 민주주의)와 그것을 통한 공공적 신뢰의 확보가 결국은 대안을 모색할 수 있는 방법이 될 것이다. 이는 대안 기업, 대안 교육 등 여러 가지 측면으로 나타날 수 있다.

합리적 의사결정이 가능하려면 낙인(stigma)와 사실(fact)을 구분할 필요가 있다. 패배자가 갖는 사회적 함의를 축소할 필요가 있다. 결국 사회적 리더가 신뢰성을 어떻게 확보하는가가 문제의 초점이 될 것이다. 일반 사람들에게 능력면에서나 도덕심, 배려심 등에서 나보다 더 낫다는 믿음을 가지게 해야, 대립하는 이해관계가 이들의 리더쉽에 의해 조정되고 통합될 수 있는 채널링이 가능하게 될 것이다. 이를 통해 국가 엘리트, 사회 엘리트의 역할과 과제가 분명하게 드러날 것이다.

참고문헌

강신욱 (2010). "경제위기와 소득분배구조의 변화," 서울사회경제사회연구소 엮음, 『글로벌 경제위기와 새로운 경제 패러다임의 모색』, 한울.

강철규 (1995). "부가가치마진율 모형에 의한 한국 산업의 발전 요인 분석," 『경제발전연구』, 제1권 제1호, pp. 133-155.

고영선 (2008). 『한국경제의 성장과 정부의 역할: 과거, 현재, 미래』, 한국개발연구원.

고원 (2006). "박정희 정권 시기 농촌 새마을운동과 '근대적 국민 만들기'," 『경제와 사회』 제69호, pp. 178-201.

공재욱, 조석곤 (2005). "서론 : 1950-1960년대 한국형 발전모델의 원형과 그 변용," 공제욱, 조석곤 편, 『1950-1960년대 한국형 발전모델의 원형과 그 변용과정: 내부동원형 성장모델의 후퇴와 외부의존형 성장모델의 형성』, 한울.

김경동 (2010). "한국경제성장의 사회학적 이해를 위하여," 『제도와 경제』, 제4권 제2호, pp. 5-29.

김기원 (2003). "재벌체제의 발전과 모순," 유철규 편, 『한국자본주의 발전모델의 역사와 위기』, 함께읽는책.

김낙년 (2009). "한국 GDP의 장기추이와 국제비교," 『경제발전연구』, 제15권 제2호, pp. 79-108.

김대일 (2008). "외환위기 이후 노동시장의 변화와 시사점," 『경제학연구』, 제55집 제4호, pp. 473-502.

김상조 (2007). "대-중소기업 관계의 변화: 양극화 심화 및 연관관계 약화," 『사회경제평론』, 제29권 제1호, pp. 211-251.

김성수 (1996). 『한국경제의 발전』, 학문사.

김성호, 전경식, 장상환 (1989). 『농지개혁사연구』, 한국농촌경제연구원.

김종엽 (2009). 『87년 체제론 : 민주화이후 한국사회의 인식과 새 전망』, 창작과비평.

김진방 (2000). "재벌의 소유구조: 통계, 개념, 분석," 『경제학연구』, 제48집 제2호, pp. 57-93.

김진방 (2003). "한국 재벌의 소유와 지배: 1997-2002,"『경제발전연구』, 제9권 제2호, pp. 97-132.

김진방 (2004). "한국 재벌의 소유구조 현황," 『기업지배구조연구』, 제11권, pp. 14-26.

김천기 (2001). 『교육의 사회학적 이해』, 학지사.

김태형 (2010). 『불안증폭사회』, 위즈덤하우스.

김희삼 (2009). 『한국의 세대 간 경제적 이동성 분석』, 한국개발연구원.

박영구 (2005). "구조변동과 중화학공업화," 이대근 편, 『새로운 한국경제발전사』, 나남.

박태균 (2007). 『원형과 변용: 한국경제개발계획의 기원』, 서울대학교 출판부.

박현채 (1978). 『민족경제론』, 한길사

박현채 (1984). "한국자본주의의 제 단계와 그 구조적 특징", 『한국사회의 재인식』, 한울.

방하남 편 (2000). 『한국노동시장의 구조변화-노동패널자료분석을 중심으로』, 한국노동연구원.

송병락 (1988). 『한국경제론』, 박영사.

송현호 (1998). 『신제도이론』, 민음사.

신동균 (2008). "외환위기 이후 소득분배 양극화의 추이, 원인 및 정책적 시사점," 『경제학연구』, 제55집 제4호, pp. 503-548.

신인석, 한진희 편 (2006). 『경제위기 이후 한국경제 구조변화의 분석과 정책방향』, 한국개발연구원.

신장섭 (2005). "기업집단과 재벌정책," 이대근 편, 『새로운 한국경제발전사』, 나남.

안종범 (2003). "한국경제발전 모형의 정립을 위한 쿠츠네츠 가설의 검토," 『경제학연구』, 제51집 제3호, pp. 5-30.

양재진 (2005). "발전이후 발전주의론: 한국 발전국가의 성장, 위기, 그리고 미래." 한국행정학보. 제 39권 제 1호.

유동운 (2010). "경제발전에서의 제도의 역할," 『경제발전연구』, 제16권 제2호, pp. 1-20.

유정식 (1997), 정치와 경제의 분리에 관한 역사적 고찰, 대한상의 연구총서 300

유정식 (2001), "언론산업과 경제발전 : 기업과 정치의 문제를 중심으로" 한국경제학보 12, 56-75

유정식, 이태정 (2001), ""햇볕정책"의 성공조건 : 남한기업의 북한투자에 대한 유인구조분석", 경제학 연구 49, 113-145

유정식 (2012), "한국형 노사관계와 노조의 경영참여" 한국협동조합연구 30, 115-156

유철규 (2003). "한국자본주의 발전구조의 성격과 연구 방법론," 유철규 편, 『한국자본주의 발전모델의 역사와 위기』, 함께읽는책.

윤강재, 김계연 (2010). "OECD 국가의 행복지수 산정 및 비교", 『보건복지포럼』(159호)

이건범 (2009). "한국의 소득이동: 현황과 특징," 『경제발전연구』, 제15권 제2호, pp. 55-77.

이규태 (2000). 『한국인의 의식구조』, 신원문화사

이근 (2010). 『한국인을 위한 경제학』, 박영사.

이근, 김창욱 (2001). "지식기반 경제와 산업정책 –진화경제학적 접근–" 『경제발전연구』, 제7권 pp. 133-158.

이병천 (1996). 「냉전분단체제와 권위주의적 자본주의 산업화」, 『사회경제평

론』 제9호,

이병천 (1997). 「한국의 경제발전과 발전국가론」, 『산업과 경제』제7집 2호, 강원대 산업경제연구소.

이병천 (1999). "박정희 정권과 발전국가 모형의 형성." 『경제발전연구』, 제5권 제2호,

이병천 (2003a). "개발국가론 딛고 넘어서기: 역사와 평가." 「경제와 사회」, 57: 99-124. 서울: 한울.

이병천 (2003b). "개발독재의 정치경제학과 한국의 경험," 이병천 엮음, 『개발독재와 박정희시대: 우리시대의 정치경제적 기원』 창비.

이병희, 허재준, 김혜원, 윤윤규, 김동헌 (2008). 『노동시장의 구조변화와 고용변동』, 한국노동연구원.

이영훈 (2005). "시장경제제도의 성립과 발전," 이대근 편, 『새로운 한국경제발전사』, 나남.

이재혁 (2007). "인적 자본, 사회적 자본, 그리고 경제성장 측면의 함의," 한국사회학회 후기사회학대회, 제8권 제1호, pp. 19-33.

이제민 (1998). "한국의 경제발전과정: 기적, 위기와 대전환," 『경제발전연구』, 제4권 제2호, pp. 77-108.

이제민 (2007). "한국의 외환위기－원인, 해결과정과 결과－", 『경제발전연구』, 제13권 제2호, pp. 1-43.

이종화 (2005). "한국 경제 성장 요인의 산업별 분석 1970-2001," 『경제학연구』, 제53집 제2호, pp. 99-143.

임지현 (2000). "파시즘의 진지전과 '합의독재'," 『당대비평』 2000년 가을호

장상환 (2000). "농지개혁과 한국자본주의의 발전-경남지역의 사례연구를 중심으로," 『경제발전연구』 제6권 제1호, pp. 141-176.

장수명 (2002). "대학교육의 경제학," 『노동정책연구』, 제2권 1호, pp. 47-79.

장시원 (1995). "지주제 해체와 자작농체제 성립의 역사적 의의," 『광복 50주년 기념논문집』, 학국학술진흥재단.

장하준 (1996). "제도경제학의 최근동향," 『경제학연구』, 제44집 제1호, pp. 191-221.

장하준, 신장섭 (2003). "한국금융위기 이후 기업구조조정에 대한 비판적 평가,"『한국경제의 분석』, 제9권 3호, pp. 255-304.

전병유 (1999). "동아시아경제의 성장, 위기, 조절 메카니즘에 관한 비판적 연구,"『경제학연구』, 제47집 제4호, pp. 277-318.

전병유 (2003). "국가와 노동자 변화: 국가의 노동시장 유연화 전략과 고용안성의 변화를 중심으로," 유철규 편,『한국자본주의 발전모델의 역사와 위기』, 함께읽는책.

전병유, 김혜원, 신동균 (2006).『노동시장의 양극화와 정책과제』, 한국노동연구원.

전병유, 신동균, 신관호, 이성균, 남기곤 (2007).『노동시장 양극화의 경제적 분석』, 한국노동연구원.

전용덕, 김영용, 정기화 (1997).『한국 경제의 성장과 제도변화』, 한국경제연구원.

전택수 (1998). "한국경제 발전과정에서 보인 전통문화의 역할,"『경제학연구』, 제46집 제2호, pp. 95-122.

전택수 (2003). "한국인의 경제적 성격과 한국경제학 연구방법론,"『정신문화연구』, 제26권 제1호, pp. 25-66.

전홍택 (1995). "북한의 경제발전: 1945-95년,"『경제발전연구』, 제1권 제1호, pp. 77-105.

정건화 (2003). "민족경제론의 재검토: 민족경제론의 형성, 발전과 한국민족주의," 유철규 편 (2003.『한국자본주의 발전모델의 역사와 위기』, 함께읽는책.

정진상 (2000). "한국전쟁과 전근대적 계급관계의 해체,"『경제와 사회』, 제46호, pp. 88-113.

조석곤 (2003). "농지개혁과 한국자본주의," 유철규 편『한국자본주의 발전모델의 역사와 위기』, 함께읽는 책.

조영철 (1997). "시장, 조직, 경제민주주의,"『사회경제평론』, 제10호, pp. 315-336.

조영철 (2003). "재벌체제와 발전지배연합," 이병천 엮음,『개발독재와 박정희 시대: 우리시대의 정치경제적 기원』창비.

조영철 (2007). "외환위기 이후 한국경제의 구조 변화: 거시경제 변동성 증가와 경제성장 둔화," 『동향과 전망』, 제69호, pp. 147-176.

최봉영 (2005). 『한국사회의 억압과 차별: 존비어체계와 형식적 권위주의』, 지식산업사

최정규, 허준석 (1998). "급진파 제도경제학에 대한 연구: 보울즈와 진티스의 논의를 중심으로," 『동향과 전망』, 봄호, 한울.

허재준, 서환주, 이영수 (2007). 『한국경제의 구조변화와 서비스업 고용』, 노동연구원.

홍윤기 (2003). "민주화시대의 '박정희': 박정희 신격화 담론과 일상적 파시즘 담론에 대한 비판적 고찰," 이병천 엮음, 『개발독재와 박정희시대: 우리시대의 정치경제적 기원』, 창비.

홍장표 (2001a). "기업간 거래시스템의 국제 비교," 『경제와 사회』, 제51호, pp. 189-212

홍장표 (2001b). "발전국가와 재벌기업의 대리인문제," 『사회경제평론』, 제16권, pp. 175-201.

홍장표 (2006). "한국사회의 경제적 민주화 과제와 전망: 양극화의 현황과 쟁점을 중심으로," mimeo.

홍장표 (2011). "제조업 대-중소기업 양극화에 관한 이중구조론적 검토," mimeo.

홍하상 (2004). 『이병철 vs 정주영』, 서울: 한국경제신문

홍훈 (2006). 학벌학력의 정치경제학. 『한국경제학보』 12권 1호, pp. 409-437.

홍훈 (2012). 『신고전학파경제학과 행동경제학』. 초고

Accemoglu, D. and James A. Robinson (2012). Why Nations Fail: The Origins of Power, Prosperity, and Poverty, Crown Publishers.

Acemoglu, D. P. Aghion, and F. Zilibotti (2006). "Distance to Frontier, Selection, and Economic Growth," Journal of European Economic Association, March: 37-74.

Acemoglu, D. (1995). "Reward Structures and the Allocation of Talent," European Economic Review, Vol. 39(1): 17-33.

Acemoglu, D., S. Johnson, and J. Robinson (2005). "Institutions as the Fundamental Cause of Long-Run Economic Growth," P. Aghion and S. Durlauf (eds.), Handbook of Economic Growth, Amsterdam: Elsevier.

Adler, P. & S. Kwon (2002). "Social Capital: Prospects for a New Concept", Academy of Management Review (27(1): 17-40.

Aghion, P. and P. Howitt (2006). "Joseph Schumpeter Lecture Appropriate Growth Policy: A Unifying Framework," Journal of European Economic Association, April-May: 269-314.

Aghion, P., M. Dewatripont, C. Hoxby, A. Mas-Colell and A. Sapir (2007). "Why Reform Europe's Universities," Bruegel Policy Brief, Brussels.

Akerlof, G. A (2000). "Economics and Identity", Quarterly Journal of Economics (115(3): 715-753.

Amable, B. (2000). "Institutional Complementarity and Diversity of Social Systems of Innovation and Production," International Review of Political Economy, Vol. 7(4): 645-687.

Amsden, Alice H., and Ajit Singh (1994). "Growth in Developing Countries: Lessons from East Asian Countries: The Optimal Degree of Competition and Dynamic Efficiency in Japan and Korea." European Economic Review. Vol. 38: 941-51.

Amsden, Alice (1989). Asia's Next Giant: South Korea and Late Industrialization, New York: Oxford University Press.

Anderson, E. (1993). Value in Ethics and Economics, Cambridge, Massachusetts: Harvard University Press

Aoki, M. (1996). "Toward a comparative institutional analysis: motivations and some tentative general insights", Japanese Economic Review 27(1): 1-19.

Aoki, M. (2001). Toward a Comparative Institutional Analysis, Cambridge, MA: MIT Press.

Aoki, M. (2007). "Endogenizing Institutions and Institutional Changes," Journal of Institutional Economics, Vol. 3: 1-31.

Ark, B. M. O'Mahony, and M. Timmer (2008). "The Productivity Gap between Europe and the United States: Trends and Causes," Journal of Economic Perspectives, Vol. 22(1): 25-44.

Arrow, K. (1962). "The economic implications of learning by doing", Review of Economic Studies, Vol. 29: 155-173.

Averitt, R. (1968). The Dual Economy: The Dynamics of American Industry Structure, New York: W. W. Norton

Averitt, R. (1987). "The Dual Economy Twenty Years Later", Journal of Economic Issues 21(2): 795-802

Baltes P. B. & U. M. Staudinger (2000). "Wisdom", American Psychologist, 55(1): 122-136

Bateman, I, D. Kahneman, A. Munro, C. Starmer & R. Sugden (2005). "Testing competing models of loss aversion: an adversarial collaboration", Journal of Public Economics, 89(8): 1561-1580

Baumol, W.J. (1991). "Entrepreneurship: Productive, Unproductive, and Destructive," Journal of Political Economy, 98(5): 893-921.

Becker, G. S. (1975). Human Capital, Chicago: The University of Chicago Press

Bénabou, R. & J. Tirole (2003). "Intrinsic and Extrinsic Motivation", Review of Economic Studies, 70(3): 489-520.

Binmore, K (2007). "Interpersonal Comparison of Utility", Working paper

Black, B. S., H. Jang, and W. Kim (2006). "Does Corporate Governance Predict Firm' s Market Values? Evidence from Korea," Journal of Law, Economics, and Organization, Vol. 22(2): 366-412.

Boisot, M. & J. Child (1988). "The Iron Law of Fiefs: Bureaucratic Failure and the Problem of Governance in the Chinese Economic Reforms", Administration Science Quarterly. 33: 507-527.

Boisot, M. & J. Child (1996). "From Fiefs to Clans and Network Capitalism: Explaining China's Emerging Economic Order", Administration Science Quarterly, Vol. 41: 600-628.

Bourdieu, P. (1979). "Les trois états du capital culturel", Actes de la recherche en sciences sociales, Vol. 30: 3-6.

Bourdieu, P. (1980). "Le capital social, notes provisoires", Actes de la recherche en sciences sociales, Vol. 31:. 2-3.

Bourdieu, P. (1986). "The Forms of Capital, trans", R. Nice, Handbook of Theory of Research for the Sociology of Education, Greenwood Press (241-258.

Bourguignon, F. (2005). "The Effect of Economic Growth on Social Structures," In P. Aghion and St. Durlauf (eds.), Handbook of Economic Growth, Amsterdam: Elsevier, Vol. 1701-1748.

Bowles, S. and H. Gintis (1976). Schooling Capitalist America.

Bowles, S. and H. Gintis (2002). "The Inheritance of Inequality The Inheritance of Inequality", The Journal of Economic Perspectives, Vol. 16(3): 3-30.

Bowles, S. (1998). "Endogenous Preferences: The Cultural Consequences of Markets and other Economic Institutions", Journal of Economic Literature, Vol. 36: 75-111.

Brewer, M. B. & W. Gardner (1996). "Who is This "We"? Levels of Collective Identity and Self Representations", Journal of Personality and Social Psychology, Vol. 71(1): 83-93.

Cha, D., K Kim, and D. H. Perkins(eds). (1997). The Korean Economy 1945-1995: Performance and Vision for the 21st Century, Seoul: Korea Development Institute.

Chae, S. , J. Hong, and T. Lee (2005). "Anatomy of Rank Structure of Korean Universities: Toward a Design of Integrated Policies for Education Reform in Korea," Global Development Network Regional Research Evaluation Conference , October 5-7.

Coleman, J. (1988). "Social Capital in the Creation of Human Capital", American Journal of Sociology, Vol. 94: S95-S120.

Collins, R. (1979). The Credential Society, New York: Academic Press.

Csikszentmihalyi, M. & J. LeFevre (1989). "Optimal Experience in Work and Leisure",

Journal of Personality and Social Psychology, Vol. 56(5): 815-822.

Csikszentmihalyi, M. (1999). "If We Are So Rich, Why Aren't We Happy?", American Psychologist, Vol. 54(10): 821-827.

Cumings, Bruce. (1987). "The Origins and Development of the Northeast Asian Political Economy: Industrial Sectors, Product Cycles, and Political Consequences", in The Political Economy of the New Asian Industrialism, ed. by Frederic Deyo (Ithaca: Cornell University Press), Vol. 44-83.

Diefenbach, T. & J. A. A. Sillince (2011). "Formal and Informal Hierarchy in Different Types of Organization", Organizational Studies, Vol. 32(11): 1515-1537.

Drèze X. & J. C. Nunes (2008). "Feeling Superior: The Impact of Loyalty Program Structure on Consumers' Perception of Status", Journal of Consumer Research, Vol. 35: 890-905.

Easterlin, R. (2001). "Income and Happiness: Towards a Unified Theory", Economic Journal (111(473): 465-484.

Emirbayer, M. & J. Goodwin (1994). "Network Analysis, Culture, and the Problem, of Agency", American Journal of Sociology, Vol. 99(6): 1411-1454.

Epstein, G. A. and H. Gintis (1995). "Macroeconomic Policy after the Conservative Era: A Dual Agency Approach to State and Market," in G. A. Epstein and H. Gintis (eds.), Macroeconomic Policy after the Conservative Era, New York: Cambridge University Press.

Espeland, W. N. & M. L. Stevens (1998). "Commensuration as a Social Process", Annual Review of Sociology, Vol. 24: 313-43.

Festinger, L. (1954). "A theory of social comparison processes". Human Relations, Vol. 7: 117–140.

Fiske, A. P. (1992). "The Four Elementary Forms of Sociality: Framework for a Unified Theory of Social Relations", Psychological Review, Vol. 99(4): 689-723.

Fogel, Robert W. (2009). "The Impact of The Asian Miracle on the Theory of Economic Growth", NBER Working Paper 14967.

Frank, K. A. (2009). "Quasi-Ties: Directing Resources to Members of a Collective",

American Behavioral Scientist, Vol. 52(12): 1613-1645.

Frank, R. & P. Cook (1995). The Winner-Take-All Society, New York: Penguin Books

Frank, R. (1985). "The Demand for Unobservable and Other Nonpositional Goods", American Economic Review, Vol. 75(1): 101-116.

Frank, R. (1989). "Frames of Reference and the Quality of Life", American Economic Review, Papers and Proceedings, Vol. 79(2). 80 85.

Frank, R. (1997). "The frame of reference as a public good", Economic Journal, Vol. 107: 1832-1847.

Frank, R. (2000). "Why is Cost-Benefit Analysis so Controversial", Journal of Legal Studies, Vol. 29(2): 913-930.

Frank, R. (2005). "Positional Externalities Cause Large and Preventable Welfare Losses", American Economic Review, Papers and Proceedings, Vol. 95(2): 137-141

Frey, B. (1994). "How Intrinsic Motivation is Crowded Out and In", Rationality & Society, Vol. 94(6): 334-352.

Fukuyama, F. (1995). Trust, New York: Free Press.

Gasana, P. U. (2009). "Relative status and interdependent effects in consumer behavior", Journal of Socio-Economics, Vol. 38: 52-58

Gelfand, M. J., H. C. Triandis & D. K-S. Chan (1996). "Individualism versus Collectivism or versus Authoritarianism", European Journal of Social Psychology, Vol. 26: 397-410.

Gradstein, M. and M. Justman, (2002). "Education, Social Cohesion, and Economic Growth," American Economic Review, Vol. 2002(4): 1192-1204.

Granovetter, M. (2005). "The Impact of Social Structure on Economic Outcomes," Journal of Economic Perspectives, Vol. 19(1): 33-50.

Greif, A. (1994). "Cultural Beliefs and the Organization of Society: A Historical and Theoretical Reflection on Collectivist and Individualist Societies", Journal of Political Economy, Vol. 102(5): 912-

Greif, A. (2004). "A Theory of Endogenous Institutional Change", American Political Science Review, Vol. 98(4): 633-52.

Haggard, Stephan. (1990). Pathways from the Periphery: The Politics of Growth in the Newly Industrializing Countries, Ithaca: Cornell University Press.

Hall, P. A. and D. Soskice (2001). "An Introduction to Variety of Capitalism," In Hall, P. A. and D. Soskice (eds.) Varieties of Capitalism: The Institutional Foundations of Comparative Advantage, Oxford, Oxford University Press, Vol. 1-68.

Hennessey, B. & T. Amabile (2010). "Creativity", Annual Review of Psychology, Vol. 61: 569-598.

Higley, J. & J. Pakulski. (2007). "Elite and Leadership Change in Liberal Democracies", Comparative Sociology, Vol. 6: 6-26.

Hofstede, G. & M. H. Bond. (1988). "The Confucius Connection: From Cultural Roots to Economic Growth", Organizational Dynamics, Vol. 16(4): 5-21.

Hofstede, G. & R. R. Crae. (2004). "Personality and Culture Revisited: Linking Traits and Dimensions of Culture", Cross-Cultural Research, Vol. 38(1): 52-88.

Holmstrom, B. and P. Milgrom. (1991). "Multi-Task Principle-Agent Analysis", Journal of Law, Economics and Organization, Vol. 7: 24-52.

Hong, H. (2011). "Aristotle and Marx on Money. Production and Slavery", Journal of Greco-Roman Studies, Vol. 44: 177-208.

Howell, J. M. & B. Shamir (2005). "The Role of Followers in the Charismatic Leadership Process: Relationships and their Consequences", Academy of Management Review, Vol. 30(1): 96-112.

Iyengar, S. S. & M. R. Lepper (1999). "Rethinking the Value of Choice: A Cultural Perspective on Intrinsic Motivation", Journal of Personality and Social Psychology, Vol. 76(3): 349-366.

Jang, J., H. Hong, C. Yoo, and J. Park (2011). "Human Capital, Positional Good, or Social Network?: Exploring the Korean Model of Education," Selected Paper, Unversidad Autonoma de Madrid, Spain, Jun. Vol. 23-25.

Johnson, C. (1987). "Political Institutions and Economic Performance: The Government-Business Relationship in Japan, South Korea, and Taiwan", ed. by Frederic C. Deyo. The Political Economy of the New Asian Industrialism.

Cornell University Press. Vol. 136-164.

Jones, Leroy, and Il Sakong (1980). Government, Business, and Entrepreneurship in Economic Development: The Korean Case, Harvard University Press.

Jones, R. S. and M. Tsutsumi (2009). "Sustaining Growth in Korea by Reforming the Labour Market and Improving the Education System," OECD Economics Department Working Papers, No. 672, OECD Publishing, http://dx.doi.org/10.1787/226580861153.

Kahneman, D. (2003). "Maps of Bounded Rationality: Psychology for Behavioral Economics", American Economic Review, Vol. 93(5): 1449-1775.

Kahneman, D. K. & A. Tversky (1984). "Choices, Values, and Frames", American Psychologist, Vol. 39(4): 341-350.

Kim, Hyung-A. (2004). Korea's Development Under Park Chung Hee: Rapid Industrialization (1961-79). Routledge. 신명주 옮김. (2005). 유신과 중화학 공업 박정희의 양날의 선택. 일조각.

Kim, J. I., and L. J. Lau (1994). "The Sources of Economic Growth in the East Asian Newly Industrialized Countries." Journal of Japanese and International Economics. Vol. 8(2): 235-71.

Körösényi, A. (2009). "Beyond the Happy Consensus about Democratic Elitism", Comparative Sociology, Vol. 8: 354-382.

Krueger, A. O. (1974). "The Political Economy of the Rent-Seeking Society," American Economic Review, Vol. 64(3): 291-303.

Krueger, A. O. (1985). "The Experience and Lessons of Asia's Super Exporters", in V. Corbo et al. (eds.), Export-Oriented Development Strategies: The Success of Five Newly Industrializing Countries, Westview Press.

Krugman, P. (1994). "The Myth of Asia's Miracle", Foreign Affairs, Nov/Dec, Vol. 73(6): 62-78.

Krugman, P. (2012). "Jobs, Jobs and Cars". The New York Times, January 26 (2012).

Lazear, E. & S. Rosen (1981). "Rank-Order Tournaments as Optimum Labor Contracts", Journal of Political Economy, Vol. 89: 841–864

Lim, H. (2010). "The Transformation of the Developmental State and Economic Reform in Korea", Journal of Contemporary Asia, Vol. 40(2): 188–210.

Lim, P. W. (2000). "Path Dependence in Action: The Rise and Fall of the Korean Model of Economic Development", Korea Development Institute, mimeo.

Lin, J. & S. X. Si (2010). "Can guanxi be a problem? Contexts, ties, and some unfavorable consequences of social capital in China", Asia Pacific Journal of Management, Vol. 27: 561-581.

Lin, N. (1999a). "Social Network and Status Attainment", Annual Review of Sociology, Vol. 25: 467-87.

Lin, N. (1999b). "Building a Network Theory of Social Capital", Connections, Vol. 22(1): 28-51.

Lucas, R. (1988). "On the Mechanics of Economic Development", Journal of Monetary Economics, Vol. 22: 3-42.

Lucas, R. (1993). "Making a Miracle", Econometrica, Vol. 61(2): 251-272.

Maddison, A. (2009). Historical Statistics for the World Economy: 1-2006 AD (http://www.ggdc.net/maddison)

Markus, H. R. & B. Schwartz (1987). "Does Choice mean Freedom and Well-Being?", Journal of Consumer Research , Vol. 37(2): 344-355.

Markus, H. R. & S. Kitayama (1991). "Culture and the Self: Implications for Cognition, Emotion and Motivation", Psychological Review, Vol. 98(2): 224-253.

Markus, H. R. & S. Kitayama (2010). "Cultures and Selves: A Cycle of Mutual Constitution", Perspectives on Psychological Science, Vol. 5(4): 420-430.

Mason, E. S., M. Kim. D. H Perkins, K. Kim. and D. C. Cole (1980). The Economic and Social Modernization of the Republic of Korea, Harvard University Press.

Masuda T. & R. Nisbett (2001). "Attending Holistically Versus Analytically: Comparing the Context Sensitivity of Japanese and Americans", Journal of Personality and Social Psychology, Vol. 81(5): 922-934.

McAllister, D. (1995). "Affect and Cognation-based Trust as Foundations for Interpersonal Cooperation in Organizations", Academy of Management

Journal, Vol. 38(1): 24-59.

Meyer, J. W. & B. Rowan (1977). "Institutional Organizations: Formal Structure as Myth and Ceremony", American Journal of Sociology, Vol. 83(2): 340-363.

Moody, J. & P. Paxton (2009). "Building Bridges: Linking Social Capital and Social Networks to Improve Theory and Research", American Behavioral Scientist, Vol. 52(11): 1491-1506.

Murphy, K. M., A. Shleifer, and R. W. Vishny (1991). "The Allocation of Talent: Implications for Growth", Quarterly Journal of Economics, Vol. 106(2): 503-30.

Nahapiet, J. & S. Ghoshal (1998). "Social Capital. Intellectual Capital, and the Organizational Advantage", Academy of Management Review, Vol. 23(2): 242-266.

Nelson, R. (2008). "What Enables Rapid Economic Progress: What are the Needed Institutions?", Research Policy, Vol. 37: 1-11.

Nelson, R. (2011). "The Complex Economic Organization of Capitalist Economies", Capitalism and Society: Vol. 6: Iss. 1, Article 2. Available at: http://www.bepress.com/cas/vol6/iss1/art2

Nelson, Richard R. and Howard Pack (1999). "The Asian Miracle and Modern Growth Theory". The Economic Journal, Vol. 109(457): 416-436.

Nisbett, R., K. Peng, I. Choi & A. Norenzayan (2001). "Culture and Systems of Thought: Holistic Versus Analytic Cognition", Psychological Review, Vol. 108(2): 291-310.

Niu, W. & R. Sternberg (2006). "The Philosophical Roots of Western and Eastern Conceptions of Creativity", Journal of Theoretical and Philosophical Psychology, Vol. 26: 18-38.

North, D.C. (1990). Institutions, Institutional Change, and Economic Performance. Cambridge University Press, New York.

North, D.C., Thomas, R.P. (1973). The Rise of the Western World: A New Economic History, Cambridge University Press, Cambridge, UK.

Ouchi, W. G. & A. M. Jaeger (1978). "Type Z Organization: Stability in the Midst of Mobility", Academy of Management Review, Vol. 3(2): 305-314.

Ouchi, W. G. & R. L. Price (1978). "Hierarchies, Clans, and Theory Z: A New Perspective On Organization Development", Organizational Dynamics, Vol. 20: 129-141.

Ouchi, W. G. (1980). "Markets, Bureaucracies, and Clans", Administrative Science Quarterly, Vol. 20: 129-141.

Pack, H. (2001). "Technical Change and Growth in East Asia: Macro versus Micro Perspectives", Joseph E Stiglitz and Shahid Yusuf. (eds.) Rethinking the East Asian Miracle, Oxford University Press & World Bank.

Pack, H. and and Larry E. Westphal (1986). "Industrial Strategy and Technological Change: theory vs reality", Journal of Development Economics, Vol. 22: 87-128.

Peng, K. & R. Nisbett (1999). "Culture, Dialectics, and Reasoning about Contradiction", American Psychologist, Vol. 54(9): 741-754.

Podolny, J. M. & M. Hill-Popper (2004). "Hedonic and transcendent conceptions of value", Industrial and Corporate Change, Vol. 13(1): 91-116.

Portes, A. (1998). "Social Capital: Its Origins and Applications in Modern Sociology", Annual Review of Sociology, Vol. 24: 1-24.

Przeworksi, A. & F. Limongi (1993). "Political Regimes and Economic Growth", Journal of Economic Perspectives, Vol. 7(3): 51–69.

Putnam, R. (1995). "Bowling Alone: America's Declining Social Capital", Journal of Democracy, Vol. 6(1): 65-78.

Putnam, R., R. Leonardi and R. Nanetti (1993). Making Democracy Work: Civic Traditions in Modern Italy, Princeton: Princetion University Press.

Putnam, R. (2000). Bowling Alone, New York: Simon and Schuster.

Reinert, E. S. (2007). How Rich Countries Got Rich and Why Poor Countries Stay Poor, 김병화 옮김(2012), 부자나라는 어떻게 부자가 되었고 가난한 나라는 왜 여전히 가난한가, 부키.

Rodrik, D. (1995). "Getting Interventions Right: How South Korea and Taiwan Grew Rich". Economic Policy (20).

Rodrik, D. (2008). One Economics, Many Recipes: Globalization, Institutions, and Economic Growth, Princeton University Press.

Romer, P. (1990). "Endogenoous Technological Change", Journal of Political Economy, Vol. 98(5): 71-102.

Romer, P. (1993). "Idea gaps and object gaps in economic development", Journal of Monetary Economics, Vol. 32: 543-573.

Rosen, S. (1987). "human capital", The New Palgrave: A Dictionary of Economics, Vol. 2: 681-90. London: Macmillan

Rousseau, D. M., S. B. Sitkin, R. S. Burt & C. Camerer (1998). "Not So Different After All: A Cross-Discipline View of Trust", Academy of Management Review, Vol. 23(3): 383-403.

Runco, M. (2004). "Creativity", Annual Review of Psychology, Vol. 55: 657-687.

Sen, A. (1987). On Ethics and Economics, Oxford, UK: B. Blackwell

Shamir, B., R. J. House & M. B. Arthur (1993). "The Motivational Effects of Charismatic Leadership: A Self-Concept Based Theory", Organizational Science, Vol. 4(4): 577-594.

Solnick, S. & D. Hemenway (2005). "Are Positional Concerns Stronger in Some Domains than in Others?", American Economic Association, Papers and Proceedings, Vol. 95(2): 147-151.

Solnick, S., & D. Hemenway (1998). "Is more always better?: A survey on positional concerns", Journal of Economic Behavior and Organization, Vol. 37: 373-383.

Spence, M. (1973a). "Job Market Signaling", Quarterly Journal of Economics, Vol. 87(3) 355-374.

Spence, M. (1973b). Market Signalling, Cambridge, Mass.: Harvard University Press.

Spence, M. (2011). The Next Convergence: The Future of of Economic Growth in a Multispeed World, Macmillan.

Stanovich, K. E. & R. F. West (2000). "Individual Differences in Reasoning:

Implications for the Rationality Debate?", Behavioral and Brain Sciences, Vol. 23(5): 645-65.

Stiglitz, J. E. (1996). "Some Lessons From the East Asian Miracle", The World Bank Research Observer, Vol. 11(2): 151-177.

Stiglitz, J. E. (2001). "From Miracle to Crisis to Recovery: Lessons From Four Decades of East Asian Experience", Joseph E Stiglitz and Shahid Yusuf, Rethinking the East Asian Miracle, Oxford University Press.

Sunstein, C. (2003). "What's available? Social influences and behavioral economics", Northwestern University Law Review, Vol. 97(3): 1295-1314.

Tajfel, H. & J. Turner (1979). "An integrative theory of intergroup conflict", Chapter 3, The Social Psychology of Intergroup Relations, ed. W. G. Austin & S. Worchel, Monterey, CA.: Wadworth

Tan, S. (2009). "Beyond Elitism: A Community Ideal for s Modern East Asia", Philosophy East and West, Vol. 59(4): 537–553.

Thelen, K. (2003). "How Institutions Evolve: Insights from Comparative-Historical Analysis," In J. Mahoney, and R. Dietrich, (eds.), Comparative-Historical Analysis in the Social Sciences, Cambridge, MA: Cambridge University Press.

Triandis, H. C. (1989). "The Self and Social Behavior in Differing Cultural Contexts", Psychological Review, Vol. 96(3): 506-520.

Triandis, H. C. & M. J. Gelfand (1998). "Converging Measurement of Horizontal and Vertical Individualism and Collectivism", Journal of Personality and Social Psychology, Vol. 74(1): 118-128.

Triandis, H. C., R. Bontempo, M. J. Villareal, M. Asai & N. Lucca (1988). "Individualism and Collectivism: Cross-Cultural Perspectives on Self-Ingroup Relationships", Journal of Personality and Social Psychology, Vol. 54(2): 323-338.

Tullock, G. (1988). "The Costs of Rent Seeking: A Metaphysical Problem The Costs of Rent Seeking: A Metaphysical Problem", Public Choice, Vol. 57(1): 15-24.

Uzzi, B. (1997). "Social Structure and Competition in Interfirm Networks: The Paradox of Embeddedness", Administrative Science Quareterly, Vol. 8(2): 109-125.

Wade, R. (1990). Governing the Market: Economic Theory and the Role of Government in East Asian Industrialization, Princeton University Press.

Wade, R. (1996). "Japan, the World Bank, and the Art of Paradigm Maintenance: The East Asian Miracle in Political Perspective", New Left Review, Vol. 217: 3-36.

Warsh, D. (2006). Knowledge and the Wealth of Nations: A Story of Economic Discovery, 김민주, 송희령 역(2007). 지식경제학 미스터리. 김영사.

Weiss, A. (1995). "Human Capital vs. Signalling Explanations of Wages", Journal of Economic Perspectives, Vol. 9(4): 133-154.

Weisz, J. R., F. M. Rothbaum, T. C. Blackburn (1984). "Standing Out and Standing In: The Psychology of Control in America and Japan", American Psychologist, Vol. 59(9): 955-969.

Wolf, Charles. (1988). Markets or Governments: Choosing between Imperfect Alternatives. MIT Press.

Woo, Jung-en (1991). Race to the Swift: State and Finance in Korean Industrialization, New York: Columbia University Press.

Woo-Cumings, M. (2001). "Miracle as Prologue: The State and the Reform of the Corpoate Sectors in Korea", Joseph E Stiglitz and Shahid Yusuf, Rethinking the East Asian Miracle, Oxford University Press.

World Bank (1993). The East Asian Miracle: Economic Growth and Public Policy, New York: Oxford University Press.

Yeager, T. J. (1999). Institution, Transition Economies, and Economic Development, New York: Westview Press.

Young, A. (1995). "The Tyranny of Numbers: Confronting the Statistical Realities of the East Asian Growth Experience", Quarterly Journal of Economics, Vol. 110(3): 641-680.

Yusuf, S. (2001). "The East Asian Miracle at he Millenium". Joseph E Stiglitz and Shahid Yusuf. (eds.) Rethinking the East Asian Miracle, Oxford University Press & World Bank.

저자소개

• 유정식

연세대학교 경제학과(BA, MA)
미국 U.C. Berkeley(MA, Ph.D.)
전) 연세대학교 학술정보처장
전) 연세대학교 정경대학장/정경대학원장
전) 한국경제발전학회 회장
전) 행정고시, 외무고시, 사법고시 출제위원, 검토위원
전) Korean Economic Review, 자원경제학회지, 경제발전학회지, 에너지 경제연구 편집위원
현) 국제지역학회지 편집위원
현) 국제지역학회부회장
현) 한국 경제통상학회 부회장
현) 양친사회복지회 비상임이사

Who's Who in the World, Who's Who in Science and Technology, Who's Who in Asia 등재

• 홍 훈

1977년 연세대학교 경제학과 졸업(경제학 학사)
1981년 연세대학교 대학원 경제학과 졸업(경제학 석사)
1988년 뉴욕 사회과학대학(New School for Social Research 경제학 박사)
1989년 연세대학교 경제학과 조교수
1993년 연세대학교 경제학과 부교수
1998년 연세대학교 경제학과 정교수

한국경제학회 사무차장, 한국사회경제학회 편집위원장 역임, 한국사회경제학회 회장 역임
전공 및 관심 분야: 서양 경제사상, 정치경제학, 자본주의 이념 및 체제, 한국의 경제 이념

저서: 『경제학의 역사』 서울: 박영사 2007년 9월 15일, 509쪽

『인간을 위한 경제학』 서울: 도서출판 길, 2008년 1월 31일, 491쪽
논문: 행동경제학의 규범적 분석과 합리성, 『사회경제평론』 2009년, 32, pp.101-131
자유온정주의와 자유방임주의,『경제학연구』, 2009, 57권 3호, pp.171-93

• 장종익

연세대학교 경제학과 학사(1986) 석사(1988)
전국농민회총연맹 정책실장(1993)
한국협동조합연구소 사무국장(1994-2000)
한국협동조합연구소 소장(2000-2003)
미주리주립대학교 농업 및 응용경제학 박사(2008)
연세대학교 경제연구소 객원연구위원(2010-2011)
현) 한신대학교 글로벌협력대학 조교수(2012.3~현재)
현) 한국협동조합연구 편집위원장(2012.1~현재)

• 박종현

연세대학교 경제학과 및 동 대학원 졸업
국회도서관 금융담당 연구관 역임
경남과학기술대학교 산업경제학과 부교수